# 생각하라 그리고 부자가 되어라

*Think and Grow Rich*

부와 성공을 위한 13가지 원칙

# 생각하라 그리고 부자가 되어라

나폴레온 힐 지음 | 윤승희 옮김

# *Think and Grow Rich*

*Napoleon Hill*

더스토리

# 추천사

미국의 위대한 지도자들이 저자에게 보내는 찬사

《생각하라 그리고 부자가 되어라》는 25년에 걸쳐 완성되었다. 이 책은 나폴레온 힐의 성공 철학의 법칙에 기반을 두고 있다. 저자의 이전 저서들은 금융, 교육, 의회 및 정부의 위대한 지도자들로부터 찬사를 받은 바 있다.

**– 미국 워싱턴 D. C. 대법원**

친애하는 나폴레온 힐에게:

나는 당신이 쓴 성공 법칙을 끝까지 읽을 기회를 가졌고, 성공 철학을 체계화한 당신의 빛나는 노고에 감사를 표하고 싶습니다.

이 나라의 모든 정치가가 당신의 가르침의 기반인 13가지 원칙을 체화하고 적용한다면 좋겠습니다. 당신의 책은 분야와 상관없이 지도자라면 누구나 이해해야 할 매우 훌륭한 내용을 담고 있습니다.

당신이 '상식' 철학이라는 귀중한 수업을 체계화하는 데 내가 아주

작게나마 도움이 될 수 있는 특권을 누리게 되어 기쁩니다.

– 윌리엄 하워드 태프트(미국 제27대 대통령, 전임 미국 대법원장)

13가지 성공 법칙을 적용함으로써 우리는 성공적인 소매업 체인을 구축했다. 울워스 빌딩은 이 원칙들이 얼마나 타당한지 그 견고함을 기리는 기념비라고 불러도 과언이 아니라고 생각한다.

– F. W. 울워스(저가 소매업의 신화)

성공의 법칙을 읽는 특권을 누린 것을 매우 감사하게 생각한다. 이 성공 철학을 50년 전에 알았더라면 아마도 내가 이룬 모든 것을 절반도 안 되는 기간에 이루었을 것이다. 세계가 저자의 업적을 알아보고 보답하기를 진심으로 희망한다.

– 로버트 달러(증기선의 제왕)

성공의 법칙을 체득하는 일은 실패에 대해 보험을 드는 것과 같다.

– 새뮤얼 곰퍼스(미국의 노동 운동 지도자)

저자의 끈기에 경의를 표한다. 그만큼 오랜 시간을 쏟은 사람이 발견한 것이라면 틀림없이 다른 사람들에게 귀중한 가치를 지녔을 것이다. 나는 저자가 명확하게 묘사한 '마스터마인드' 원칙의 해석에서 깊은 인상을 받았다.

– 우드로 윌슨(미국의 제28대 대통령)

나는 저자의 13가지 성공 원칙을 신뢰한다. 이를 기반으로 30년 넘게 내 사업을 지탱해 왔기 때문이다.

– 존 워너메이커(상업의 왕자)

나는 저자가 성공의 법칙으로 세상을 이롭게 하고 있다는 것을 알고 있다. 나는 저자의 성공 수업을 금전적 가치로 평가하고 싶지 않다. 이를 통해 돈만으로 그 가치를 따질 수 없는 자질을 갖출 수 있기 때문이다.

– 조지 이스트먼(세계 최대의 카메라 제조업자)

내가 거둔 성공이 무엇이든 그것은 전적으로 저자의 13가지 성공 원칙 덕분이다. 나는 저자의 첫 번째 제자가 되는 영광을 누렸다고 생각한다.

– W. M. 리글리 JR.(미국 전역에서 성공을 거둔 사업가)

# 개정판 서문

인생 최대의 목표가 무엇인가?

돈, 명예, 권력, 자기만족, 훌륭한 성품, 마음의 평화, 행복?


이 책이 소개하는 부를 향한 13단계는 인생에서 확고한 목표를 추구하는 사람에게 주는 가장 간단하면서도 신뢰할 만한 개인 성공 철학이다.

책을 읽기에 앞서 한 가지 알아두면 크게 도움이 될 만한 사실이 있다. 이 책이 그저 재미 삼아 한번 읽어보라고 쓴 심심풀이가 아니라는 점이다. 이 책의 내용을 소화하려면 일주일, 아니 한 달도 부족하다.

미국의 유명한 컨설팅 엔지니어이면서 오랫동안 토머스 에디슨과도 함께 일했던 밀러 리즈 허치슨 박사는 이 책을 통독한 뒤 이렇게 평했다.

"이 책은 소설이 아니다. 이 책은 미국에서 가장 성공한 수백 명의 경험을 직접 다룬 개인 성취의 교과서다. 공부하고, 소화하고, 깊이 새겨야 할 책이다. 하룻밤에 한 장(챕터) 넘게 읽으면 안 된다. 인상적인 문장이 나오면 밑줄을 그어가며 읽고, 나중에 밑줄 그은 부분을 찾아 다시 읽어야 한다. 진짜 배울 마음이 있다면 이 책을 단순히 읽기만 할 것이 아니라, 내용을 흡수해 자기 것으로 만들어야 한다. 전국의 고등 학교는 이 책을 교재로 채택하고, 시험을 봐서 만족스러운 점수를 얻는 학생에게만 졸업장을 수여해야 한다. 이 책이 전수하는 철학이 학교에서 배우는 일반 과목들을 대체하는 것은 아니다. 그러나 이를 통해 독자는 지식을 체계화하고 효과적으로 활용하여, 시간 낭비 없이 유익한 성과와 보상을 얻을 수 있게 될 것이다.”

뉴욕 시립 대학 학장 존 R. 터너 박사는 이 책에 대해 다음과 같이 말했다.

“이 책의 철학이 현실에서 얼마나 효과적으로 작용하는지를 보여주는 가장 좋은 사례는 저자의 아들 블레어의 이야기다. 그의 극적인 이야기는 ‘열망’을 다룬 장에 소개되었다.”

터너 박사가 언급한 저자의 아들 블레어는 청각 장애를 가지고 태어났지만, 일반적인 장애인의 삶을 거부하고 이 책의 가르침을 실천해 장애를 귀중한 자산으로 전환했다. 블레어의 이야기를 읽고 나면, 이제부터 손에 넣게 될 성공 철학을 실천함으로써 물질적 부를 실현하고, 당장이라도 마음의 평화, 이해, 영적 조화를 이루고, 경우에 따라서는 저자의 아들 블레어가 그랬던 것처럼 육체적 고통마저도 극복할 수 있다는 사실을 깨닫게 될 것이다.

저자 나폴레온 힐은 수백 명의 성공한 인물들을 직접 만나 그들의 삶을 분석한 결과, 그들 모두 소위 회의라고 부르는 방식으로 아이디어를 교환하는 습관이 있다는 점을 발견했다. 그들은 해결해야 할 문제가 있을 때마다 사람들과 모여 앉아 자유롭게 이야기하고, 서로 아이디어를 제공함으로써 목적하는 바를 이룰 방법을 찾았다.

이 책을 읽고 최대한의 성과를 얻기 위해서는 책에 소개된 '마스터마인드' 원칙을 실천해야 한다. 이는 인원수에 관계없이 친하고 잘 어울리는 사람들을 모아 스터디 클럽을 결성하는 방법으로 누구나 (성공적으로) 실천할 수 있다. 스터디 클럽은 적어도 매주 한 번씩 정기적인 모임을 가져야 한다. 매번 모일 때마다 이 책을 한 장씩 읽고, 모든 구성원이 읽은 내용을 자유롭게 토의해야 한다. 구성원 각자는 토의에서 영감을 얻은 자신의 아이디어를 모두 적어 기록으로 남긴다. 스터디 클럽에 모여 함께 읽고 토의하기 며칠 전에 각자 그 주에 읽을 장을 주의 깊게 읽고 분석해야 한다. 모임에서는 문장을 생동감 있게 감정을 담아 읽을 수 있는 뛰어난 낭독자를 선정해 책을 읽는다.

이렇게 스터디 클럽을 운영하면 개개의 독자는 이 책이 소개하는 성공한 수백 명의 경험을 정리한 최고의 지식을 총합한 것보다 훨씬 중요한 것을 얻게 될 것이다. 함께한 모든 사람들로부터 더없이 귀중한 지식을 얻는 것은 물론 자신의 머릿속에 새로운 지식의 원천을 마련하게 되기 때문이다.

이 방침을 꾸준히 따른다면, 저자 서문에서 언급한 앤드루 카네기의 어마어마한 부의 비결을 틀림없이 알아내어 활용하게 될 것이다.

# 출판사 서문

　이 책은 500명이 넘는 엄청난 부자들의 경험을 담고 있다. 그들은 좋은 아이디어와 잘 짜인 계획 외에 아무것도 없는 상태에서 시작해 부를 일구었다.

　여기 우리를 부자로 만들어 줄 성공 철학이 있다. 지난 50년간 미국인들에게 알려진 가장 성공한 사람들의 실제 성취 경험을 그대로 정리한 것이다. 이 성공 철학은 무엇을 해야 하는지는 물론 어떻게 해야 하는지도 알려 준다!

　우리가 가진 것을 어떻게 팔아야 하는지 그 방법을 완벽하게 가르쳐 준다.

　또 완벽한 자기 분석 시스템을 제공함으로써 과거 '큰돈'을 벌지 못하도록 우리 앞을 가로막았던 요소가 무엇인지도 즉각 보여준다.

　이 책에서는 유명한 앤드루 카네기 공식을 소개한다. 앤드루 카네기로 하여금 혼자 힘으로 수억 달러의 부를 쌓아 올리게 만들고, 그의 비결을 배운 수십 명을 억만장자로 만든 바로 그 공식이다.

독자들에게 아마 이 책의 내용 전부가 필요하지는 않을 것이다. 이 책의 바탕이 된 500명의 부자들 그 누구도 전부를 필요로 하지는 않았다. 독자들에게 필요한 것은 각자 목표를 위해 첫발을 내딛게 해 줄 하나의 아이디어, 계획, 제안일 것이다. 책 속 어딘가에서 각자에게 필요한 자극제를 찾을 것이다.

이 책은 앤드루 카네기로부터 영감을 얻어 쓰였다. 수백만 달러를 벌고 은퇴한 후, 카네기는 이 책의 저자에게 자신이 부를 이룬 놀라운 비결을 알려주었다. 그리고 같은 저자에게 500명의 부자들이 저마다 부의 원천을 밝혔다.

이 책에는 재정적인 독립을 보장하기에 충분한 돈을 모으려는 사람이라면, 누구에게나 꼭 필요한 돈벌이의 13가지 원칙이 들어 있다. 이 책을 쓰기 전 혹은 이 책을 쓸 수 있는 가능성이 생기기 전까지 사전 조사에 25년이 넘게 기울인 지속적인 노력을 돈으로 환산한다면, 그 가치는 최소 10만 달러 이상일 것이다.

나아가 아무리 큰 비용을 들이더라도 이 책의 지식을 똑같이 만들어내는 것은 불가능하다. 책에 담긴 정보를 제공한 500명 중 반 이상이 이미 고인이 되었기 때문이다.

부의 가치를 항상 돈으로 매길 수 있는 것은 아니다!

돈과 물질적인 부는 몸과 마음의 자유를 위해 꼭 필요하다. 하지만 어떤 이들에게 가장 가치 있는 부의 평가 기준은 오래된 우정, 화목한

---

가족관계, 동업자 간의 공감과 이해, 내면의 조화 등이다. 오직 영적인 가치만으로 평가할 수 있는 마음의 평화는 그런 자산들로부터 비롯되기 때문이다.

그런 높은 가치의 자산들은 언제나 받아들이고 누릴 준비가 된 이들에게만 허용되어 왔고, 앞으로도 그럴 것이다. 이 책이 전하는 성공 철학을 읽고, 이해하고, 실천에 옮기는 모든 사람은 남보다 더 잘 준비된 사람이다.

그러므로 이 성공 철학의 영향에 자신을 노출하는 순간, 삶의 변화를 맞을 각오를 하길 바란다. 어쩌면 그 변화로 인해 인생을 조화와 이해로 헤쳐 나갈 수 있을 뿐만 아니라, 물질적 부를 쌓을 기반을 갖추게 될지도 모르기 때문이다.

_발행인

# 저자 서문

이 책은 매 장마다 돈 버는 비결에 대해 언급하고 있다. 그 비결로 재산을 모은 500명이 넘는 어마어마한 부자들을 나는 다년간 면밀히 분석했다.

내가 부자들의 비밀에 눈을 뜨게 된 계기는 앤드루 카네기 때문이다. 벌써 30년 가까이 지난 일이다. 이 영리하고, 사랑스러운 스코틀랜드 노인은 아직 애송이였던 내게 무심하게 비밀을 던져 주었다. 그러고는 느긋하게 등을 기대고 앉아 과연 내가 그의 말을 이해할 만큼 똑똑한지 눈을 반짝이며 지켜보았다.

내가 비밀을 제대로 파악했다는 사실을 알고는 앞으로 20년 혹은 그보다 더 오랜 시간을 들여 세상에 알릴 준비를 해야 한다며, 비밀을 알려주지 않으면 실패만 거듭할지 모르는 사람들을 위해 그럴 각오가 되어 있는지 물었다. 나는 그렇다고 대답했고, 카네기의 협조를 얻어 그 약속을 지켰다.

이 책은 비법을 담고 있다. 거의 모든 분야에 걸친 수천 명의 사람들이 이 비법을 실제 삶에서 시험해 보았다. 카네기는 돈 버는 방법을 제대로 연구할 시간이 없는 수많은 사람들도 자신을 막대한 자산가로 만들어 준 마법의 공식을 쉽게 활용할 수 있어야 한다고 믿었다. 또, 내가 다양한 분야에 걸친 사람들의 실전 체험을 통해 이 공식의 타당성을 시험하고 널리 알리기를 희망한 사람도 카네기였다. 그는 이 공식을 모든 공립학교와 대학에서 가르쳐야 한다고 믿었고, 제대로 가르치기만 한다면 전체 교육 시스템을 혁신하여 학교 교육 기간이 절반 이하로 줄어들 것이라는 의견을 피력하기도 했다.

찰스 M. 슈와브와 같은 부류의 젊은이들을 겪어본 카네기는 학교에서 가르치는 지식의 대부분이 먹고살거나 재산을 모으는 일에는 거의 쓸모가 없다고 확신하게 되었다. 그가 이 같은 결론에 도달하게 된 것은 교육을 거의 받지 못한 젊은이들을 데려다가 이 공식의 사용법을 가르쳤더니 놀라운 리더십을 발휘했던 경험 때문이었다. 게다가 카네기의 코칭을 받고 그의 가르침을 따른 젊은이들은 모두 부자가 되었다.

신념에 관해 다룬 3장에서 독자들은 US 스틸이라는 거대 기업이 한 젊은이의 아이디어로 고안되고 설립되는 놀라운 이야기를 읽게 될 것이다. 그 젊은이를 통해 카네기는 자신의 공식이 준비된 모든 사람에게 효과를 발휘할 것이라는 점을 증명했다. 찰스 슈와브라는 이 젊은이는 카네기로부터 전수받은 비법을 단 한 차례 적용해 막대한 부와 기회를 얻었다. 이 구체적인 사례에서 창출된 가치는 대략 6억 달러에 달했다.

카네기를 아는 사람이라면 누구나 잘 알고 있는 이 사실들을 통해, 목표가 분명한 사람이 이 책을 읽었을 때 어떤 결과를 얻을 수 있는지 가늠해 볼 수 있을 것이다.

실전 테스트를 시작한 지 20년도 채 되기 전에 카네기의 비법은 십만여 명에게 전수되었고, 카네기가 계획한 대로 그들은 개인적인 성취를 이루었다. 어떤 사람들은 재산을 모았다. 어떤 사람들은 가정의 화목을 이루었다. 어느 성직자는 아주 효과적으로 이 비결을 활용해 연간 7만 5,000달러가 넘는 수입을 얻게 되었다.

신시내티에서 재봉사로 일하던 아서 내시는 파산 직전의 사업을 대상으로 카네기의 공식을 실험했다. 사업은 다시 살아났고, 내시는 큰 돈을 벌었다. 아서 내시가 고인이 된 지금도 내시의 사업은 여전히 번창하고 있다. 그의 실험은 매우 독특했기 때문에 신문과 잡지에 소개되었고 긍정적인 언론보도로 인해 창출된 가치는 100만 달러 이상이었다.

이 비밀 공식은 텍사스주 댈러스의 스튜어트 오스틴 위어에게도 전수되었다. 그는 변화할 준비가 되어 있었고, 하던 일을 그만두고 법학 공부를 시작했다. 그는 성공했을까? 그의 이야기도 이 책에서 읽을 수 있다.

나는 제닝스 랜돌프의 졸업식 날 그에게 비법을 전수했다. 그는 전수받은 비법을 훌륭하게 실천에 옮겨 현재 의회에서 세 번째 임기를 수행 중이다. 이 기세를 몰아간다면 백악관을 향한 도전도 충분히 가능할 것이다.

라샐 평생교육 대학의 홍보 담당자로 일했던 나는 J. G. 채플린 총장이 카네기의 공식을 매우 효과적으로 활용해, 당시 거의 알려지지 않았던 라샐 대학교를 미국에서 가장 훌륭한 평생교육기관으로 만드는 과정을 지켜보는 특권을 누렸다.

나는 이 비법을 이 책에서 100번 넘게 언급했다. 직접적으로 이름을 붙이지는 않았다. 그냥 아무것도 덧씌우지 않고 눈에 보이는 곳에 두어, 준비된 이들이나 구하는 이들이 집어 들었을 때 이 비법이 더 성공적으로 진가를 발휘한다고 느꼈기 때문이다. 바로 그런 점 때문에 카네기는 이름도 붙이지 않은 비법을 그렇게 넌지시 내게 던져 주었던 것이다.

실천할 준비가 되어 있는 독자라면 적어도 매 장마다 하나씩 비법을 발견할 것이다. 준비가 되어 있는지 아닌지 어떻게 알 수 있을까? 마음 같아서는 내가 알려주고 싶지만, 그러면 스스로의 힘으로 발견했을 때 얻게 되는 수많은 이점들을 빼앗게 된다.

이 책을 집필하고 있을 때, 대학 졸업반이던 내 아들이 2장 원고를 집어 들고 읽다가 혼자서 비법을 발견했다. 아들은 자신이 발견한 비법을 알차게 활용해 책임 있는 자리에 취직했고 일반적인 회사원보다 높은 초봉을 받았다. 아들의 이야기는 2장에서 간략하게 다루도록 하겠다. 책의 앞부분만 읽고 너무 지나친 약속을 하는 게 아닌지 의심스러워할지도 모르지만, 그런 이들도 내 아들의 이야기를 읽고 나면 생각이 달라질 것이다. 또, 좌절했거나, 삶의 의욕을 잃을 정도의 어려움을 겪었거나, 실패했거나, 병이나 고통으로 장애를 얻은 사람이라면, 카네기의 비법을 발견하고 활용한 내 아들의 이야기가 절망이라는 사막에서 찾아 헤매던 오아시스와도 같을 것이다.

우드로 윌슨 대통령은 제1차 세계대전에서 이 비법을 광범위하게 활용했다. 그는 이 비법을 병사가 전선으로 파병되기 전 받는 훈련에 세심하게 적용하여, 한 사람 한 사람에게 전수했다. 그리고 이것이 전쟁에 필요한 자금을 모으는 데도 강력한 요소가 되었다고 말했다.

20여 년 전 (당시 연방하원 필리핀 상주 대표였던) 마누엘 케손은 이 비법으로부터 영감을 얻어 필리핀인들의 독립을 얻어냈다. 그는 필리핀의 독립과 함께 자유로운 조국의 초대 대통령이 되었다.

이 비법의 특이한 점은 누구든 한 번 비법을 찾아내고 사용하면 글자 그대로 떠밀리듯 성공하게 되어, 별다른 노력 없이도 다시는 실패하지 않는다는 점이다! 의심된다면 이 비법을 사용한 사람들의 이름이 언급될 때마다 여러분 스스로 그들이 누군지, 어떤 기록을 가지고 있는지 찾아보고 믿기 바란다.


## 세상에 거저 얻는 것은 없다

내가 언급하는 비법은 그 가치에 비해 매우 싸게 얻을 수 있기는 하지만 그렇다고 공짜는 아니다. 작정하고 찾지 않는 사람은 아무리 비싼 대가를 치러도 얻을 수 없다. 그냥 얻을 수도, 돈으로 살 수도 없다.

이 비법은 둘로 나뉘어 있는데, 이를 가질 준비가 된 사람이라면 일단 둘 중 하나를 가진 셈이다.

이 비법은 준비된 사람 모두에게 공평하다. 교육을 얼마나 받았건 상관없다. 내가 태어나기 오래전에 토머스 A. 에디슨은 비법을 손에 넣고, 이를 영리하게 사용해 세계 최고의 발명가가 되었지만, 그가 교육받은 기간은 3개월이 전부였다.

이 비법은 에디슨의 동업자에게 전수되었다. 동업자는 당시 일 년에 겨우 1만 2,000달러를 버는 사람이었지만, 전수받은 비법을 매우 영리하게 활용해 큰 재산을 모으고 아직 젊은 나이에 현업에서 은퇴했다. 그의 이야기는 1장 첫머리에서 만나 볼 수 있다. 그의 이야기를 읽고 나면 부자가 되는 것이 결코 능력 밖의 일이 아님을, 이 책을 읽고 있는 지금도 여전히 원하는 무엇인가가 될 수 있음을, 축복받을 각오와 의지가 있는 사람이라면 누구나 돈·명예·인정·행복을 가질 수 있음을 확신하게 될 것이다. 그걸 어떻게 아느냐고? 이 책을 다 읽기도 전에 그 답을 발견할 수 있을 것이다. 어떤 사람은 첫 번째 장에서 발견할 것이고, 어떤 사람은 마지막 페이지에서 발견할 것이다.

카네기의 요청으로 20년간 조사라는 임무를 맡아 수행하는 동안 나는 수백 명의 유명인을 분석했고, 그들 다수는 자신이 카네기가 가르쳐 준 비법의 도움을 받아 막대한 재산을 모았음을 인정했다. 그들 중에는 다음과 같은 사람들이 있다.

헨리 포드, 시어도어 루스벨트, 윌리엄 리글러 JR. , 존 W. 데이비스, 존 워너메이커, 엘버트 허버드, 제임스 J. 힐, 윌버 라이트, 조지 S. 파커, 윌리엄 제닝스 브라이언, E. M. 스테이틀러, 데이비드 스타 조던, 헨리 L. 도허티, J. 오그던 아머, 사이러스 H. 커티스, 아서 브리즈번, 조지 이스트먼, 우드로 윌슨, 찰스 M. 슈와브, 아서 브리즈번, 해리스 F. 위릴엄스, DR. 프랭크 건솔러스, WM. 하워드 태프트, 대니얼 윌러드, 루서 버뱅크, 킹 질레트, 에드워드 W. 보크, 랠프 A. 위크스, 프랭크 A. 먼시, 대니얼 T. 라이트, 엘버트 게리, 존 D. 록펠러, 알렉산더 그레이엄 벨, 토머스 A. 에디슨, 존 H. 패터슨, 프랭크 A. 밴더립, 줄리어스 로젠월드, F. W. 울워스, 스튜어트 오스틴 위어, 로버트 A. 달러, 프랭크 크레인, 에드워드 A. 필린, 조지 M. 알렉산더, 에드윈 C. 반스, J. G. 채플린, 아서 내시, 제닝스 랜돌프, 클래런스 대로.

이들은 카네기의 비법을 이해하고 적용하면 누구나 인생에서 높이 올라갈 수 있다는 사실을 증명한 수백 명의 미국인들 중 단지 일부에 불과하다. 이 비법으로부터 영감을 받았지만 자신이 선택한 분야에서 눈에 띄는 성공을 거두지 못한 사람을 나는 단 한 사람도 알지 못한다. 또 이름을 알리고, 정도에 상관없이 부를 쌓은 사람들 중 비법을 자기 것으로 만들지 못한 사람을 알지 못한다. 이 두 가지 사실로부터 내가 내린 결론은, 자기 결정을 위해 필수적인 지식의 일부로서 카네기의 비법이 일반적으로 알려진 교육과정을 통해 얻는 그 어떤 것보다 중요하다는 사실이다.

교육이란 대체 무엇인가? 그에 대한 답은 이미 상세하게 나와 있다.

학교 교육만 놓고 보았을 때, 위에서 나열한 사람들이 받은 교육은 극히 미미하다. 존 워너메이커는 자신이 받은 얼마 안 되는 교육에 대해 마치 현대식 증기 기관차가 물을 보충할 때처럼 '달리면서 물을 퍼올리듯' 했다고 말했다. 헨리 포드는 대학은커녕 고등학교에도 진학하지 못했다. 이 두 사례는 학교 교육의 가치를 폄하하려는 것이 아니라, 카네기의 비법을 익히고 적용한 사람들은 비록 교육을 많이 받지 못했더라도 인생에서 높이 올라가고, 부를 쌓고, 자신의 신념대로 살게 된다는 나의 진실한 믿음을 드러내려 소개한 것일 뿐이다.

책을 읽다 보면 내가 말한 비법이 페이지 어디선가 불쑥 나타나 당당하게 자신을 드러낼 것이다, 물론 준비가 되어 있어야 가능한 이야기다! 비법이 나타날 때 여러분은 알아차릴 것이다. 그것이 첫 번째 장이든, 마지막 장이든, 신호가 나타나면 잠시 하던 일을 멈추고 그 순간을 기념하라. 그 순간이 당신 인생에서 가장 중요한 터닝포인트일 것이기 때문이다.

이제 우리는 첫 번째 장으로 넘어간다. 나의 친애하는 친구의 이야기다. 그 친구는 관대하게도 자신이 신비로운 신호를 보았다고 인정했고, 그 친구의 사업 실적은 그가 그 신호를 보았음을 증명하기에 충분하다. 내 친구의 이야기 그리고 다른 사람들의 이야기를 읽으면서 그들이 다른 모든 사람들처럼 인생의 중요한 문제들을 겪고 있었음을 기억하라.

이 문제들은 그들이 생계를 잇고, 희망·용기·자기만족·마음의 평화를 발견하고, 부를 쌓고, 몸과 마음의 자유를 누리고자 애쓰느라 겪는 문제들이다.

또 이 책을 읽어 나가면서 이 책이 허구가 아니라 사실을 다루고 있으며, 이 책의 의도가 위대한 보편적 진리를 전하는 것임을 기억하라. 이 책이 전달하는 진리를 통해 모든 준비된 사람들은 무엇을 할 것인 가뿐 아니라 어떻게 할 것인가를 배우게 될 것이며, 아울러 시작하는 데 필요한 자극을 받게 될 것이다.

마지막으로, 첫 번째 장을 시작하기 전에 카네기의 비법을 발견할 단서가 될 만한 한마디를 덧붙이겠다. 모든 부와 성취는 아이디어에 서 시작한다! 비밀을 발견할 준비가 되어 있다면 이미 반은 얻은 것이 다. 그러니 나머지 절반이 여러분의 마음에 닿는 순간, 즉각 그것을 알 아보게 될 것이다.

_나폴레온 힐

# 차례


추천사 • 004 ｜ 개정판 서문 • 007 ｜ 출판사 서문 • 010 ｜ 저자 서문 • 013

**1장**

**도입** '생각'만으로 토머스 E. 에디슨과 동업자가 된 남자 • 025

**2장 ｜ 부를 향한 첫 번째 단계**

**열망** 모든 성취의 출발점 • 049

**3장 ｜ 부를 향한 두 번째 단계**

**신념** 열망의 시각화, 열망을 달성할 수 있다는 믿음 • 079

**4장 ｜ 부를 향한 세 번째 단계**

**자기 암시** 잠재의식에 영향을 미치는 도구 • 109

**5장 ｜ 부를 향한 네 번째 단계**

**전문 지식** 개인적인 경험이나 관찰 • 121

**6장 ｜ 부를 향한 다섯 번째 단계**

**상상력** 마음의 작업장 • 143

**7장 ｜ 부를 향한 여섯 번째 단계**

**체계적인 계획 수립** 열망을 행동으로 구체화하기 • 167

**8장 | 부를 향한 일곱 번째 단계**

**결단력** 미루는 습관 뿌리 뽑기   ● 229

**9장 | 부를 향한 여덟 번째 단계**

**끈기** 신념을 유발하는 데 꼭 필요한 지속적인 노력   ● 247

**10장 | 부를 향한 아홉 번째 단계**

**추진력** '마스터마인드'의 힘   ● 275

**11장 | 부를 향한 열 번째 단계**

**성 에너지** 강력한 용기와 창의력의 근간   ● 287

**12장 | 부를 향한 열한 번째 단계**

**잠재의식** 연결 고리   ● 319

**13장 | 부를 향한 열두 번째 단계**

**두뇌** 생각의 송수신국   ● 333

**14장 | 부를 향한 열세 번째 단계**

**육감** 지혜의 신전으로 들어가는 문   ● 345

**15장**

**결말** 여섯 가지 두려움을 떨쳐 내는 법   ● 363

# 1장

도입

## '생각'만으로 토머스 E. 에디슨과 동업자가 된 남자

Napoleon Hill

# Think and Grow Rich

## Introduction

"생각은 실체다. 생각이 확고한 목표, 끈기와 결합할 때, 그것을 부나 물질적 대상으로 바꾸고자 하는 불타는 열망이 더해질 때, 생각은 실제로 강력한 힘을 발휘한다."

30여 년 전, 에드윈 C. 반스는 사람은 정말 생각만으로 부자가 될 수 있다는 사실을 깨달았다. 하루아침에 얻은 깨달음이 아니었다. 깨달음은 위대한 에디슨과 동업자가 되고 싶다는 불타는 열망에서 시작해 조금씩 찾아왔다.

반스가 지닌 열망의 중요한 특징 중 하나는 확고했다는 점이다. 반스는 에디슨 밑에서가 아니라 에디슨과 함께 일하고 싶었다. 반스가 자신의 열망을 실현한 과정을 주의 깊게 살펴본다면, 부자가 되는 13가지 원칙을 더 잘 이해할 수 있을 것이다.

이 열망, 또는 생각 동력이 처음 마음속에 떠올랐을 때 반스는 그 열망을 실현할 만한 처지가 아니었다. 그의 앞에는 두 가지 장애물이 있었다. 그는 에디슨과 모르는 사이였고, 에디슨이 있는 뉴저지주의 오렌지까지 가는 철도 운임을 지불할 돈도 없었다.

대다수의 사람이라면, 이런 난관 앞에서 그 열망을 실현해 보려는 시도조차 하지 못했을 것이다. 하지만 그의 열망은 평범하지 않았다! 열망을 실현할 방법을 찾으려는 결심이 너무나 확고했던 그는 포기하느니 차라리'화물'이 되기로 마음먹었다(못 알아듣는 사람이 있을까 봐 덧붙이자면, 이스트 오렌지까지 화물칸에 숨어서 갔다는 뜻이다).

그는 에디슨의 연구소에 당당히 찾아가, 위대한 발명가와 함께 사업을 하러 왔다고 선언했다. 수년 뒤, 반스와의 첫 만남을 떠올리며 에디슨은 이렇게 말했다.

"그는 거기 내 앞에 서 있었다. 겉모습은 흔한 부랑자 같았지만, 그의 표정에는 여기 온 목적을 반드시 이루고야 말겠다는 결의가 담겨 있었다. 수년간 여러 사람을 겪어 본 나는, 어떤 것을 너무나 열망하여 한 번의 기회에 자신의 모든 미래를 걸 각오가 되어 있는 사람이라면, 그는 반드시 성공할 것임을 알고 있었다. 나는 그가 요구한 기회를 주었다. 그에게서 성공할 때까지 버티겠다는 결심을 보았기 때문이다. 그 이후의 일들은 나의 결정이 틀리지 않았음을 증명해 주었다."

젊은 반스가 에디슨에게 정확히 뭐라고 말했는지는 중요하지 않다. 더 중요한 것은 그가 무엇을 생각했는가다. 에디슨이 스스로 그렇게 말했다! 에디슨 사무실에서 일을 시작할 수 있었던 이유는 젊은이의 겉모습 덕분이 아니었다. 겉모습은 확실히 그에게 불리했다. 중요한 것은 그가 어떻게 생각했느냐는 것이다.

이 글을 읽는 모든 이에게 이 말의 중요성을 제대로 전달할 수만 있다면, 이 책은 여기서 끝내도 좋을 것이다.

반스는 첫 면접에서 에디슨과 동업자가 되는 데는 실패했다. 그는 아주 적은 임금을 받으며 에디슨 사무실에서 일할 기회를 얻었다. 그가 하는 일은 에디슨에게는 중요하지 않았지만 그 자신에게는 매우 중요했다. 자신이 '동업자'로 삼고자 한 사람에게 자신의 '상품'을 보여줄 기회가 생겼기 때문이다.

수개월이 흘렀다. 겉으로 볼 때 반스의 마음속 확고한 열망은 실현될 조짐이 보이지 않았다. 하지만 반스의 마음속에서는 중요한 변화가 일어나고 있었다. 그는 에디슨의 동업자가 되겠다는 열망을 끊임없이 키워가고 있었다.

심리학자들의 말이 맞다.

"어떤 것에 진정으로 준비가 되어 있을 때, 그것은 모습을 드러낸다."

반스는 에디슨과 동업할 준비가 되어 있었고, 나아가 자신이 추구하는 것을 얻을 때까지 준비된 상태를 유지하기로 마음먹었다.

그는 스스로에게 "이게 다 무슨 소용이야? 마음을 접고 영업일이나 해 봐야겠어."라고 말하지 않았다. 대신 그는 이렇게 말했다.

"나는 에디슨과 사업을 하러 여기에 왔고, 앞으로 남은 인생을 다 걸더라도 이 목표를 이루고 말 거야."

그는 진심이었다! 사람들이 확고한 목표를 세우고, 그 목표에 모든 것을 집어삼킬 정도로 집착할 때까지 버틴다면 삶은 얼마나 달라

---

질까!

젊은 반스는 당시에는 몰랐을 것이다. 하지만 한 가지 열망에 온 힘을 쏟아 부은 불굴의 의지와 끈기가 결국 모든 반대를 잠재우고 그가 찾던 기회를 가져다주었다.

기회는 반스의 예상과는 다른 형태로, 전혀 다른 방향에서 나타났다. 이것이야말로 기회의 교활함 중 하나다. 기회는 뒷문으로 몰래 들어오는 교묘한 습성이 있고, 종종 불운이나 일시적인 실패의 모습으로 가장하고 나타난다. 아마도 그래서 많은 사람이 기회가 와도 알아차리지 못하는 모양이다.

에디슨은 막 새로운 사무기기를 완성했는데, 당시에는 에디슨 구술 녹음기(지금의 에디폰)로 불리던 기계였다. 에디슨의 영업 사원들은 그 기계에 별다른 반응을 보이지 않았다. 그들은 엄청난 노력이 없이는 기계를 팔기 힘들 거라고 생각했다. 하지만 반스는 그 기계에서 기회를 보았다. 기회는 기묘한 생김새의 기계 안에 조용히 숨어 있었고, 그 기계에 흥미를 가진 사람은 오직 반스와 에디슨뿐이었다.

반스는 자신이 녹음기를 팔 수 있을 것이라고 확신했다. 그는 그 사실을 에디슨에게 제안했고 곧바로 기회를 얻었다. 그는 실제로 구술 녹음기를 팔았다. 그것도 성공적으로 해냈다. 에디슨은 그와 전국 유통 및 판매 계약을 맺었다. 두 사람의 동업은 '에디슨 제작, 반스 설치'라는 슬로건의 등장으로 이어졌다.

두 사람의 동업은 30년 넘게 이어졌다. 그 과정에서 반스는 많은 부를 이루었지만, 그가 이룬 것은 단순한 돈보다 훨씬 더 위대한 것이었다. 그는 정말로 '생각만으로 부자가 될 수 있다'는 사실을 몸소 증명해 보였다.

반스가 처음부터 품었던 열망이 그에게 현금을 얼마만큼 안겨줬는지 나로서는 알 수 없다. 어쩌면 2백만~3백만 달러쯤 되었을지도 모른다. 하지만 그 금액이 얼마였든 그가 얻은 더 큰 자산에 비하면 보잘것없다. 누구나 아는 원칙을 적용함으로써, 눈에 보이지 않는 생각 동력이 물리적 형태를 갖출 수 있다는 확고한 지식을 손에 넣었기 때문이다.

말 그대로 반스는 생각 하나로 위대한 에디슨의 동업자가 되었다! 생각 하나로 큰돈을 벌었다. 그가 처음에 가지고 있던 것이라고는 자신이 무엇을 원하는지 아는 능력과 그 열망이 실현될 때까지 절대 놓지 않겠다는 결의뿐이었다.

그는 돈 한 푼 없이 시작했다. 배운 것도, 인맥도 없었다. 하지만 그에게는 자신만의 주도적인 계획, 신념, 이기고자 하는 의지가 있었다. 이런 눈에 보이지 않는 힘으로 그는 인류 역사상 가장 위대한 발명가의 최측근이 되었다.

이제는 조금 다른 상황을 들여다보자. 누가 봐도 부유했던 한 남자가 자신이 추구하던 목표를 불과 1미터 앞두고 멈추는 바람에 모든 것을 잃어버린 이야기다.

## 1미터 앞에서 황금을 놓친 사나이

실패의 가장 흔한 원인은 일시적인 패배에 사로잡혀 포기하는 습관이다. 모든 사람은 살면서 한 번은 이런 실수를 저지른다.

R. U. 다비의 삼촌은 골드러시 시대에 '황금 열풍'에 휩쓸려 금을 찾아 부자가 되려고 서부로 갔다. 그는 땅 밑보다 인간의 머릿속에 더 많은 금이 있다는 말을 못 들어 본 모양인지, 금광 채굴권을 등록하고 곡괭이와 삽을 들고 달려갔다. 일은 힘들었지만 금을 향한 그의 욕망은 확고했다.

몇 주 후, 그는 고된 노동의 보답으로 금광석을 발견했다. 금광석을 채굴할 장비가 필요했던 그는 조용히 광산을 덮고, 메릴랜드 윌리엄스버그에 있는 자신의 집으로 돌아가 친척들과 몇몇 이웃에게 자신의 '발견'을 알렸다. 그들은 함께 돈을 모아 필요한 장비를 구해 광산으로 보냈다. 삼촌과 다비는 다시 광산으로 돌아갔다.

처음 채굴된 금광석이 용광로로 보내졌다. 그 결과 그들이 콜로라도주에서 가장 풍부한 광산을 가졌다는 사실이 판명되었다. 그 정도 금광석을 몇 번만 더 캐내면 부채를 전부 상환할 수 있었고, 그러고 나면 한몫 단단히 챙길 수 있었다.

땅 밑을 파고 들어간 드릴은 다비와 삼촌의 희망을 끌어 올렸다! 그리고 일이 벌어졌다. 광맥이 사라졌던 것이다! 그들은 광맥을 잡기 위해 파고 또 팠다. 그러나 모두 허사였다.

마침내 그들은 포기하기로 했다.

두 사람은 장비를 고물상에 팔아 받은 수백 달러를 가지고 집으로 돌아가는 기차를 탔다. 고물상 중에는 아둔한 사람도 있지만, 이 고물상은 그렇지 않았다! 그는 광산 기술자를 불러다가 광산을 살피고 몇 가지 계산을 했다. 기술자는 이전 사람들이 '단층선'에 익숙하지 않아서 실패했다고 조언했다. 그의 계산에 따르면 광맥은 다비와 삼촌이 드릴 작업을 멈춘 곳에서 약 1미터 떨어진 곳에 있었다. 그리고 기술자의 계산은 정확했다!

고물상은 금광에서 수백만 달러어치의 금광석을 캐냈다. 포기하기 전에 전문가에게 상담받을 정도의 상식이 있었기 때문이다.

장비에 들어간 돈 대부분은 당시 아주 젊은 청년이었던 R. U. 다비의 노력으로 조달되었다. 돈은 그의 친척과 이웃들에게서 나왔다. 그들이 다비를 신뢰했기 때문이다. 그는 수년에 걸쳐 마지막 한 푼까지 돈을 전부 갚았다.

이후 아주 오랫동안 다비는 자신이 잃은 것을 여러 번 곱씹었고, 열망이 금으로 바뀔 수 있다는 진리를 깨달았다. 그 깨달음은 그가 생명보험 영업을 시작한 후 찾아왔다.

금맥을 1미터 앞두고 포기한 탓에 막대한 돈을 잃었다는 사실을 기억한 다비는 자신이 선택한 일에서 그 경험을 활용했다. 방법은 간단했다. "나는 금맥을 1미터 앞두고 포기했지만, 보험 가입을 거절당했다고 포기하는 일은 절대로 없을 것이다."라고 스스로에게 말하는 것이었다.

매년 생명보험 영업 실적을 100만 달러 이상 달성하는 사원은 50명 미만의 소수에 불과한데 다비는 그들 중 하나다. 그는 금광 산업에서의 '빠른 포기' 덕분에 '진득함'을 얻었다.

한 인간이 삶에서 성공을 맞이하기 전에 그는 틀림없이 많은 일시적인 패배 그리고 어쩌면 몇 번의 실패를 겪게 마련이다. 패배가 엄습할 때, 가장 쉽고 논리적인 대응은 그만두는 것이다. 대다수의 사람들이 바로 그렇게 한다.

500명이 넘는 성공한 미국인들은 저자에게 최고의 성공은 패배가 엄습한 지점에서 한 발짝 더 내디뎠을 때 찾아왔다고 말했다. 실패는 아이러니와 간계에 뛰어난 협잡꾼이다. 실패는 성공이 바로 코앞에 다가왔을 때 발을 걸어 넘어뜨리고 즐거워한다.

## 50센트자리 인내심 수업

다비가 금광 사업으로 호된 인생 '신고식'을 치르고 자신의 경험을 거울삼기로 결심한 직후, 그에게 좋은 기회가 찾아왔다. "No!"라는 말이 반드시 거절을 의미하지는 않는다는 사실을 증명하는 현장을 목격한 것이다.

어느 날 오후, 다비는 삼촌의 구식 방앗간에서 밀 빻는 일을 돕고 있었다. 삼촌은 큰 농장을 경영했는데 농장에는 다수의 흑인 소작인들이 살고 있었다. 세입자의 딸인 작은 흑인 아이가 조용히 문을 열고 들어와 문 부근에 자리를 잡았다.

삼촌은 고개를 들더니 아이에게 거칠게 소리쳤다.

"왜 그러고 있어?"

아이는 얌전히 대답했다.

"엄마가 50센트 달래요."

"싫어."

삼촌은 쏘아붙였다.

"집에 가."

"네."

아이는 대답했다. 하지만 움직이지 않았다.

삼촌은 일을 계속했고, 일에 열중한 나머지 아이가 가지 않았다는 것을 알아채지 못했다. 한참 뒤 고개를 들어 아이가 그 자리에 서 있는 모습을 본 삼촌이 고함을 질렀다.

"집에 가라고 했잖아! 빨리 안 가면 회초리로 맞을 줄 알아."

아이는 "네." 하고 대답했지만 한 발짝도 움직이지 않았다.

삼촌은 제분기에 쏟아부으려던 밀 포대를 바닥에 떨어뜨리고는, 널빤지 하나를 집어 들더니 심상치 않은 표정으로 아이에게 다가갔다. 다비는 이제 저 아이는 죽겠구나 하는 생각에 숨을 죽였다. 그는 삼촌의 사나운 성질을 잘 알았다. 그들이 사는 버지니아주에서는 흑인 아이가 백인 어른에게 대들면 큰일 난다는 사실도 물론 알고 있었다.

삼촌이 아이가 서 있는 지점까지 다가가자, 아이는 재빨리 한 걸음 뒤로 물러나더니 삼촌의 눈을 올려다보며 있는 힘을 다해 꽥 소리쳤다.

"우리 엄마 50센트 받아야 돼요!"

삼촌은 동작을 멈추고 아이를 잠시 내려다보더니 널빤지를 바닥에 천천히 내려놓았다. 그러고는 호주머니에서 50센트를 꺼내 아이에게 주었다.

아이는 돈을 받았고, 방금 자신이 제압한 남자에게서 눈을 떼지 않은 채 천천히 문을 향해 뒷걸음질 쳤다. 아이가 사라지자 삼촌은 상자

위에 걸터앉더니 창밖의 허공을 10분도 넘게 응시했다. 삼촌은 방금 혼쭐난 경험에 압도되었는지 깊은 생각에 빠졌다.

다비 자신도 여러 가지 생각이 들었다. 살면서 흑인 아이가 작정하고 백인 어른을 이겨먹는 모습을 본 건 처음이었다. 아이는 어떻게 한 것일까? 무엇이 삼촌으로 하여금 사나운 성질을 죽이고 양처럼 순종하게 만들었을까? 아이는 어떤 이상한 힘으로 자신보다 윗사람을 압도했을까? 등의 의문들이 다비의 머릿속을 스쳤지만, 그가 그 답을 찾은 것은 몇 년이 지나 내게 그 이야기를 전하면서였다.

공교롭게도, 필자가 이 특이한 경험을 전해 들은 것도 그 오래된 방앗간의, 삼촌이 아이에게 혼난 바로 그 장소에서였다. 또한, 공교롭게도 나는 25년이 넘는 세월을 바쳐, 순진무구한 흑인 어린이가 똑똑한 어른을 제압한 종류의 힘에 관한 연구에 전념하던 참이었다.

퀴퀴한 냄새가 나는 오래된 방앗간에 서서 다비는 다음 질문으로 자신의 흔치 않은 경험담을 마무리했다.

"어떻게 생각하세요? 그 아이는 어떤 이상한 힘을 썼기에 삼촌을 완전히 꼼짝 못 하게 만들었을까요?"

다비의 질문에 대한 대답은 이 책에서 소개한 원칙에서 찾아볼 수 있을 것이다. 이 책이 제시하는 대답은 빈틈없고 완벽하다. 설명이 자세하고 충분해서 누구나 이해할 수 있다. 어린아이가 어쩌다가 얻게 된 그 힘을 여러분도 활용할 수 있을 것이다.

정신을 집중하면 아이를 위기에서 구해 준 바로 그 힘이 무엇이었는지 발견하게 될 것이고, 바로 다음 장에서 그 힘을 아주 잠깐 맛볼 수 있을 것이다. 이 책을 읽다 보면 어떻게 하면 신호를 잘 받아들일 수 있는지 아이디어가 생기고, 저항할 수 없는 힘을 마음대로 부려 자신에게 이롭게 사용할 수 있을 것이다. 이 힘을 인식하게 되는 것은 첫 번째 장일 수도 있고 이어지는 다른 장일 수도 있다. 이 힘은 하나의 아이디어 형태를 취할 수도 있고, 계획, 또는 의도의 성격을 띨 수도 있다. 어쩌면 과거의 실패나 패배의 경험으로 여러분을 다시 데리고 가, 패배를 통해 잃어버렸던 것들을 모두 되찾게 해 주는 가르침을 줄 지도 모른다.

다비에게 어린아이가 우연히 사용한 힘이 어떤 것인지 설명해 주자, 그는 자신의 30년 보험 업무 경험을 빠르게 되짚더니, 보험 분야에서 이룬 자신의 성공에 그 아이로부터 얻은 교훈이 적지 않은 보탬이 되었다는 점을 순순히 인정했다.

다비는 말했다.

"잠재 고객이 계약을 무산시키려 할 때면 나는 그 오래된 방앗간에서 있던 아이의 반항기 어린 눈을 떠올리며 스스로에게 말했습니다. '나는 이 사람을 가입시켜야 한다'라고 말이죠. 내가 따낸 보험계약의 대다수는 한 번 거절당한 후에 성사된 것들입니다."

그는 또 금광 1미터 앞에서 포기했던 자신의 실수를 회상하며 말했다.

"하지만 그 경험은 악운처럼 보이는 축복이었습니다. 그 경험은 아무리 힘들더라도 내게 포기하지 말고 계속하라고 가르쳤습니다. 어떤 일에서든 성공하는 데 그 가르침이 반드시 필요했습니다."

다비와 삼촌, 어린아이, 광산에 관한 이야기는 보험으로 생계를 꾸리는 수백 명의 사람들에게 틀림없이 전해질 것이다. 나는 그들 모두에게 다비가 매년 보험영업으로 100만 달러 이상 실적을 달성하는 것은 이 두 가지 경험 덕택이라고 말하고 싶다.

인생은 오묘하고, 종종 헤아릴 수 없다. 성공도 실패도 그 뿌리는 단순한 경험에 있다. 다비의 경험들은 평범하고 단순했지만 그 속에 그의 운명을 결정짓는 해답이 있었다. 따라서 그에게는 그것들이 인생 그 자체만큼이나 소중한 경험이었다. 그는 이 두 번의 극적인 경험으로부터 교훈을 얻었다. 그 경험들을 분석하고 거기에서 교훈을 찾아냈기 때문이다. 하지만 실패를 연구해 성공으로 이끌어 줄 지식을 탐구할 시간도 마음도 없는 사람들은 어떻게 해야 할까? 그런 사람들은 실패를 기회의 디딤돌로 전환할 기술을 어디에서 어떻게 배워야 할까?

이 질문들에 답하기 위해 이 책을 썼다.

답을 얻으려면 13가지 원칙을 알아야 한다. 하지만 기억하라. 이 책을 읽으면서 여러분이 구하고 있을지 모르는 답, 인생의 오묘함에 대해 깊이 사유하도록 만든 질문에 대한 해답은 책을 읽는 동안 마음에 떠오를 아이디어, 계획, 의도 같은 것들을 통해 여러분의 마음속에서 찾을 수 있을지 모른다.

성공을 위해서는 탄탄한 아이디어 하나만 있으면 된다. 이 책이 설명하는 원칙들은 유용한 아이디어를 창출하는 가장 실용적인 최고의 방법들이다.

이 원칙들을 더 상세히 설명하기 전에 한 가지 중요한 조언을 해야 할 것 같다. 부는 일단 찾아오기 시작하면, 대체 쪼들릴 때는 뭐 하다가 이제 나타났나 싶을 정도로 매우 빠르게 엄청난 규모로 다가온다. 이런 말은 예상치 못했을 것이다. 부가 오랫동안 열심히 일한 사람들에게만 찾아온다는 대중적인 믿음을 고려한다면 더욱 그럴 것이다.

생각이 여러분을 부자로 만들기 시작하면, 여러분은 깨닫게 될 것이다. 부는 마음가짐, 확고한 의지에서 시작된다. 부의 시작이 고된 노동인 경우는 거의 혹은 전혀 없다. 이 책을 읽는 여러분을 비롯해 모든 사람은 부를 끌어들이는 마음 상태를 어떻게 획득해야 하는지에 관심을 가지고 알아내야 한다. 나는 25년간 연구하며 2만 5,000명 이상을 분석했다. 나 역시 '부자들은 어떻게 부자가 되었는지' 알고 싶었기 때문이다.

지난 25년간의 연구가 없었다면 이 책은 쓸 수 없었을 것이다.

굉장히 중요한 사실이 하나 있다. 대공황은 1929년에 시작되어 기록적인 피해를 남기고 루스벨트 대통령 취임 얼마 뒤까지 계속되었다. 이후 불경기는 사라지기 시작했다. 극장의 전기공이 조명을 아주 단계적으로 서서히 높여 우리가 미처 깨닫기도 전에 어둠이 빛으로 변하는 것처럼, 사람들의 마음속에 있던 공포의 주문이 서서히 사라지며 믿음이 그 자리를 차지했다.

이 책의 원칙들을 체득하는 즉시, 원칙을 적용하는 데 필요한 가르침들을 면밀히 살피고 따라라. 재정 상태는 좋아질 것이고, 손대는 것마다 돈이 되는 자산으로 변할 것이다. 불가능할 것 같은가? 결코 그렇지 않다!

인류의 주된 약점 중 하나는 평범한 보통 사람이 '불가능'이라는 말에 익숙하다는 점이다. 인간은 적용되지 않을 규칙, 실행될 수 없는 것들을 모두 알고 있다. 이 책은 다른 사람들을 성공하게 만든 법칙을 알고자 하고, 그 법칙을 발견하기 위해서라면 모든 것을 바칠 각오가 되어 있는 사람들을 위해 쓰였다.

아주 오래전, 나는 좋은 사전을 한 권 샀다. 사전을 사고 가장 처음 한 일은 '불가능'이라는 단어를 찾아 그 부분을 깨끗하게 도려내는 것이었다. 여러분도 그렇게 하기를 권한다.

성공은 성공을 의식하는 사람에게 온다.

실패는 스스로 실패를 의식하도록 무심하게 허용하는 사람들에게 온다.

이 책의 목표는 실패를 의식하는 대신, 성공을 의식하도록 마음을 바꾸는 기술을 연마하고자 하는 모든 사람에게 도움을 주는 것이다.

인간의 또 다른 약점은 너무 많은 사람에게 공통적으로 나타난다. 바로 자신이 지니고 있는 인상과 믿음만으로 모든 것, 모든 사람을 측정하려는 습관이다. 그들은 부의 관점에서 생각하지 못한다. 생각하는 습관이 빈곤, 결핍, 고통, 실패, 패배에 젖어 있기 때문이다.

이 불운한 사람들은 어느 유명한 중국인을 떠올리게 한다. 그는 미국식 교육을 받기 위해 미국에 왔다. 그는 시카고 대학에 다녔는데, 어느 날 하퍼 총장이 캠퍼스에서 이 젊은 아시아인과 마주쳤다. 하퍼 총장은 가던 길을 멈추고 그와 몇 분간 이야기를 나눈 뒤, 미국 사람들의 두드러진 특징 중 무엇이 가장 인상적인지 물었다.

"눈이 이상하게 생겼어요. 눈 모양이 이상해요!"

우리는 이해하지 못하면 믿지 않으려고 한다. 우리는 어리석게도 스스로의 한계가 다른 사람들을 판단하는 올바른 기준이라고 믿는다. 당연히 남의 눈 모양은 '이상하다.' 우리는 모두 다른 사람이기 때문이다.

헨리 포드가 나타났을 때 수많은 사람들은 그의 성공에 "타고 났다, 운이 좋았다, 천재다" 등등 온갖 이유를 갖다 붙이며 부러워했다. 아마 10만 명 중 한 사람꼴 정도로 포드의 성공 비결을 알고 있을 것이다. 그러나 그 소수의 사람들은 그 진짜 비결을 말하지 않거나 말하기를 주저한다. 알고 보면 너무 단순하기 때문이다. 단 한 번의 거래, 그것이 '비결'의 완벽한 실체다.

수년 전, 포드는 그 유명한 V-8 모터를 제작하기로 마음먹었다. 그는 8개의 기통을 하나의 블록으로 주조한 엔진을 구상하고 엔지니어들에게 설계도를 만들어내라고 했다. 설계도가 그려졌지만, 엔지니어들의 생각은 하나같았다. 8개의 기통을 하나의 가솔린 엔진 블록으로 주조하는 것은 절대로 불가능하다는 것이었다.

포드는 "어떻게 해서든 만들어내."라고 말했고, 엔지니어들은 "하지만 그건 불가능합니다!"라고 대답했다. 포드는 아무리 오랜 시간이 걸리더라도 될 때까지 계속하라고 지시했다.

엔지니어들은 하라는 대로 그냥 했다. 포드의 엔지니어로 계속 남아 일하려면 달리 방도가 없었다. 6개월이 흘렀지만 아무 변화도 없었다. 또다시 6개월이 흘렀지만 여전히 그대로였다. 엔지니어들은 명령을 수행하기 위해 생각할 수 있는 모든 방법을 시도해 보았지만, 소용 없어 보였다. 그야말로 '불가능!'이었다.

연말이 되자 포드는 엔지니어들을 불렀다. 그들은 명령을 수행할 방법이 없다고 보고했다.

"하던 대로 계속해. 나는 그것을 원하고 가져야겠어."라고 포드는 말했다.

엔지니어들은 하던 대로 계속했고, 그리고 마치 마법의 힘을 빌린 것처럼 비밀은 모습을 드러냈다.

포드의 의지가 다시 한번 이겼다!

위의 이야기와 실제로 소요된 시간이 약간 다를지도 모르지만 이야기의 전체 맥락과 내용은 정확하다. 생각만으로 부자가 되기를 바라는 사람은 할 수 있다면 이 이야기로부터 포드의 성공 비결을 유추해 보기 바란다. 그리 멀리 볼 필요는 없다.

헨리 포드는 성공했다. 왜냐하면 성공의 원칙을 이해하고 실천했기 때문이다. 성공의 원칙 가운데 하나는 열망, 즉 스스로 무엇을 원하는지 아는 것이다. 책을 읽어 나가면서 포드의 이야기를 기억했다가 그의 엄청난 성취의 비결을 묘사한 부분을 집어내 보아라. 그렇게 할 수 있다면, 다시 말해 헨리 포드를 부자로 만든 특정한 원칙들을 정확히 가리킬 수 있다면, 어느 분야에서건 헨리 포드만큼 성공할 수 있다.

## 우리는 '우리 운명의 주인, 우리 영혼의 선장'이다

시인 윌리엄 어니스트 헨리가 "나는 내 운명의 주인, 내 영혼의 선장이다."라고 예언처럼 말했을 때, 그는 우리에게 가르쳐 줬어야 했다. 우리가 우리 운명의 주인, 우리 영혼의 선장인 이유는 우리가 자신의 사고를 제어할 힘을 갖고 있기 때문이라고 말이다.

시인은 이 작은 지구를 떠받치고, 우리가 움직이고 존재하는 공간을 채우고 있는 에테르가 상상할 수 없이 빠른 속도록 진동하는 일종의 에너지임을 말해 줬어야 했다. 또, 에테르가 일종의 보편적 힘으로 채워져 있고 그 힘은 우리가 마음속에 품은 생각의 본성에 맞추어 스스로 변화하며, 자연스럽게 우리에게 영향을 미쳐 우리의 생각을 물리적인 형태로 전환한다는 점도 말해 줬어야 했다.

시인이 이 위대한 진실을 우리에게 말해 주었더라면 우리는 지금 우리가 왜 우리 운명의 주인이고, 우리 영혼의 선장인지 그 이유를 알고 있을 것이다. 그는 이 보편적인 힘이 파괴적인 생각과 건설적인 생각을 구별하지 않는다는 점, 따라서 부자가 되는 생각이 우리로 하여금 부자가 되는 행동을 하도록 만드는 것처럼, 가난해지는 생각이 우리의 물리적 현실을 가난하게 만든다는 점을 강조했어야 했다.

그는 또 우리가 마음속에 품은 지배적인 생각에 뇌가 자석처럼 이끌리기 때문에, 우리는 알 수 없는 원리에 의해 이 지배적인 생각과 어울리는 힘, 사람, 생활환경에 이끌린다는 점도 말해 주었어야 했다.

또한, 풍부한 부를 쌓기 전에 우리의 마음에 부를 향한 강렬한 열망을 심어주어야 한다는 점, '돈에 대한 열망이 우리로 하여금 돈을 획득하기 위한 확고한 계획을 세우게 할 때까지 돈에 각성해야’ 한다는 점을 말해 주었어야 했다.

하지만 철학자가 아니라 시인이었던 헨리는 위대한 진실을 시적인 형식을 빌려 말한 것으로 할 일을 다 했다고 생각했고, 그의 시가 지닌 철학적 힘을 해석하는 일은 후대의 몫이 되었다.

진실은 조금씩 드러났고, 결국 확실해진 것은 이 책에서 기술한 원칙들이 우리의 경제적 운명을 지배하는 것이 무엇인지 그 비밀을 푸는 열쇠라는 점이다.

이제 우리는 첫 번째 원칙을 살펴볼 준비가 되었다. 열린 마음으로 이 책을 읽어 나가되, 이 원칙들이 어느 한 사람의 발명품이 아니라는 점을 기억하라. 이 원칙들은 실제로 막대한 부를 축적한 500명이 넘는 사람들의 인생 경험을 모은 것이다. 이 사람들은 애초에 가난했고, 교육을 거의 받지 못했으며, 영향력도 없었다. 원칙이 이 사람들을 위해 움직였다. 여러분도 이 원칙들이 여러분의 지속적인 이익을 위해 작용하도록 만들 수 있다.

곧 알게 되겠지만 그것은 어려운 일이 아니다.

다음 장을 읽기 전에 한 가지 알아두었으면 한다. 이제부터 할 이야기는 사실에 기반을 둔 정보를 다루고 있으며, 그 정보가 이야기 속 두 사람에게 엄청난 변화를 일으킨 것처럼 여러분의 재정적 운명 전체를 쉽게 바꾸어 놓을지 모른다.

또 한 가지, 이 두 사람이 나 자신과 매우 밀접한 관계가 있는 인물이어서 내가 없는 사실을 꾸며 내려야 그럴 수 없었을 것이라는 점을 알아주기 바란다. 둘 중 한 사람은 나의 25년 지기인 절친한 친구이고, 다른 한 사람은 내 아들이다. 이들의 성공이 워낙 남달랐고, 또 두 사람 모두 자신들의 성공이 이 책에 소개된 원칙 덕분이었다고 시원스럽게 인정했으므로, 내 지인들의 사례가 원칙의 엄청난 효과를 강조하는 수단으로서 여기에 소개하기에 충분하다고 생각한다.

거의 15년 전, 나는 웨스트버지니아주 세일럼에 있는 세일럼 대학 졸업식에서 축사를 했다. 당시 내가 다음 장에 기술한 원칙을 어찌나 강조했는지, 졸업생 중 한 명이 그것을 철저히 적용해 자신의 인생철학으로 삼았다. 그 젊은 졸업생은 지금 미국 연방의회 의원으로서 현 행정부에도 큰 영향을 미치고 있다. 이 책의 원고를 출판사에 보내기 직전에 내게 쓴 편지에서 그는 원칙에 대한 자신의 의견을 매우 분명하게 드러냈으므로, 나는 그의 편지로 다음 장에 대한 소개를 가름하기로 했다.

그의 편지를 읽고 앞으로 다가올 보상에 대해 생각해 보기 바란다.


친애하는 나폴레온 힐 선생님께

저는 연방의회 의원으로 일하면서 인간의 문제에 대해 많은 통찰을 얻었고, 이를 바탕으로 수천 명의 훌륭한 사람들에게 도움이 될 만한 제안을 하려고 이 편지를 씁니다.

우선 사과의 말씀을 드립니다. 선생님이 저의 제안을 행동으로 옮길 경우, 수년간의 수고와 책임을 감수해야 하기 때문입니다.

그럼에도 불구하고 이 제안을 하는 것은 사람들에게 도움을 주고자 하는 선생님의 열의가 얼마나 강한지 알고 있어서입니다. 1922년 선생님은 세일럼 대학에서 졸업 축하 연설을 했고, 저는 그때의 졸업생 중 하나였습니다. 그날 연설을 듣고 제가 마음에 품었던 생각이 저로 하여금 미국 국민을 위해 봉사할 기회를 찾게 했으며, 아마 앞으로 더 많은 기회를 제게 가져다 줄 것입니다.

제가 하려는 제안은 자신들의 위대함으로 미국을 지구상에서 가장 부유한 나라로 만든 사람들을 직접 만나며 얻은 선생님의 경험과 친분이 많은 미국인들에게 기회가 되도록, 세일럼 대학에서 했던 졸업 축하연설의 핵심 내용을 책으로 써 달라는 것입니다.

지금도 마치 어제 일처럼 생생합니다. 선생님은 정규 교육을 거의 받지 못한 헨리 포드가 돈도 인맥도 없이 어떻게 그런 위대한 성과를 낼 수 있었는지 경이로운 방식으로 알려주었습니다. 그때 나는 연설이 다 끝나기도 전에 이미 결심했습니다. 아무리 많은 어려움을 극복하고서라도 반드시 성공하고야 말겠다고 말입니다.

올해 그리고 앞으로 수년간 많은 젊은이들이 학교를 졸업할 것입니다. 그들은 모두 제가 선생님으로부터 받았던 것 같은 실용적인 격려의 메시지를 원할 것입니다. 그들은 인생의 첫발을 내딛기 위해 어디에서 방향을 바꾸고, 무엇을 해야 하는지 알고 싶어 할 것입니다. 선생님은 그들에게 이야기해 줄 수 있습니다. 왜냐하면 이미 수많은 사람들의 문제 해결을 도왔기 때문입니다.

선생님이 사람들에게 큰 도움을 베푸는 것이 가능하다면, 한 말씀 올리고 싶습니다. 출판되는 모든 책마다 선생님의 개인 분석 차트 중 하나를 싣는 것입니다. 그러면 수년 전 제가 선생님에게서 배웠던 것처럼, 완벽한 자기분석을 통해 사람들은 성공의 걸림돌이 무엇인지 정확히 배울 수 있을 것입니다.

독자들이 자신의 장단점을 완벽하고 편견 없이 파악할 수 있게 하는 이런 서비스가 그들의 성공과 실패를 결정할 것입니다. 더없이 귀중한 도움이 되겠지요.

대공황의 영향으로 수백만 명의 사람들이 현업 복귀의 문제에 직면했습니다. 개인적인 경험을 바탕으로 말하자면, 나는 이 진실한 사람들이 선생님에게 자신의 문제를 털어놓고 해결을 위한 조언을 들을 수 있는 기회를 환영할 것이라고 생각합니다.

선생님은 처음부터 다시 시작해야 할 필요성에 직면한 사람들의 문제를 알고 있습니다. 지금 미국에는 어떻게 하면 자신의 아이디어를 돈으로 바꿀 수 있을지 알고 싶어 하는 수천 명의 사람들이 있습니다. 무일푼으로 바닥에서부터 시작해 손실을 메꿔야 하는 사람들이 있습니다. 누군가 그들을 도울 수 있다면 그건 바로 선생님입니다.

책이 나오면 첫 인쇄본에 선생님의 개인 서명을 받아 한 권 간직하고 싶습니다.

---

진심을 담아, 선생님의 안녕을 기원하는 제 마음을 믿어 주십
시오.

제닝스 랜돌프

# 2장

**부를 향한 첫 번째 단계**

# 열망

모든 성취의 출발점

*Napoleon Hill*

✳

# *Think and Grow Rich*

✳

*Desire*

30여 년 전 뉴저지주의 오렌지에 정차한 화물열차에서 기어 내려온 에드윈 C. 반스는 부랑자처럼 보였을지 모른다. 하지만 마음에 품은 생각만큼은 왕이었다!

철길을 지나 토머스 에디슨의 사무실로 향하는 도중에도 그는 생각을 멈추지 않았다. 그에게는 에디슨 앞에 마주 선 자신의 모습이 보였다. 그리고 위대한 발명가와 동업을 하고 말겠다는, 그의 인생에서 단 하나의 강렬한 집념과 불타는 열망을 실현할 기회를 달라고 요청하는 자신의 목소리가 들렸다.

반스의 열망은 희망이 아니었다. 소원도 아니었다! 그것은 간절하면서도 약동하는 욕망이었다. 그것은 모든 것을 초월했다. 그리고 확고했다.

반스가 에디슨을 찾아갔을 때 그의 열망은 이미 새로운 것이 아니었다. 그것은 오랫동안 그를 지배해 온 욕망이었다. 처음 마음에 나타난 열망은 어쩌면, 아마도 그냥 소원이었을지 모르지만, 에디슨을 마주했을 때 그것은 더는 소원이 아니었다.

몇 년 후 반스는 다시 에디슨 앞에 섰다. 발명가와 처음 만난 바로 그 사무실에서였다. 이번엔 그의 열망이 현실이 되었다. 그는 에디슨과 동업자가 되었다. 그의 인생을 지배했던 꿈이 현실이 된 것이다. 오늘날 반스를 아는 사람들은 그를 부러워한다. 삶이 그에게 '행운'을 선사했다고 생각하기 때문이다. 사람들은 반스가 승승장구하던 시기의 모습만을 볼 뿐, 그의 성공 비결이 무엇인지는 알려고 하지 않는다. 그가 성공한 것은 확실한 목표를 선택하고 자신의 모든 에너지, 힘, 노력, 모든 것을 바쳐 목표를 뒷받침했기 때문이다. 그가 첫날부터 에디슨의 동업자가 된 것은 아니다. 그는 자신이 간직한 목표를 향해 단 한 걸음이라도 다가갈 기회를 얻을 수 있다면, 아주 하찮은 일부터 시작하는 것도 마다하지 않았다.

5년이 지나서야 그가 구하던 기회가 처음 모습을 드러냈다. 그 세월 동안 단 한 줄기의 희망도, 그의 열망을 이룰 수 있을 것이라는 어떠한 약속도 주어지지 않았다. 그를 제외한 모든 사람은 그가 에디슨의 사업을 돌아가게 하는 수많은 톱니바퀴 중 하나에 불과하다고 생각했지만, 그 자신은 처음 일을 시작한 그날부터 매 순간 스스로를 에디슨의 파트너라고 생각했다.

확고한 열망이 얼마나 큰 힘을 갖는지 보여주는 놀라운 사례다. 반스는 목표를 달성했다. 다른 무엇보다 에디슨의 동업자가 되는 것을 원했기 때문이다. 그는 의도한 바를 이루기 위한 계획을 세웠다.

반스는 도망갈 여지를 남겨두지 않았다. 그는 열망이 인생을 지배하는 강박이 되고 마침내 현실이 될 때까지 자신의 열망을 버리지 않았다.

그는 "에디슨을 잘 구슬려서 쉬운 일 하나 따 내야지."라는 마음가짐으로 오렌지에 온 것이 아니었다. 그는 "나는 에디슨을 만나서 함께 사업하러 왔다고 당당히 밝힐 거야."라고 스스로 다짐했다.

그는 "몇 달 일해 보고, 아니다 싶으면 관둬야지. 딴 데서 일자리를 얻으면 되니까."라고 생각한 것이 아니라 "어떻게 해서든 일단 시작할 거야. 에디슨이 하라는 건 뭐든 하겠지만, 그의 동업자가 되기 전에는 그만두지 않을 거야."라는 각오로 시작했다.

그는 "다른 기회가 없나 잘 살펴야지. 에디슨의 회사에서 원하는 것을 얻을 수 없을지 모르니까."가 아니라, "이 세상에서 내가 하려고 마음먹은 것은 토머스 에디슨과의 동업, 단 한 가지뿐이야. 퇴로를 불살라 버리고 내 모든 미래를 걸어 원하는 것을 얻고 말 거야."라고 말했다.

그는 후퇴할 여지를 남겨두지 않았다. 살아남기 위해서는 이겨야 했다!

반스의 성공담은 이게 전부다! 아주 오래전, 어느 위대한 전사가 있었다. 그는 전장에서 반드시 승리해야 했다. 그의 부하들은 자신들보다 많은 수의 강력한 적을 맞아 싸워야 했다. 그는 병사들을 배에 태워 적진으로 항해했다. 병사들과 무기를 뭍에 내린 그는 부하들에게 타고

온 배를 태우라고 명령했다. 첫 전투에 임한 그는 부하들에게 말했다.

"우리가 타고 온 배가 연기가 되어 타오른다. 이기지 않으면 이 해변을 살아서 떠날 수 없다는 뜻이다! 이제 선택의 여지는 없다. 우리는 이기거나, 죽는다!"

그들은 이겼다.

어떤 사명에서건 승리하는 사람은 기꺼이 자신이 타고 온 배를 태우고 모든 퇴로를 끊는다. 그렇게 해야만 성공의 필수 요소인, 이기고자 하는 불타는 열망이라는 마음가짐을 유지할 수 있다.

시카고 대화재가 일어난 다음 날 아침, 스테이트 스트리트에 상인 한 무리가 나타나 연기가 피어오르는 자신들의 가게 잔해를 바라보았다. 그들은 가게를 다시 일으켜 세울 것인지, 아니면 시카고를 떠나 더 전망 좋은 곳에서 새로 시작할 것인지 결정하기 위해 회의를 시작했다. 단 한 명을 제외하고 모두 시카고를 떠나기로 결정했다.

시카고에 남기로 한 상인은 자신의 가게 잔해를 가리키며 말했다.

"여러분, 바로 저 지점에 저는 세계 최대의 가게를 세울 겁니다. 몇 번을 불타 무너지더라도 상관없습니다."

지금으로부터 50여 년 전의 일이다. 가게는 새로 세워졌다. 그리고 불타는 열망이라는 마음가짐의 힘을 기리며 오늘도 당당히 그곳에 서 있다. 마샬 필드에게 쉬운 길은 다른 상인들과 함께하는 것이었다. 길이 험하고 미래가 암울할 때, 그들은 가던 길을 멈추고 쉬워 보이는 길을 택했다.

마샬 필드와 다른 상인들의 이러한 차이점을 잘 새기길 바란다. 왜냐하면 이것이 에디슨의 회사에서 일했던 수천 명의 다른 젊은이들과 에드윈 반스를 구별 짓는 차이점이기 때문이다. 이것은 또한 사실상 모든 성공하는 사람과 실패하는 사람을 구별 짓는 차이점이기도 하다.

돈의 쓰임을 이해하는 나이가 되면 누구나 돈을 소망한다. 소망이 부를 가져다주지는 않는다. 하지만 강박에 이르는 마음으로 부를 열망하고, 부를 획득할 확고한 방법을 계획하고, 실패를 인정하지 않는 끈기로 계획을 밀고 나간다면 부를 얻게 될 것이다. 부를 향한 열망은 확실하고 실질적인 여섯 단계를 거쳐 돈으로 변화한다.

**1단계 |** 마음속으로 열망하는 정확한 금액을 정하라. 단순히 "나는 많은 돈을 원한다."라고 말해서는 충분하지 않다. 금액을 확실히 정해야 한다(분명한 금액을 정하는 일이 심리적으로 왜 중요한지에 관해서는 다음 장에서 이야기하도록 하겠다).

**2단계 |** 열망하는 돈을 위해 어떤 대가를 치를 각오가 되어 있는지 확실히 정하라(세상에 공짜는 없다).

**3단계 |** 열망하는 돈을 소유하고자 하는 확실한 날짜를 정하라.

**4단계 |** 열망을 실현할 확실한 계획을 세우고 준비가 되었든 안 되었든 당장 실천에 옮겨라.

**5단계 |** 손에 넣고자 하는 돈의 정확한 금액, 기한, 돈을 모으기 위한 명확한 계획을 글로 써라.

**6단계** | 글로 쓴 금액, 기한, 계획을 밤에 잠자리에 들기 전에 한 번, 아침에 일어난 뒤에 한 번, 하루에 두 번씩 큰 소리로 읽어라. 읽으면서 이미 돈을 가진 자신의 모습을 떠올리고, 느끼고, 믿어라.

각 단계별 지시 사항들을 따르는 것이 중요한데, 특히 6단계의 지시 사항이 중요하다. 어쩌면 아직 돈이 없는데 돈을 가진 '자신의 모습을 떠올리는' 것은 불가능하다고 불평할지도 모른다. 바로 여기에서 불타는 열망이 도움이 된다. 돈에 대한 열망이 너무 간절하여 열망이 진정으로 강박의 경지에 이르면, 돈을 가지게 될 것이라고 스스로를 확신하게 하는 것은 전혀 어렵지 않다. 목표는 돈을 원하는 것이다. 돈을 가지겠다는 의지가 너무 강해서 그것을 가질 것이라고 스스로를 확신하게 하는 것이다.

'돈을 의식'하는 사람들만이 많은 부를 쌓는다. '돈을 의식'한다는 것은 마음이 돈을 향한 열망으로 완전히 가득 차, 이미 돈을 가진 자신의 모습이 보이는 것이다.

인간 마음의 작용 원칙을 잘 모르는 사람들에게는 이 지시 사항들이 비실용적으로 보일지도 모른다. 여섯 단계가 현실적으로 작용하리라고 믿지 않는 사람들을 위해, 이 정보가 앤드루 카네기로부터 온 것이라는 점을 밝혀 둔다. 작은 제철소에서 평범한 노동자로 시작한 앤드루 카네기는 보잘것없는 시작에도 불구하고 이 원칙들을 따름으로써 1억 달러가 넘는 막대한 재산을 모았다.

아울러 여기서 권하는 여섯 단계는 토머스 A. 에디슨이 면밀하게 검토한 것이다. 토머스 에디슨은 이 여섯 단계가 돈을 모으는 핵심일 뿐 아니라 어떤 것이든 확고한 목표를 달성하는 데 필수적임을 인정했다.

여섯 단계는 '고된 노동'을 요구하지 않는다. 어떤 희생도 필요치 않다. 우스꽝스러워질 필요도, 잘 속을 필요도 없다. 높은 교육수준도 필요 없다. 하지만 이 여섯 단계를 성공적으로 활용하기 위해서는 돈을 모으는 일이 우연, 행운, 요행의 결과가 아니라는 사실을 알고 이해하는 충분한 상상력이 필요하다. 큰 부자들은 모두 돈을 벌기 전에 우선 어느 정도 꿈꾸고, 희망하고, 소원하고, 열망하고, 계획했다는 사실을 깨달아야 한다.

여기서 여러분은 알아야 한다. 스스로 돈을 향한 뜨거운 열망을 갖고, 돈을 갖게 되리라고 진심으로 믿지 않으면, 막대한 부는 결코 가질 수 없다.

여러분은 또한 알아야 한다. 문명의 여명기에서 현대에 이르기까지 모든 위대한 지도자는 꿈꾸는 자였다. 기독교가 오늘날 세상에서 최고의 잠재력을 발휘하고 있는 이유는 기독교의 창시자가 강력한 몽상가였고, 현실이 물리적인 형태를 갖추기 이전에 현실을 정신적이고 영적인 형태로 떠올리고 상상했기 때문이다.

상상 속에서 부를 보지 못하는 사람은 은행 잔고에서도 결코 부를 보지 못한다.

미국 역사상 지금처럼 실용적인 몽상가들에게 많은 기회가 있었던 적은 없다. 6년간의 경제 붕괴는 모든 사람을 사실상 같은 출발점에 세웠다. 새로운 경주가 시작될 것이다. 승패에 따라 앞으로 10년 내에 축적될 막대한 재산이 걸려 있다. 경주의 규칙이 바뀌었다. 우리는 지금 달라진 세상에 살고 있기 때문이다. 달라진 세상은 공포에 의해 성장과 발전이 저해되었던 경제 침체기에 거의 혹은 전혀 기회를 갖지 못했던 사람들에게 확실히 유리할 것이다.

부를 향한 경주에 임하는 우리는 우리가 살고 있는 이 달라진 세상이 새로운 아이디어, 새로운 방식, 새로운 지도자, 새로운 발명, 새로운 교수법, 새로운 마케팅 방식, 새로운 책, 새로운 문학, 새로운 기능의 라디오, 새로운 아이디어를 반영한 영화를 필요로 한다는 사실을 알아야 한다. 새롭고 더 나은 것들을 필요로 하는 이 세상에서 이기기 위해 우리에게는 한 가지 자질이 요구된다. 그것은 확고한 목표, 즉 스스로 원하는 것이 무엇인지 아는 지식과 그것을 갖고자 하는 불타는 열망이다.

경기 침체는 한 시대의 종말과 또 다른 시대의 탄생을 의미한다. 이 달라진 세상은 실용적인 몽상가를 요구한다. 실용적인 몽상가들은 자신들의 꿈을 행동으로 옮길 수 있고, 옮길 것이다. 실용적인 몽상가들은 언제나 그래 왔듯이 앞으로도 늘 문명의 양식을 만들어갈 것이다.

부를 축적하고자 열망하는 우리는 기억해야 한다. 세상의 진정한 지도자들은 언제나 아직 태어나지 않은 기회의 보이지 않는 무형의 힘을 이행하고, 활용한 사람들이었다. 그들은 그 힘(또는 생각 동력)으로 마천루, 도시, 공장, 비행기, 자동차 등을 비롯해 삶을 더욱 즐겁게



2장. 열망 |

만드는 모든 형태의 편의를 만들어냈다.

관용과 열린 마음은 오늘날 꿈꾸는 자들에게 실질적으로 꼭 필요하다. 새로운 아이디어를 두려워하는 사람들은 시작부터 결코 성공할 수 없다. 지금처럼 개척자들에게 유리했던 시대는 이제껏 없었다. 포장마차의 시대처럼 정복해야 할 거친 서부도 없다. 대신 더 다양한 사업, 금융, 산업 세계가 새로이 만들어져 새로운 방향으로 발전해 나갈 것이다.

부를 쟁취하기 위한 계획을 수립할 때 결코 꿈꾸는 자들을 멸시하는 말들에 현혹되어서는 안 된다. 이 달라진 세상에서 큰 몫을 잡기 위해서 우리는 꿈을 통해 문명의 모든 가치 있는 것들을 만들어낸 과거 위대한 개척자들의 정신을 이해해야 한다. 그 정신은 우리나라의 활력이 되어 줄 것이며, 여러분과 내가 가진 재능을 계발하고 판매할 기회를 만들어 줄 것이다.

잊지 말자. 콜럼버스는 미지의 세계를 꿈꾸고 그런 세계의 존재에 자신의 삶을 걸었으며, 마침내 미지의 세계를 발견했다.

위대한 천문학자 코페르니쿠스는 다중 우주를 꿈꿨고 결국 발견했다! 그가 승리한 후 아무도 그를 '비현실적'이라고 깎아내리지 않았다. 오히려 세상은 그의 신전에서 경배함으로써 다시 한번, "성공은 사죄를 요구하지 않고, 실패는 변명을 허용하지 않는다."라는 말을 증명했다.

당신이 하고자 소망하는 일이 옳다면, 그리고 그것을 믿는다면 밀어붙여라! 여러분의 꿈을 세상에 알리고, 일시적으로 실패에 직면하더라도 '그들'이 뭐라고 하든지 신경 쓰지 마라. 왜냐하면 '그들'은 모든 실패가 그에 상응하는 성공의 씨앗을 가져다준다는 사실을 아마도 알지 못할 것이기 때문이다.

가난하고 배움이 부족했던 헨리 포드는 말 없는 마차를 꿈꿨고, 꿈을 이루기 위해 가지고 있는 모든 수단을 동원했으며, 자신에게 유리한 기회가 올 때까지 기다리지 않았다. 이제 그가 꾸었던 꿈의 증거들이 전 세계를 달리고 있다. 그는 이 세상 그 누구보다 많은 자동차를 만들었다. 자신의 꿈을 두려움 없이 밀고 나갔기 때문이다.

토머스 에디슨은 전기로 작동하는 등불을 꿈꿨다. 그는 자신이 서 있던 그 자리에서 꿈을 행동으로 옮겼다. 그는 만 번 넘게 실패했지만 꿈을 버리지 않았고 마침내 물리적 현실로 이루어냈다. 실용적인 몽상가는 결코 멈추지 않는다!

웰란은 담배 가게 체인을 꿈꿨고 자신의 꿈을 행동으로 옮겼다. 이제 유나이티드 시가 상점은 미국의 목 좋은 골목을 차지하고 있다.

링컨은 흑인 노예들의 자유를 꿈꿨고 꿈을 행동으로 옮겼으며, 통일된 남과 북이 그의 꿈을 현실로 바꾸는 순간을 눈앞에 두고 생을 마감했다.

라이트 형제는 하늘을 나는 기계를 꿈꿨다. 이제 그 꿈의 증거들이 세계를 날아다니며 그들의 꿈이 단지 꿈으로 끝나지 않았음을 보여 주고 있다.

마르코니는 에테르의 보이지 않는 힘을 활용하는 장치를 꿈꿨다. 그의 꿈이 헛되지 않았음을 전 세계 무선 통신 시스템과 라디오에서 발견할 수 있다. 게다가 마르코니의 꿈은 초라한 오두막과 으리으리한 대저택이 동등한 혜택을 누릴 수 있게 해 주었고, 세계 모든 나라의 국민을 이웃으로 만들었다. 그의 꿈은 미국의 대통령이 전 국민에게 즉석에서, 한 번에 말할 수 있는 매체를 제공했다. 재미있는 일화가 있는데, 마르코니가 선이나 기타 직접 연결된 물리적 통신 수단의 도움 없이 공기를 통해 메시지를 주고받을 수 있는 원리를 발견했다고 선언하자 '친구들'은 그를 가두고 정신 병원의 진찰을 받게 했다. 오늘날의 꿈꾸는 자들은 그보다 더 나은 취급을 받는다.

세상은 새로운 발견에 익숙해졌다. 아니, 세상은 새로운 아이디어를 제공하는 몽상가들에게 기꺼이 보상을 제공한다.

"최고의 성취도 처음에는 그리고 한동안은 단지 꿈에 불과했다."

"참나무는 도토리 안에서 잠자고 있다. 새는 알 속에서 기다리고, 영혼이 꿈꾸는 최고의 비전 속에는 깨어나는 천사가 꿈틀거린다. 꿈은 현실의 묘목이다."

세상의 모든 꿈꾸는 이여, 깨어나라. 일어나라. 당당히 나아가라. 여러분의 별이 떠오르고 있다. 세계 대공황은 여러분이 기다리던 기회를 가져왔으며, 사람들에게 겸손, 관용, 열린 마음가짐을 가르쳤다.

세상은 과거의 꿈꾸는 자들이 결코 알지 못했던 풍부한 기회로 가득하다.

무엇인가 되고자 하고, 무엇인가 하고자 하는 불타는 열망은 꿈꾸는 자들이 날아오르는 출발점이다. 무관심하고 게으르고 야망이 없다면 꿈꿀 수 없다.

---

세상은 더는 꿈꾸는 자를 멸시하지도, 비현실적이라고 부르지도 않는다. 못 믿겠다면 테네시주에 한번 가보라. 꿈꾸는 대통령이 수력 활용에 어떤 변화를 실현했는지. 십여 년 전이었다면 꿈꾸는 이가 아니라 미친 사람으로 취급되었을 것이다.

불황기에 여러분은 실망했고 좌절을 경험했다. 원대한 야망이 망가지고 피 흘리는 아픔을 느꼈다. 용기를 내라. 이런 경험들이 여러분을 이루는 영적인 금속을 단련시켰을 것이다. 그 경험들은 비할 바 없는 가치를 지닌 자산들이다.

또, 기억하라. 인생에서 성공한 모든 사람은 출발이 좋지 않았고, 수많은 가슴 아픈 시련 끝에 '도달'했다. 성공한 사람들의 인생에서 전환점은 주로 위기의 순간에 찾아온다. 그 위기를 통해 그들은 '또 다른 자신'을 만나게 된다.

존 버니언은 종교에 대한 자신의 견해 때문에 수감되어 혹독한 벌을 받은 후, 영문학의 백미 중 하나로 꼽히는《천로역정》을 썼다.

오 헨리는 커다란 불행을 겪고 오하이오주 콜럼버스에서 수감된 뒤 뇌 속에 잠자고 있던 천재를 발견했다. 불행을 겪으면서 자신의 의지와 상관없이 또 '다른 자아'와 대면하고 자신의 상상력을 사용하게 되면서, 그는 자신이 비참한 범죄자에 부랑자가 아니라 위대한 작가라는 사실을 깨달았다. 오묘하고 다채로운 것이 인생이다. 그보다 더 오묘한 것은 무한 지성이다. 무한 지성을 통해 사람들은 때때로 모든 종류의 형벌을 감내하도록 강요당한 다음 자신의 재능을 발견하고, 상상을 통해 유용한 아이디어를 창출하는 자신의 능력을 발견한다.

세계에서 가장 위대한 발명가이자 과학자인 에디슨은 '떠돌이' 전신 기사였다. 그는 수없이 실패한 이후에야 마침내 자신의 내면에 잠자고 있던 천재성을 발견했다.

찰스 디킨스의 첫 직업은 구두약 단지에 이름표를 붙이는 일이었다. 이후 비극적인 첫사랑으로 인해 영혼 깊숙이 상처를 입은 뒤, 그는 세계에서 진정으로 위대한 작가 중 한 사람이 되었다. 그의 비극은 《데이비드 코퍼필드》를 시작으로 일련의 작품들을 탄생시켰고, 책을 읽는 사람들에게 더 풍요롭고 나은 세상을 선사했다.

사랑에 실망하면 남성은 보통 술에 빠지고 여성은 파멸하기 마련이다. 그 이유는 대부분의 사람들이 자신의 가장 강렬한 감정을 건설적인 성격의 꿈으로 전환하는 기술을 배우지 못하기 때문이다.

헬렌 켈러는 출생 직후 청각과 시각을 잃고 말도 하지 못하게 되었다. 엄청난 불운에도 불구하고 그녀는 위대한 인물 중 하나로 역사에 이름을 남겼다. 그녀는 패배를 현실로 받아들이기 전까지는 그 누구도 패자가 아니라는 사실을 온 삶으로 증명했다.

로버트 번스는 시골 무지렁이였다. 그는 매우 가난한 집 출신에 자라서는 술주정뱅이가 되었다. 하지만 세상은 그가 살았던 덕분에 더 나은 곳이 되었다. 그는 아름다운 생각들을 시로 표현함으로써 가시가 있던 자리에 장미를 심었다.

부커 T. 워싱턴은 인종과 피부색의 약점을 지닌 노예로 태어났다. 그는 관대하고 모든 주제에 대해 언제나 열린 마음을 가졌으며 꿈꾸는 사람이었기에, 모든 흑인에게 영원히 남을 긍정적인 영향을 미쳤다.

베토벤은 귀가 들리지 않았고, 밀턴은 눈이 보이지 않았지만 두 사람의 이름은 영원히 남을 것이다. 두 사람은 꿈을 꿨고 자신들의 꿈을 생각으로 잘 정리했기 때문이다.

다음 장으로 넘어가기 전에 여러분의 마음속에 희망, 신념, 용기, 관용의 불을 새롭게 지펴라. 여러분의 마음속에 이런 것들이 있다면, 그리고 여기서 설명하는 원칙들에 대한 실질적인 지식이 있다면, 다른 필요한 것들은 여러분이 준비되었을 때 저절로 나타날 것이다. 에머슨은 이를 다음과 같이 표현했다.

"너를 돕고 위로할 격언, 책, 지혜의 말들은 모두 너를 깨달음으로 이끌 것이다. 그 과정이 탁 트인 길일 수도, 구불구불한 길일 수도 있다. 환상에 사로잡힌 너의 의지가 아니라, 네 안의 위대하고 다정한 영혼이 갈망하는 친구라면 너를 품에 안을 것이다."

어떤 것을 소망하는 것과, 그것을 받을 준비가 되어 있는 것은 다르다. 어떤 것을 가질 수 있다고 믿을 때만 비로소 그것을 가질 준비가 된 것이다. 마음의 상태가 단순히 희망이나 소망이 아닌 믿음이어야 한다. 믿음을 위해서는 열린 마음이 필수적이다. 닫힌 마음으로는 신념, 용기, 믿음을 가질 수 없다.

인생에서 높은 것을 목표로 하고, 풍요와 번영을 요구하는 데 드는 노력은 고통과 빈곤을 받아들이는 데 필요한 노력보다 결코 크지 않다. 위대한 시인은 이 보편적인 진리를 다음의 시구로 완벽하게 표현했다.

나는 한 푼을 얻기 위해 인생과 흥정했고,

인생은 내게 더 주려 하지 않았다.

벌어들인 빈약한 돈을 세는 저녁

아무리 구걸해도 들어주지 않았다.


인생은 공정한 고용주

요구하는 만큼 준다.

하지만 한번 품삯이 정해지면

정해진 일을 감당해야 한다.


나는 하찮은 돈을 받고 일했고,

그러다가 깨닫고 절망했다.

내가 인생에 얼마를 요구했든

인생은 기꺼이 내어주었으리라는 것을.


## 열망은 자연의 법칙을 거스른다

이제부터 소개할 사람은 내가 아는 가장 비범한 사람 중 하나로, 열망이라는 이 장과 어울리는 이야기의 주인공이다. 나는 24년 전, 갓 태어난 지 몇 분도 채 안 된 그를 처음 보았다. 그는 물리적인 귀가 없는 상태로 세상에 태어났고, 나의 닦달에 의사는 아이가 평생 듣지도 말하지도 못할 것이라고 인정했다.

나는 의사의 의견에 반발했다. 그럴 권리가 있었다. 나는 아이의 아버지였기 때문이다. 나 역시 내 나름대로 결론을 내렸고 의견을 내놓았지만, 소리 내어 말하지는 않았다. 내 마음속으로 내린 조용한 결론이었다. 내 아들은 듣고 말하게 될 것이다. 자연은 내게 듣지 못하는 아이를 보내 주었지만, 내가 고통스러운 현실을 받아들이게 만들 수는 없었다.

마음속으로 나는 내 아들이 듣고 말할 것이라는 사실을 알았다. 어떻게? 방법이 있을 것이라고 확신했고 내가 그 방법을 찾으리라는 사실 또한 알았다. 나는 불멸의 시인 에머슨의 말을 떠올렸다.

"세상 모든 일은 우리에게 믿음을 가르치는 방향으로 흐른다. 우리는 그저 따르면 된다. 우리 개개인을 위해 인도하니, 겸허히 귀 기울임으로써 우리는 올바른 말을 들을 것이다."

올바른 말? 그것은 열망이다! 그 무엇보다, 나는 내 아들이 듣고 말하기를 열망했다. 그 열망으로부터 나는 결코, 잠시도 물러서지 않았다.

그에 앞서 오래전에 나는 이런 글을 쓴 적이 있다.

"우리의 유일한 한계는 우리가 스스로 마음속에 정한 것이다."

처음으로, 나는 그 말이 과연 맞는지 의문을 가졌다. 내 앞에 갓 태어난 아이가 누워 있는데, 아이에게는 소리를 듣는 자연 기관이 없다. 설령 아이가 듣고 말할 수 있다 하더라도 평생 장애를 가진 채 살아야 한다. 물론 이것은 아이 스스로 마음속에 정한 한계가 아니다.

내가 무엇을 할 수 있을까. 어떻게 해서든 나는 귀의 도움 없이 아이의 뇌에 직접 소리를 전달하는 방식으로 아이의 마음속에 내 불타는 열망을 심을 작정이었다.

아이가 협조할 수 있을 정도의 나이가 되자마자, 나는 아이의 마음에 들고 싶다는 불타는 열망을 가득 채워 자연이 스스로의 방식으로 그 열망을 물리적 현실로 바꾸어 놓을 수 있도록 했다.

이 모든 생각을 나는 마음속에만 두고 아무에게도 말하지 않았다. 나는 매일 스스로에게 아들이 듣거나 말하지 못한다는 사실을 받아들이지 않겠다고 새롭게 다짐했다.

아들이 자라고 주변을 인식하기 시작하면서 우리는 아이에게 미미한 정도의 청력이 있다는 사실을 알았다. 보통 아이들이 말을 시작하는 나이가 되자, 아들은 말하려는 시도는 하지 않았지만, 어떤 소리가 미미하게 들린다는 것을 행동으로 보여주었다. 그것만으로 충분했다! 나는 아들이 조금이라도 들을 수 있다면 더 고도의 청력을 개발할 수 있을 것이라고 확신했다. 그리고 희망적인 일이 벌어졌다. 전혀 생각하지도 못한 곳에서 나타난 일이었다.

우리는 빅터 축음기를 샀다. 처음 음악을 들었을 때 아이는 뛸 듯이 신나했고, 축음기는 곧 아이의 전유물이 되었다. 아이는 머지않아 특정 음악에 대한 선호도를 나타냈는데, 아이가 좋아한 곡 중에는 '티퍼레리까지 머나먼 길(It's long way to Tipperary)'이 있었다. 어느 날 아들은 이 곡을 반복해서 거의 2시간 동안 들었다. 아이는 축음기 앞에 서서 이빨로 축음기 케이스를 꼭 문 채 음악을 들었다. 아이 스스로 만든 이 습관이 어떤 의미를 갖는지 우리는 수년간 깨닫지 못했다. 왜냐하면 당시 소리의 골전도 원리에 관해 들어본 적이 없었기 때문이다.

아이가 축음기를 독차지하고 얼마 뒤, 나는 내가 아이의 유양돌기 혹은 뇌 기저부에 입술을 댄 채 말하면 아이가 매우 분명하게 들을 수 있다는 사실을 깨달았다. 이 발견으로 나는 아이의 청력과 말하는 능력을 발달시키겠다는 내 불타는 열망을 현실로 전환하는 데 필요한 매개체를 손에 넣었다. 그 무렵 아이는 특정한 단어들을 말하려 시도했다. 전망은 밝지 않았지만, 믿음이 뒷받침된 열망에 불가능이란 없었다.

아이에게 내 목소리가 분명히 들린다는 판단하에, 나는 즉시 아이의 마음에 듣고 말하고 싶다는 열망을 전달했다. 나는 아이가 자기 전에 이야기 듣는 것을 좋아한다는 사실을 알았다. 나는 출근해서 독립성, 상상력, 듣고 말하고 싶다는 강한 열망을 발달시킬 수 있는 이야기를 만들었다.

그중에서도 내가 극적인 요소를 매번 첨가하며 강조해서 들려준 이야기가 있다. 아이의 마음속에 장애가 부채가 아니라 커다란 자산이라는 생각을 심어주려고 만든 이야기였다. 내가 살펴본 철학들은 하나같이 모든 고난에는 그에 상응하는 혜택의 씨앗이 있다고 분명히 말해 주었으나, 고백하건대, 나는 어떻게 장애가 자산이 될 수 있는지 전혀 알 수 없었다. 하지만 계속해서 그 철학에 이야기를 덧씌웠고, 아이가 언젠가는 자신의 장애가 유용하게 쓰이는 일종의 계획을 스스로 발견하기를 기대했다. 이성은 내게 청각장애에 상응하는 혜택은 없다고 분명히 말했다. 하지만 믿음이 뒷받침된 열망은 이성을 밀어냈고 나를 앞으로 나아가게 했다.

당시의 경험을 되짚어 분석해 보면 이제야 보이는 것들이 있다. 나에 대한 아들의 믿음이 이 놀라운 결과에 큰 영향을 미쳤다는 사실이다. 아이는 내가 하는 이야기에 어떠한 의문도 갖지 않았다. 나는 아이에게 너는 형보다 훨씬 유리한 입장이고, 여러 가지 방면에서 그 유리함이 드러난다고 믿게 만들었다. 가령, 학교 선생님들은 아이에게 장애가 있는 걸 알고 더 신경 쓰고 굉장히 친절하게 대했다. 항상 그랬다. 아이 엄마가 교사들을 찾아가 아이가 필요한 보살핌을 받을 수 있도록 챙겼다. 나는 또 아이에게 네가 자라서 신문을 팔 수 있는 나이가 되면 (아이의 형은 벌써 신문을 팔고 있었다), 사람들은 네가 귀가 안 들리는데도 밝고 부지런한 소년인 걸 알고 돈을 더 줄 거라고 말해 주었다.

우리는 아이의 청력이 점점 나아지는 것을 알아챘다. 게다가 아이는 장애가 있다고 해서 남의 시선에 주눅 드는 일이 전혀 없었다. 아이가 일곱 살 무렵, 아이는 처음으로 우리의 교육 방식이 결실을 맺고 있음을 증명해 보였다. 수개월 동안 아이는 신문을 팔게 해 달라고 졸랐는데 아내는 승낙하지 않았다. 귀가 들리지 않는 아이가 혼자 길거리에 나가는 것이 위험하다고 생각했기 때문이다.

마침내 아이는 스스로 나섰다. 어느 날 오후, 하인들과 함께 집에 남아 있던 아이가 부엌 창을 통해 빠져 나가 혼자 외출했다. 아이는 이웃에 있는 구둣가게에서 자본금 6센트를 빌려 신문에 투자했다. 신문이 모두 팔리자 재투자를 했고 저녁 늦은 시간까지 사업을 계속했다. 흑자를 낸 후, 투자가에게 원금을 상환하고 나자 순이익 42센트가 남았다. 그날 밤 퇴근한 우리는 신문을 팔아 번 돈을 손에 꼭 쥔 채 잠든 아이를 발견했다.

아내가 아이의 손을 펴서 동전을 집어 들더니 눈물을 흘렸다. 눈물이라니! 아들의 첫 승리에 눈물은 적절치 않아 보였다. 내 반응은 그 반대였다. 나는 마음껏 웃었다. 아이의 마음속에 자신을 믿는 태도를 심어주려 했던 내 노력이 성공했기 때문이다.

아내에게 이날의 사건은 귀가 들리지 않는 어린 소년이 거리로 나가 목숨을 걸고 돈을 번 이야기였다. 나에게는 용감하고, 야심 차고, 자립심 강한 사업가가 스스로의 결심에 따라 사업을 하고 돈을 벌어, 자신에 대한 믿음을 100퍼센트 성장시킨 이야기였다. 아들의 거래는 나를 기쁘게 했다. 아들이 수완 좋은 사업가의 기질을 보여 주었고 그것은 평생 그에게 도움이 될 것이었기 때문이다. 그 뒤의 사건들은 그것이 사실임을 증명해 보였다. 아이의 형인 큰아들은 원하는 것이 있을 때 바닥에 드러누워 허공에 발길질을 하며 떼를 써서 원하는 것을 얻어냈다. 그런데 동생은 원하는 것이 있으면 돈을 벌 계획을 세우고 자기가 번 돈으로 그것을 샀다. 그는 지금도 여전히 같은 방식을 고수한다!

내 아들은 신체적 약점을 걸림돌로 삼고 변명거리로 이용하지 않는다면, 그것은 가치 있는 목표를 향해 가는 디딤돌이 될 수 있음을 나에게 가르쳐 주었다.

귀가 들리지 않는 어린 소년은 학교 선생님들이 가까운 거리에서 큰 소리로 해 주는 말만 들을 수 있었지만, 고등학교와 대학교에 진학했다. 아이는 장애아를 위한 학교가 아니라 일반 학교에 다녔다.

우리는 아이에게 수어를 배우도록 허락하지 않았다. 우리는 아이가 남들과 같은 생활을 하고, 평범한 아이들과 어울려야 한다는 뜻을 굽히지 않았다. 학교 관계자들과 여러 번에 걸쳐 격렬한 토론을 해야 했지만 우리는 결국 우리의 주장을 관철했다.

아이가 고등학교에 다닐 때, 전기 보청기를 사용해 봤지만 아이에게는 쓸모가 없었다. 우리는 그것이 아이가 여섯 살 때 알게 된 아이의 특수한 상태 때문이라고 믿었다. 당시 시카고의 J. 고든 윌슨 박사가 아이의 한쪽 머리를 수술했는데 자연 청각기관이 발견되지 않았다. 대학에서 마지막 주에 (수술하고 18년 후) 아들의 인생에서 가장 큰 전환점이 될 만한 사건이 일어났다. 순전히 우연으로 아들은 또 다른 전기 보청기를 손에 넣었다. 시험 삼아 해 보라고 아들에게 전달된 것이었다. 아들은 비슷한 기계에 실망했던 경험 때문에 미적거렸다. 마침내 아들이 보청기를 들어 올려 다소 엉성하게 머리에 착용했다. 그리고 배터리를 연결했는데, 보통 사람처럼 듣고 싶어 했던 아이의 열망이 마치 마법처럼 실현되었다! 난생처음 아들은 정상적인 청력을 가진 사람처럼 또렷하게 소리를 들었다.

"신은 신비로운 방법으로 알 수 없는 일을 행한다."

보청기를 통해 열린 달라진 세상에 뛸 듯이 기뻐하며 아들은 전화기로 달려가 어머니에게 전화를 걸었고, 어머니의 목소리를 완벽하게 들었다. 다음 날 아들은 강의 시간에 교수님의 목소리를 분명하게 들었다. 생애 첫 경험이었다! 그전에는 가까운 곳에서 큰 소리로 외쳐야 들을 수 있었다. 아들은 라디오를 들었다. 유성 영화도 들었다. 태어나서 처음으로 아들은 큰 소리로 외치지 않는 상대와도 자유롭게 대화할 수 있었다. 그야말로 달라진 세상을 갖게 된 것이다. 우리는 자연의 실수를 받아들이려 하지 않았다. 그리고 끈질긴 열망으로 단 한 가지 실현 가능한 수단을 통해 자연으로 하여금 실수를 수정하도록 만들었다.

열망이 결실을 맺기 시작했으나, 승리는 아직 완전하지 않았다. 아들은 자신의 장애를 그에 상응하는 자산으로 전환할 수 있는 구체적이고 현실적인 방법을 아직 찾아내지 못했다.

이미 이루어진 성취의 의미는 제대로 깨닫지 못했지만, 새롭게 열린 소리의 세계에 대한 기쁨에 도취되어 그는 보청기 제조사에 편지를 써 자신의 경험을 열정적으로 전했다. 편지에 적힌 무언가에, 어쩌면 편지에 드러나지는 않았지만 글의 이면에 감추어진 무언가에 감흥을 받은 회사는 아들을 뉴욕으로 초청했다. 아들이 도착하자, 그들은 아들에게 공장을 견학시켜 주었다. 변화된 자신의 세계에 관해 수석 엔지니어와 이야기하던 중 그의 마음속에 문득 하나의 예감, 하나의 생각, 혹은 하나의 영감(아니면 무엇이든 원하는 대로 불러도 좋다) 같은 것이 번쩍 떠올랐다. 바로 그 생각 동력이 그의 장애를 자산으로 바꾸어 놓았으며, 그것은 이후로도 수많은 사람에게 돈과 행복이라는 두 가지 형태로 보상을 안겨줄 운명이었다.

생각 동력의 본질은 이렇다. 아들은 문득 자신이 보청기의 혜택 없이 살아가는 수백만 청각장애인들에게 도움이 될 수 있을 것이라는 생각이 들었다. 그렇게 하려면 자신의 달라진 세상 이야기를 그들에게 들려줄 방법을 찾아야 했다. 아들은 자신의 남은 인생을 청각 장애가 있는 사람들을 위해 유용한 봉사를 하는 데 바치겠다고 그 자리에서 결심했다.

아들은 한 달 내내 철저한 조사를 통해 보청기 제조업체의 마케팅 체제 전체를 분석했다. 그리고 자신이 새롭게 발견한 '달라진 세상'을 공유하기 위해 전 세계 청각 장애인들과 소통할 방법을 찾았다. 그런 다음 자신이 발견한 것을 바탕으로 2개년 계획을 세웠다. 아들은 자신의 계획을 보청기 회사에 제안했고 곧바로 보청기 회사에 취직되어 자신의 야망을 실현할 수 있었다.

그렇게 취업한 회사에 출근하면서 아들은 상상도 하지 못했을 것이다. 자신이 수천 명의 청각 장애인들에게 희망과 실질적인 위안을 주게 될 것이고, 그 사람들은 자신의 도움이 없었다면 평생 듣지도 말하지도 못했을 것이라는 사실을 말이다.

보청기 회사에 다니게 된 직후 아들은 회사에서 진행하는 특강에 나를 초대했다. 그 강의는 듣지 못하고, 말하지 못하는 사람들에게 듣기와 말하기 교육을 하는 강의였다. 이전에 들어본 적이 없는 형식의 교육이었으므로 한편으로 의구심을 가지면서도, 완전히 시간 낭비는 아닐 것이라는 희망을 품고 강의를 들으러 갔다. 강의에서 이루어진 시연을 보면서 나는 내가 아들의 마음속에 정상적인 청력에 대한 열망을 불어넣고 유지하기 위해 해왔던 일들의 의미를 더 넓은 시야에서 이해할 수 있게 되었다. 나는 귀가 들리지 않고 말을 못 하는 사람들이 실제로 듣고 말하는 법을 배우는 것을 보았는데, 그들은 20여 년 전 내가 아들을 장애로부터 구하기 위해 사용했던 것과 완전히 동일한 원칙을 적용하고 있었다.

이처럼 운명의 오묘한 장난을 통해, 내 아들 블레어와 나는 아직 태어나지 않은 이들을 위해 청각 언어장애를 교정하는 데 일조할 운명이었다. 내가 아는 한, 우리는 청각 언어장애를 겪는 이들이 정상적인 삶을 회복할 수 있을 정도로 그 장애를 교정할 수 있다는 사실을 명확히 입증한 유일한 생존자였다. 한 사람에게 이루어졌다면, 다른 이들에게도 이루어질 것이다.

내 마음속에는 한 치의 의심도 없다. 블레어는 내 아내와 내가 그 아이의 마음을 다잡아주지 않았다면 평생을 듣지도 말하지도 못했을 것이다. 아이의 출생 당시 그 자리에 있었던 의사는 아이가 평생 듣지도 말하지도 못할 것이라고 단언했다. 몇 주 전 블레어와 같은 증상과 관련해 알려진 전문가인 어빙 부어히즈 박사가 아들을 면밀히 진찰했다. 박사는 블레어가 얼마나 잘 듣고 말하게 되었는지 알고 크게 놀랐다. 그는 진찰 결과에 대해 "이론상으로 블레어는 전혀 듣지 못해야 한다."라고 말했다. 엑스레이 사진상 귀가 있어야 할 부분과 뇌 사이가 두개골로 막혀 있었지만, 아들은 실제로 소리를 듣고 있었다.

내가 아들의 마음속에 듣고 말하려는, 그리고 보통 사람으로 살아가려는 열망을 심어주었을 때, 그와 함께 어떤 이상한 힘이 작용하여 자연이 아들의 뇌와 외부 세계 사이에 놓인 침묵의 간극을 잇는 다리를 놓아 주었다. 어떻게 그런 일이 가능했는지는 가장 뛰어난 전문가들도 설명할 수 없었다. 자연이 어떻게 이런 기적을 행했는지 추측하는 것조차 신성모독일 것이다. 이 이상한 경험에서 내가 맡은 보잘것 없는 역할이 어떤 것이었는지, 내가 아는 바를 세상에 알리지 않는다면 이는 용서받을 수 없는 죄가 될 것이다. 꺾이지 않는 믿음으로 열망을 추구하는 사람에게 불가능은 없다고 믿는 것은 나의 의무이자 특권이며, 그러한 믿음에는 충분한 이유가 있다.

진정으로 불타는 열망은 예측할 수 없는 방식으로 현실이 된다. 블레어는 정상적인 청력을 열망했다. 그리고 이제 청력을 가지게 되었다! 그는 장애를 가지고 태어났다. 그처럼 확고한 열망을 가진 사람이 아니었다면 삶이 비참해질 정도로 심한 장애였다. 그런 장애를 매개로 그는 수백만 청각 장애인들에게 도움을 줄 수 있게 되었고, 아울러 평생 재정적으로 안정을 누릴 수 있는 직업도 갖게 되었다.

아들이 어렸을 때 나는 아들의 마음에 소소한 '선의의 거짓말'을 심어 주었다. 장애가 유용한 자산이 될 거라고 믿게 만들었던 것이다. 그런데 그 거짓말이 현실이 되었다. 진정 옳고 그름을 떠나 어떠한 믿음이든 불타는 열망이 더해졌을 때 실현되지 못할 일은 없다. 믿음과 열망은 누구나 마음대로 가질 수 있다.

나는 살면서 개인적인 문제를 가진 수많은 사람들을 만났지만, 내 아들의 경우처럼 열망의 힘을 분명하게 보여주는 사례를 다뤄본 적이 없다. 작가들은 가끔 피상적으로 알거나 제대로 알지 못하는 주제에 대해 글을 쓰는 오류를 범한다. 그런 점에서 나는 운이 좋았다. 열망의 힘이 얼마나 견고한지, 다름 아닌 내 아들의 장애를 통해 시험해 볼 수 있는 특권을 누렸기 때문이다. 어쩌면 그 모든 경험은 신의 섭리였는

지도 모른다. 열망이 시험받을 때 어떤 일이 벌어지는지 보여 주는 사례로서 확실히 내 아들만큼 준비된 사람은 없기 때문이다. 열망의 의지 앞에서는 자연도 머리를 숙이는데, 어떻게 하찮은 인간이 불타는 열망을 꺾을 것인가?

인간의 마음이 가진 힘이란 얼마나 오묘하고 헤아릴 수 없는 것인지! 그 힘은 닿을 수 있는 범위 내의 모든 상황, 사람, 사물을 이용해 열망을 현실로 만드는데, 우리는 그 방법을 이해할 수 없다. 아마도 과학이 그 비밀을 밝혀낼 것이다.

나는 아들의 마음에 여느 사람처럼 듣고 말하고 싶다는 열망을 심어 주었다. 그 열망이 이제 현실이 되었다. 나는 아들의 마음에 가장 심각한 장애를 최고의 자산으로 전환하고 말겠다는 열망을 심어 주었다. 그 열망도 실현되었다. 이 놀라운 성과를 어떻게 달성했는지 설명하는 것은 어렵지 않다. 그것은 세 가지 확실한 과정을 거쳐 실현되었다. 첫째, 나는 정상적인 청력을 향한 열망을 믿음과 결합해 내 아들에게 전해 주었다. 둘째, 나는 생각할 수 있는 모든 방법을 동원해 수년간 끈질기게, 지속적으로 노력하여 내 열망을 아들에게 전했다. 셋째, 아들은 나를 믿었다!

이 장의 집필을 마무리할 무렵 에르네슈티네 슈만하잉크 여사의 부음이 들려왔다. 부고 기사의 짤막한 한 문단이 이 비범한 여인이 가수로서 거둔 엄청난 성공에 대한 단서를 제공했다. 여기에 그 문단을 인용한다. 여기에서 말하는 단서가 다름 아닌 열망이기 때문이다.

---



2장. 열망 |

가수로 데뷔한 초창기, 슈만하잉크 여사는 빈 궁정 오페라단의 감독에게 발성 테스트를 받으러 갔다. 하지만 감독은 여사의 목소리를 테스트하지 않았다. 어색하고 초라한 행색의 젊은 여성을 한번 본 뒤 그는 그다지 친절하지 않은 말투로 외쳤다.

"그 얼굴에 개성이라고는 없는데 어떻게 오페라에서 성공하길 기대하니? 얘야, 포기하려무나. 재봉틀 하나 사서 일이나 해. 너는 절대로 가수가 될 수 없어."

사람 일이란 모르는 거다! 감독은 가창의 기법에 대해 아는 것은 많았지만, 열망의 힘에 대해, 그 열망이 강박의 성격을 띠었을 때 어떤 힘을 갖는지 거의 알지 못했다. 그가 그 힘에 대해 조금만 더 알았다면, 천재에게 기회조차 주지 않고 악담을 하는 잘못을 저지르지는 않았을 것이다.

몇 년 전, 내 동업자 하나가 병을 앓았다. 시간이 지날수록 병세는 악화되어 마침내 수술을 위해 입원하게 되었다. 그가 수술실에 실려 들어가기 직전, 그의 얼굴을 본 나는 어떻게 그렇게 여위고 수척한 사람이 큰 수술을 무사히 받을 수 있을지 걱정이 되었다. 의사는 내게 마음의 준비를 하라고 했다. 하지만 그것은 의사의 의견이었지 환자의 의견은 아니었다. 수술실에 실려 들어가면서 그는 내게 힘없이 속삭였다.

"걱정 마세요. 며칠 있다가 퇴원할 거예요."

옆에 있던 간호사가 측은해하는 표정으로 나를 보았다. 하지만 환자는 무사히 수술을 마쳤다. 상황이 종료된 뒤 의사가 말했다.

"환자를 살린 건 다름 아닌 살고자 하는 열망이었습니다. 죽을 가능성을 받아들였다면 회복할 수 없었을 겁니다."

나는 믿음이 뒷받침된 열망의 힘을 믿는다. 그 힘이 보잘것없는 시작으로부터 힘과 부의 위치로 사람을 끌어올리는 것을 보았기 때문이다. 그 힘이 죽음으로부터 사람을 구하고, 패배한 사람들이 그 힘을 매개로 삼아 수없이 다양한 방식으로 재기하는 모습을 보았기 때문이다. 자연에 의해 들을 수 없는 세계로 보내진 내 아들에게 그 힘이 정상적이고 행복하며 성공적인 삶을 가져다주는 것을 보았기 때문이다.

사람은 열망의 힘을 어떻게 활용할 수 있을까? 그 답은 이 장과 다음에 이어지는 장에서 찾아볼 수 있다. 이 메시지는 미국 역사상 가장 길고, 아마도 가장 끔찍한 불황의 끝에 세계에 전해질 것이다. 합리적으로 추론해 볼 수 있는 사실은 이 메시지가 불황으로 상처 입은 사람들, 재산을 잃은 사람들, 지위를 잃은 사람들, 계획을 수정하고 재기해야만 하는 수많은 사람들의 주목을 받으리라는 점이다. 이 모든 사람에게 전하고 싶은 것은 모든 성과는 그 성격이나 목표가 어떻든, 뭔가 확실한 목표를 향한 강렬하고 뜨거운 열망에서 시작된다는 사실이다.

자연은 알 수 없는 신비롭고 강력한 '정신적 화학 작용'의 원리에 따라, 강한 열망의 동력 속에 '뭔가'를 담아 놓는다. 그 '뭔가'는 불가능이라는 단어를 인정하지 않고, 실패라는 현실을 받아들이지 않는다.

부를 향한 두 번째 단계

신념

열망의 시각화,
열망을 달성할 수 있다는 믿음

Napoleon Hill

# Think
# and
# Grow Rich

## Faith

신념은 마음을 다스리는 화학자다. 신념이 생각의 진동과 결합하면, 잠재의식은 즉각 이 진동을 감지하여 영적인 형태로 전환한 뒤 무한 지성에 전달한다. 기도의 원리도 이와 같다.

신념, 사랑, 성애의 감정은 주요한 긍정적 감정 가운데에서 가장 강력한 힘을 갖는다. 이 세 가지 감정이 서로 어우러지면 생각의 진동은 '색'을 띠며 즉각 잠재의식에 가 닿고, 여기에서 무한 지성의 반응을 이끌어내는 유일한 형태, 즉 영적인 형태로 전환된다.

사랑과 신념은 정신적인 것으로 인간의 영적인 측면과 연관되어 있다. 성애는 순전히 생물학적이고 인간의 육체적인 면에 국한된다. 이 세 가지가 서로 뒤섞이고 융합되면, 인간의 유한한 사고 능력과 무한 지성 간에 직접적인 소통의 경로가 열린다.

## 신념을 키우는 방법

열망을 물리적 형태, 즉 돈으로 전환하는 데 자기 암시의 원리가 얼마나 중요한 역할을 하는지 더 깊이 들어가 보자. 신념은 마음의 상태다. 자기 암시의 원리를 통해 잠재의식에 단언하거나 되풀이해서 지시하면 신념이 유발되고 형성된다.

가령 여러분이 이 책을 읽는 목적이 무엇인지 한번 생각해 보자. 당연히 목적은 보이지 않는 열망을 물리적 형태, 즉 돈으로 전환하는 능력을 갖는 것이다. 자기 암시와 잠재의식에 관한 장에 이와 관련한 여러 지시 사항을 나열했고, 자기 암시에 관한 장에 다시 한번 요약해 두었다. 여러분이 요구하는 대로 받을 것이라고 스스로 믿는다면, 잠재의식은 여러분이 믿는다고 확신한다. 잠재의식은 그 확신에 따라 움직이며 '신념'이라는 형태로 여러분에게 되돌려줄 것이고, 이어서 여러분이 열망하는 것을 얻기 위한 구체적인 계획이 뒤따르게 된다.

신념이 없는 사람에게 신념을 심어주고 키우는 것은 마치 눈이 보이지 않는 사람에게 빨간색을 묘사하는 것만큼이나 어렵다. 눈이 보이지 않는 사람은 색깔을 본 적이 없고, 따라서 빨간색을 다른 어떤 색과도 비교할 수 없다. 13가지 원칙들을 익힌 뒤에는 신념이라는 마음 상태를 마음대로 계발할 수 있다. 신념은 이 원칙들을 적용하고 사용함으로써 자발적으로 발전하는 마음 상태이기 때문이다.

잠재의식에 명령을 반복해서 확언하는 것은 신념이라는 감정을 자발적으로 키우는 것으로 알려진 유일한 방법이다.

이것이 무슨 의미인지, 인간이 범죄자가 되는 과정을 통해 더 분명히 알아보자. 어느 유명한 범죄학자가 이렇게 말했다.

"처음 범죄와 접한 인간은 그것을 혐오한다. 일정 기간 범죄와 계속 접촉하다 보면 그것에 익숙해지고 견뎌낸다. 범죄와 충분히 긴 시간 동안 계속 접촉하면 결국 범죄를 받아들이게 되고 그 영향을 받게 된다."

이것은 다시 말해 이런 말이다. 어떤 생각 동력이든 잠재의식에 반복해서 전달하면, 잠재의식은 결국 그 힘을 받아들이고 그 힘에 따라 움직이며, 그 힘을 가능한 가장 실용적인 절차에 따라 물리적 형태로 전환한다.

이와 관련해 모든 사고에 감정이 부여되고, 신념과 결합하면 즉각 스스로를 물리적 등가물 혹은 상응하는 물리적 상태로 전환하기 시작한다는 말을 다시 곱씹어볼 필요가 있다.

감정, 혹은 사고의 '감정적' 부분은 사고에 활기, 생명, 행동력을 부여한다. 신념, 사랑, 성애라는 감정은 어떤 생각 동력과 결합할 때 각각 개별적으로 작용할 때보다 더 큰 행동으로 옮겨진다.

생각 동력은 신념뿐만 아니라 어떤 긍정적 혹은 부정적 감정과 결합하든 잠재의식에 가 닿고 영향을 미친다.

이제 분명히 이해했을 것이다, 잠재의식은 부정적 혹은 파괴적 생각 동력도 긍정적 혹은 건설적인 생각 동력만큼이나 즉각적으로 물리적 형태로 전환한다. 이는 수많은 사람들이 경험하는 이상한 현상, 바로 '불운' 또는 '액운'으로 불리는 현상을 설명해 줄 것이다.

많은 사람이 자신들의 가난과 실패를 '운명'이라고 믿는다. 스스로 제어할 수 없는 이상한 힘이 작용했다고 믿는 것이다. 그런 사람들은 스스로 '불운'을 자초한 것이다. 잠재의식이 그들의 이런 부정적인 믿음을 물리적 형태로 전환했기 때문이다.

지금 이 시점에서 다시 한번 강조하는 것은, 여러분이 실현하기를 바라는 어떤 열망이든 잠재의식에 전달함으로써 실질적이거나 금전적인 형태로 전환하는 혜택을 누릴 수 있다는 점이다. 단, 그 전환이 실제로 일어날 것이라는 기대 혹은 믿음이 있어야 한다. 믿음 혹은 신념은 잠재의식의 효과를 결정짓는 요소다. 내가 아들의 잠재의식을 속였듯이, 자기 암시를 통해 잠재의식에 지시를 내릴 때 얼마든지 잠재의식을 속일 수 있다.

이 '속임수'가 더욱 그럴듯해지려면, 잠재의식에 지시를 내릴 때 마치 여러분이 요구하는 물리적 대상이 이미 손안에 들어와 있는 것처럼 행동해야 한다.

잠재의식에 명령을 내릴 때는 그 명령이 반드시 실행될 것이라는 믿음 또는 신념을 갖는 것이 중요하다. 믿음과 신념이 동반될 때, 잠재의식은 가능한 가장 직접적이고 실용적인 수단을 통해 그 명령을 물리적 형태로 전환한다.

이제 신념을 잠재의식에 내리는 명령과 결합하는 능력을 어떻게 실험하고 연습해서 함양해야 할지, 그 출발점에 대해서는 충분히 이야기했다고 생각한다. 완벽함은 연습을 통해 달성된다. 그냥 읽기만 해서는 얻을 수 없다.

범죄와 접촉하는 것만으로 범죄자가 될 수 있다는 말이 사실이라면

(그것은 알려진 사실이기도 하다), 스스로 신념이 있다고 잠재의식에 자발적으로 암시하는 것만으로 신념을 기를 수 있다는 말도 사실이어야 한다. 인간의 마음은 결국 그것을 지배하는 감정이 어떤 본성을 지녔느냐에 따라 그 본성을 닮아가게 되어있다. 이 사실을 이해한다면, 왜 긍정적인 감정이 마음을 지배하도록 격려하고, 부정적인 감정은 사라지도록 하는 것이 중요한지 알 수 있을 것이다.

긍정적인 감정이 지배하는 마음은 신념이 머물기 적합한 거주지가 된다. 그런 마음은 우리의 의지에 따라 잠재의식에 지시를 내리고, 잠재의식은 그 지시를 받아들여 즉각 실천에 옮긴다.

## 신념은 자기 암시에 의해 유발될 수 있는 마음의 상태다

대대로 종교는 번민하는 인간에게 이런저런 교의나 교리에 대해 "믿음을 가져라."라고 충고해 왔지만, 어떻게 믿음을 가져야 하는지는 말해 주지 못했다. 그들은 "신념은 마음의 상태이며, 자기 암시로 유발될 수 있다."라고 이야기해 주지 않았다.

누구나 이해할 수 있는 언어로 신념이 없는 상태에서 신념을 기르는 원리가 무엇인지, 알려진 모든 것을 설명하도록 하겠다.

스스로에 대해, 무한에 대해 믿음을 가져라.

시작하기에 앞서 다시 한번 기억하라.

신념은 생각 동력에 생명과 힘 그리고 행동을 불어넣는 '외적인 영약(靈藥)'이다(이 문장은 두 번, 세 번, 네 번 읽을 가치가 있다. 소리 내어 읽어라)!

신념은 모든 부가 쌓이는 시작점이다!

신념은 모든 '기적' 그리고 과학의 법칙으로 분석할 수 없는 모든 신비로운 현상의 근간이다!

신념은 실패를 극복하는 것으로 알려진 유일한 수단이다!

신념은 기도와 결합할 때 무한 지성과 직접적인 소통을 가능하게 하는 요소, 곧 '화학 물질'과도 같다.

신념은 인간의 유한한 마음이 만들어내는 평범한 사고의 진동을 영적인 형태로 변화시키는 요소다.

신념은 인간이 무한 지성이라는 우주적 힘을 활용할 수 있게 해 주는 유일한 매개체다.

위에 적은 문장 하나하나는 모두 증명이 가능하다!

증명은 간단하고 쉽게 입증할 수 있다. 그것은 자기 암시 원리 안에 담겨 있다. 그러므로 우리의 주의력을 자기 암시라는 주제에 집중하여 자기 암시가 무엇이고 그것으로 무엇을 얻을 수 있는지 알아보자.

어떤 말을 반복해서 스스로에게 들려주면 그것이 진실이든 거짓이든 마침내 믿게 된다는 이야기는 잘 알려진 사실이다. 같은 거짓말을 계속하다 보면 마침내 그 거짓말을 진실로 받아들이게 된다. 더 나아가 진실이라고 믿게 된다.

인간을 지금의 자신으로 만드는 것은 스스로 허락한 지배적 사고다. 인간이 의도적으로 마음속에 어떤 생각을 품고, 그 생각에 동조하고, 그 생각을 하나 이상의 감정과 결합할 때, 그 생각은 동기를 부여하는 힘이 되어 그 사람의 모든 움직임, 행동, 행위를 지배하고 통제한다!

이제 매우 중요한 진실을 말할 것이다.

어떤 것이든 감정과 결합한 생각은 '자석 같은' 힘이 되어, 에테르의 진동으로부터 다른 유사한 혹은 연관된 생각을 끌어들인다. 그렇게 감정이라는 '자성'을 띠게 된 생각은 씨앗에 비유할 수 있다. 씨앗을 비옥한 땅에 심으면 싹이 트고, 자라고, 증식을 거듭한다. 하나의 작은 씨앗이었던 것이 셀 수 없이 많은 수의 같은 씨앗이 된다!

에테르는 영원한 진동의 힘으로 만들어진 거대한 우주적 덩어리다. 여기에는 파괴적 진동도 있고 건설적 진동도 있다. 에테르는 언제나 공포, 가난, 질병, 실패, 고통의 진동과 함께 번영, 건강, 성공, 행복의 진동을 실어 나른다. 마치 수백 가지로 편곡된 음악 소리와 수백 개의 인간 음성을 각각의 개별성과 식별수단을 유지한 채 라디오라는 매체를 통해 전달하는 것과 같다.

인간의 마음은 자신을 지배하는 생각과 조화를 이루는 진동을 에테르라는 거대한 창고로부터 지속적으로 끌어당긴다. 인간이 마음속에 품고 있는 생각, 아이디어, 계획, 목적은 모두 에테르의 진동으로부터 자신과 유사한 것들을 끌어당겨 이들을 자신의 에너지와 결합함으로써, 마음에 동기를 부여하는 주인이 된다.

이제 처음으로 돌아가 아이디어, 계획, 목적이라는 씨앗이 어떻게 마음에 심어졌는지 알아보자. 간단하다. 아이디어, 계획, 목적은 생각의 반복을 통해 마음에 자리 잡았을 것이다. 그래서 중요한 목적 혹은 확고한 주요 목표를 적어 보고, 기억하고, 매일 소리 내어 반복하라고 하는 것이다. 그렇게 하다 보면 소리의 진동이 잠재의식에 닿을 것이기 때문이다.

우리가 지금의 우리인 이유는 주변 환경의 자극을 통해 우리가 선택하고 기억하는 생각의 진동 때문이다.

불운한 환경의 영향을 결연히 떨쳐버리고, 원하는 대로 삶을 구축하라. 정신적 자산과 부채 목록을 살펴보면 자신감 부족이 최대 약점임을 알게 될 것이다. 이 단점은 극복할 수 있고, 자기 암시 원리의 도움을 받아 소심함을 용기로 전환할 수 있다. 자기 암시의 원리를 적용하는 방식은 간단하다. 긍정적인 생각 동력들을 글로 쓰고, 암기하고, 반복해서 잠재의식의 작동도구로 만들면 된다.

**| 자신감을 구축하는 공식 |**

**1.** 나는 내게 인생의 확고한 목적을 달성할 능력이 있음을 안다. 나는 그 목표를 달성하기 위해 꾸준히, 지속적으로 행동할 것을 스스로에게 요구하며, 지금 이 자리에서 그러한 행동을 반드시 실천할 것을 맹세한다.

**2.** 나는 내 마음을 지배하는 생각이 결국에는 밖으로 표출되어 물리적 행동이 되고, 점차 물리적 현실로 바뀔 것임을 안다. 그러므로 매일 30분간 생각을 집중해 내가 되고자 하는 사람에 대해 생각하고, 이를 통해 내 마음속에 그 사람의 그림을 분명히 그릴 것이다.

**3.** 나는 자기 암시의 원리를 통해, 내가 마음속에 꾸준히 품고 있는 열망이 결국 그 실현 수단을 찾아 구체적인 형태로 표현되리라는 사실을 알고 있다. 그러므로 나는 매일 10분을 할애하여 나 자신에게 자신감을 기르도록 요구할 것이다.

**4.** 나는 내 인생의 확고한 주요 목표를 분명하게 글로 적었다. 목표 달성을 위해 충분한 자신감을 기를 때까지 결코 노력을 멈추지 않을 것이다.

**5.** 나는 진실과 정의에 기반을 두지 않으면 어떠한 부나 지위도 지속될 수 없다는 사실을 잘 알고 있다. 그러므로 관련된 모든 사람에게 혜택이 돌아가지 않는 거래에는 참여하지 않을 것이다. 나는 내가 소망하는 에너지와, 다른 사람들의 협력을 내게 끌어들임으로써 성공할 것이다. 나는 다른 사람에게 기꺼이 봉사함으로써, 그들이 내게 봉사하도록 유도할 것이다. 모든 인류에 대한 사랑을 기름으로써 증오, 시기, 질투, 이기심, 냉소를 물리칠 것이다. 왜냐하면 타인에 대한 부정적 태도는 결코 내게 성공을 가져다주지 않는다는 사실을 알기 때문이다. 나는 다른 사람들이 나를 믿게 만들 것이다. 내가 그들을 믿고 나 자신을 믿을 것이기 때문이다.

나는 이 공식에 서명할 것이다. 또한 이 공식을 기억에 새기고, 하루에 한 번씩 큰 소리로 읽을 것이다. 그리고 이 말이 점차 내 사고와 행동에 영향을 미쳐, 내가 자립적이고 성공적인 사람이 되도록 이끈다는 진리를 굳게 믿을 것이다.

이 공식을 뒷받침하는 것은 여태까지 누구도 설명하지 못한 자연의 법칙이다. 그 법칙은 대대로 과학자들을 혼란에 빠트렸다. 심리학자들은 이 법칙을 '자기 암시'라고 불렀다. 우리도 그렇게 부르자.

어떤 이름으로 부르는지는 중요하지 않다. 중요한 사실은 이 법칙이 건설적으로 사용될 때 인류의 영광과 성공에 기여한다는 점이다. 반면, 파괴적으로 사용된다면 그만큼 위험하기도 하다. 바로 여기에 아주 중요한 진실이 담겨 있다. 즉, 패배의 내리막길을 걷고 가난, 불행, 고통 속에 삶을 마감한다면 그것은 자기 암시 원리를 부정적으로 적용한 결과다. 왜냐하면 모든 생각 동력은 그에 상응하는 물질적 형태로 자신을 표현하려는 성향을 지니기 때문이다.

잠재의식(일종의 화학 실험실, 모든 생각 동력은 이곳에서 조합되어 물리적 현실로 바뀔 준비를 한다)은 건설적인 생각 동력과 파괴적인 생각 동력을 구분하지 않는다. 잠재의식은 우리가 주는 재료를 가지고 우리의 생각 동력을 통해 일한다. 공포가 불러일으킨 생각이든, 용기 또는 신념이 불러일으킨 생각이든 잠재의식은 똑같이 현실로 변화시킬 것이다.

의학사를 돌아보면 이른바 '암시적 자살'의 사례를 무수히 찾아볼 수 있다. 인간은 부정적인 암시를 통해 자살할 수 있다. 부정적 암시는 다른 어떤 수단만큼이나 효과적이다. 미국 중서부의 어느 도시에서 조지프 그랜트라는 은행원이 책임자들의 동의를 받지 않고 거액의 은행 돈을 '빌려다' 썼다. 그는 도박으로 그 돈을 다 잃고 말았다. 어느 날 오후 은행 조사관이 계좌를 점검하러 왔다. 그랜트는 은행을 나서서 지역 호텔방에 들어갔고, 사흘 뒤 발견되었을 때는 침대에 누워 울부짖고 있었다. 그는 같은 말을 반복했다.

"맙소사, 죽어버릴 것 같아! 창피해서 못살겠어!"

얼마 뒤 그는 사망했다. 의사들은 '정신적 자살'에 의한 사망이라고 선고했다.

전기를 건설적으로 사용했을 때 산업이 돌아가고 유용한 서비스가 창출되듯이, 또는 반대로 잘못 사용했을 때 생명을 앗아가듯이, 자기 암시의 법칙도 우리를 평화와 번영으로 또는 불행과 실패, 죽음으로 이끈다. 우리가 얼마나 이해하고 잘 활용하느냐에 달린 것이다.

마음을 공포와 의심으로 채우고, 우리가 무한 지성과 연결하고 그 힘을 사용하는 능력을 불신한다면 자기 암시의 법칙은 이 불신의 기운을 하나의 패턴으로 받아들여 이용하고, 잠재의식은 그 불신의 패턴을 우리의 물리적 현실로 바꾼다.

이것은 2 더하기 2가 4인 것만큼이나 자명하다!

바람이 어떤 배는 동쪽으로, 다른 배는 서쪽으로 데리고 가듯이, 자기 암시의 법칙은 생각이라는 돛을 다는 방식에 따라 우리를 끌어올릴 수도, 끌어내릴 수도 있다. 자기 암시의 법칙을 통해 누구나 상상을 뛰어넘는 높이의 성공에 이르기도 한다. 다음의 시는 이런 자기 암시의 법칙을 잘 나타내고 있다.

패배했다고 생각하면, 패배한 것이다.

감히 할 수 없다고 생각하면, 감히 할 수 없다.

이기고 싶지만, 그럴 수 없다고 생각한다면

틀림없이 그럴 수 없을 것이다.


질 것이라고 생각하면, 진 것이다.

세상으로부터 우리가 찾은 것은

성공은 인간의 의지로부터 시작한다는 것.

모든 것은 마음가짐에 달려 있다.


압도되었다고 생각한다면, 압도된 것이다.

높이 오를 수 있다고 생각해야만,

스스로를 믿어야만

상을 받을 수 있다.


인생이라는 전장에서는 늘

강한 자, 빠른 자만이 승리하지 않는다.

결국 승자는

**이길 수 있다고 생각하는 사람**이다!


강조한 부분을 눈여겨본다면 시인이 말하고자 하는 깊은 뜻을 파악할 수 있을 것이다.

우리의 기질 어딘가에는 (어쩌면 뇌세포 안에) 성공의 씨앗이 잠자고 있다. 깨워서 움직이게 하면 우리를 기대하지도 못했던 높이까지 데리고 올라갈 것이다.

위대한 음악가가 바이올린의 현으로 가장 아름다운 음악의 선율을 쏟아낼 수 있듯이, 우리는 뇌 속에 잠들어 있는 천재성을 일깨워 원하는 높이가 어디든 목표에 도달할 수 있다.

에이브러햄 링컨은 하는 일마다 실패만 거듭하다가 마흔 살을 훌쩍 넘겼다. 출신도 보잘것없고, 이름도 없는 평범한 사람이었던 그는 어떤 커다란 경험을 계기로 가슴과 머릿속에 잠들어 있던 천재성을 깨워 세계적으로 위대한 인물 중 하나가 되었다. 그 '경험'은 슬픔과 사랑이라는 감정과 섞여 있다. 그가 진정으로 사랑했던 유일한 여성 앤 러틀리지가 바로 그 주인공이다.

사랑이라는 감정이 신념과 긴밀하게 연관되어 있다는 점은 잘 알려진 사실이다. 그 이유는 사랑이라는 감정으로 인해 생각 동력이 영적 형태를 띨 수 있기 때문이다. 이 책을 집필하기 위해 사전 조사를 하면서, 나는 뛰어난 성공을 거둔 수백 명의 인물들을 대상으로 그들의 평생 역작과 성과를 분석해 보았다. 그 결과 거의 모든 성취에는 여성의 사랑이라는 영향이 뒷받침되어 있다는 사실을 깨달았다. 사랑이라는 감정은 인간의 심장과 뇌에 호의적인 자기장을 형성해, 에테르를 떠도는 고귀하고 훌륭한 진동들이 쏟아져 들어오게 만든다.

신념의 힘을 증명하는 증거를 원한다면 그 힘을 활용했던 사람들의 업적을 연구해 보라. 가장 대표적인 사례는 예수 그리스도다. 기독교는 인간의 마음에 영향을 미치는 가장 위대한 힘이다. 수많은 사람들이 그 위대한 힘의 의미를 왜곡하거나 곡해하고, 기독교의 가르침과 무관한 수많은 도그마와 교리가 기독교라는 이름으로 만들어졌지만 기독교의 근간은 결국 신념이다.

'기적'이라는 말로 해석되어 온 그리스도의 가르침과 업적의 요지는 다름 아닌 신념이다. 세상에 '기적'이라는 현상이 존재한다면, 그것은 믿음이라고 알려진 마음 상태를 통해서만 이루어질 수 있다! 일부 종교 교사들과 스스로를 기독교인이라고 부르는 많은 사람들은 신념을 이해하지도 못하고, 실천하지도 않는다.

모든 문명사회에 널리 알려진 인도의 마하트마 간디가 보여준 신념의 힘을 살펴보자. 마하트마 간디로 인해 세계는 신념이 가진 가장 놀라운 가능성을 목격했다. 간디는 돈, 전함, 군인, 무기와 같은 통상적인 힘의 도구 없이 동시대의 누구보다도 강력한 잠재력을 발휘했다. 그에게는 돈도, 집도, 제대로 된 옷 한 벌도 없었다. 하지만 그에게는 힘이 있었다. 그는 어떻게 그런 힘을 갖게 되었을까?

그는 신념의 원칙을 이해함으로써, 그리고 그 신념을 2억 명의 사람들 마음속에 옮겨 심는 능력으로 그 힘을 창출했다.

간디는 신념의 영향력을 통해, 지구상 가장 강력한 군대가 군인과 무기로 이루지 못한, 그리고 앞으로도 이루지 못할 업적을 이루었다. 그는 2억 명의 마음을 움직여 마치 한마음처럼 움직이게 만드는 놀라운 위업을 이루었다.

신념이 아니고서야 세상의 어떤 힘이 그렇게 할 수 있었을까? 언젠가는 고용주들은 물론 고용인들도 신념이 가진 가능성을 발견할 날이 올 것이다. 그런 날이 머지않았다. 최근의 경기불황을 통해 전 세계는 신념의 결여가 기업경영에 어떤 영향을 미치는지 충분히 목격할 기회를 가졌다.

분명, 문명은 불황이 세계에 가르쳐 준 위대한 교훈을 활용할 수 있는 똑똑한 인재들을 양산했다. 불황기에 세계는 확산된 공포가 산업과 기업의 흐름을 마비시킨다는 사실을 충분히 목격했다. 이 경험으로부터 새로이 일어난 산업 또는 기업의 지도자는 간디가 세계에 보여준 사례로부터 배울 것이다. 간디가 세계 역사상 최대 규모의 추종자들을 만들어내는 데 사용했던 방식을 사업에 활용할 것이다. 이 지도자들은 지금 제철소에서, 석탄 탄광에서, 자동차 공장에서, 미국의 소도시, 작은 마을에서 노동자로 일하고 있는 이름 없는 평범한 사람들로부터 배출될 것이다.

기업은 개혁해야 한다! 이는 간과하지 말아야 할 사실이다! 힘과 공포의 값싼 결합에 기댄 과거의 방식은 신념과 협력이라는 더 나은 원칙으로 대체될 것이다. 노동자는 일당보다 더 많이 받을 것이다. 그들은 기업 경영에 자본금을 대는 사람들처럼 배당금을 받을 것이다. 하지만 우선 그들은 고용주에게 더 많은 것을 주어야 하고, 다툼과 대중을 희생시키는 힘의 협상을 멈추어야 할 것이다. 배당금을 받을 권리를 스스로 증명해 내야 한다!

나아가 가장 중요한 사실은 그들을 이끄는 지도자가 마하트마 간디의 원칙을 이해하고 적용하는 사람이어야 한다는 점이다. 그렇게 할 때만이 지도자는 노동자들로부터 완벽한 협력의 정신을 이끌어낼 수 있고, 그러한 협력이야말로 가장 숭고하고 지속적인 힘을 창출할 수 있다.

현재 우리가 살고 있고, 지금 막 벗어나고 있는 거대한 기계화 시대가 인간으로부터 영혼을 앗아갔다. 이 시대의 지도자들은 인간을 차가운 기계덩어리의 부품처럼 다루었다. 모두를 희생시켜 받기만 하고 주지 않으려고 하는 고용인들의 탓이기도 하다. 미래의 표어는 인간의 행복과 만족이 될 것이며, 이러한 마음 상태를 달성하면, 생산은 저절로 이루어질 것이고, 그 효과는 신념과 개인적 이익이 노동과 결부되지 않았던 때의 어떤 결과보다도 클 것이다.

기업과 산업 경영에서 신념과 협력은 꼭 필요하다. 다음 사례에서 우리는 기업가들이 큰 재산을 모은 방식에 대해 깊은 통찰을 얻을 수 있을 것이다. 바로, 받으려고 하기 전에 주는 방식이다.

시기는 US 스틸이 처음 만들어진 1900년으로 거슬러 올라간다. 이야기를 읽어 나가면서 다음의 기본적인 사실들을 기억해 둔다면, 아이디어가 어떻게 막대한 부로 전환되었는지 이해하게 될 것이다.

첫째, US 스틸이라는 거대한 기업은 찰스 M. 슈와브의 마음속에서 그가 상상을 통해 만들어낸 아이디어의 형태로 탄생했다. 둘째, 슈와브는 신념을 아이디어와 결합했다. 셋째, 그는 아이디어를 물리적·재정적 현실로 전환할 계획을 세웠다. 넷째, 그는 유니버시티 클럽에서 행한 유명한 연설로 자신의 계획을 실행에 옮겼다. 다섯째, 그는 계획을 끈기 있게 추진했고, 계획이 완전히 실행될 때까지 확고한 결단으로 뒷받침했다. 여섯째, 그는 성공을 향한 불타는 열망으로 성공으로 가는 길을 준비했다.

거대한 부가 어떻게 쌓이는지 궁금했다면, US 스틸의 설립에 관한 이야기에서 깨달음을 얻을 수 있을 것이다. 인간이 생각만으로 부자가 될 수 있다는 사실에 조금이라도 의심이 든다면, 이 이야기가 그 의심을 가시게 해 줄 것이다. US 스틸의 이야기에 이 책에 소개된 13가지 원칙 대다수가 적용되는 것이 명확하게 보일 것이기 때문이다.

아이디어의 힘에 관한 이 놀라운 이야기는 존 로웰에 의해 〈뉴욕 월드-텔레그램〉에 극적으로 소개되었는데, 존 로웰의 승낙을 얻어 여기에 다시 인용하였다.

## 10억 달러짜리 식후 연설

1900년 12월 12일 저녁, 뉴욕 5번가 유니버시티 클럽에 약 80명의 재계 유명 인사들이 서부 출신의 한 청년을 위해 모였다. 이 자리에서 미국 산업 역사상 가장 의미심장한 한 장면을 목격하게 되리라고 예상한 사람은 거의 없었다.

J. 에드워드 시몬스와 찰스 스튜어트 스미스는 최근 방문한 피츠버그에서 찰스 M. 슈와브가 베푼 환대에 깊이 감사하는 마음으로 이 서른여덟 살의 철강 사업가를 동부 은행 업계에 소개하기 위해 만찬자리를 마련했다. 하지만 그들은 이 젊은이가 좌중을 압도하리라고는 생각지도 못했다. 오히려 그들은 콧대 높은 뉴욕 상류층 인사들은 웅변 따위에 관심 없으니, 괜히 돈 많은

사람을 지루하게 만들지 말고 예의상 15분에서 20분만 채우고 끝내라고 경고하기까지 했다.

슈와브의 오른쪽에 앉아 있던 J. P. 모건도 잠깐 얼굴만 비춰서 자리만 빛낼 작정이었다. 대중이나 언론의 입장에서도, 행사 자체가 워낙 미미했던 탓에 다음 날 신문에 기사로 나갈 예정도 없었다.

행사를 주관한 두 사람을 비롯해 귀빈들은 평소대로 7~8개의 코스요리를 즐겼다. 대화도 거의 없었고, 그나마 나누는 대화들도 조심스러웠다. 그날 모인 은행가와 브로커 중 슈와브와 안면이 있는 사람은 거의 없었고, 그에 대해 잘 아는 사람은 아무도 없었다. 하지만 그날의 만찬이 끝나기 전, 재계의 거물 모건을 비롯한 참석자들은 슈와브의 매력에 완전히 빠져 버렸고, US 스틸이라는 10억 달러짜리 아이디어가 형태를 갖추기 시작했다.

찰스 슈와브의 그날 연설이 기록으로 남아있지 않은 것은 아마도 역사적 손실일 것이다. 슈와브는 이후 시카고 은행가들과 가진 비슷한 만남의 자리에서 연설의 일부분을 되풀이했다. 그리고 더 뒷날 정부가 철강 트러스트 해체 소송을 제기했을 때, 증인석에 서서 모건의 공격적인 투자를 이끌어낸 그날의 발언을 그는 자신의 관점에서 재해석해 들려주었다.

하지만 짐작할 수는 있다. 아마도 그것은 '투박한' 연설이었을 것이다. 문법적으로는 정확하지 않아도 (언어적 섬세함은 슈와브와는 거리가 멀었으므로) 재치 있는 경구와 유머가 넘쳤을 것

   3장. 신념

이다. 하지만 그런 점들을 내버려두고라도, 연설은 그 자리에 모인 이들이 대표하는 총 추정 자본 50억 달러에 전기 충격과도 같은 강력한 자극과 영향을 주었다. 연설이 끝나고 참석자들이 여전히 여운에 취해 있을 때, 이미 슈와브가 90분 동안이나 이야기를 한 뒤였음에도 불구하고, 모건은 그를 한적한 창가로 데리고 갔다. 그리고 높고 불편한 의자에 바닥에 발도 붙이지 못한 채로 앉아 한 시간이나 더 이야기를 나누었다.

슈와브의 개성이 지닌 마력이 제대로 힘을 발휘한 것도 사실이지만, 더 중요하고 길이 남을 부분은 그가 내놓은 본격적이고 명확한 철강 산업 확장 계획이었다. 그간 모건의 관심을 끌어 엉성한 철강 트러스트를 구축하려는 다른 시도들이 이미 수차례 있었다. 다들 비스킷, 철사, 후프, 설탕, 고무, 위스키, 석유, 껌 회사들의 합병 패턴을 따른 것들이었다. 도박사 존 W. 게이츠가 도전했지만 모건은 그를 신뢰하지 않았다. 성냥 트러스트와 크래커 회사를 합병했던 시카고 주식 중개인 빌과 짐도 나섰지만 실패했다. 점잔 빼는 시골 변호사 엘버트 H. 게리도 시도했지만 큰 인상을 주지 못했다. 슈와브의 능변으로 J. P. 모건이 그 누구보다 대담한 금융 계획의 구체적 성과를 조망할 수 있을 때까지, 철강 프로젝트는 쉬운 돈벌이를 노리는 이들의 망상에 불과했다.

작고 때로는 비효율적으로 운영되던 수천 개의 회사들을 끌어들여 압도적인 경쟁력을 가진 거대 사업체를 탄생시키는 거대

자금의 흐름은 한 세대 전에 시작되었다. 이제 같은 흐름이 금융계의 유쾌한 해적 존 W. 게이츠의 책략에 힘입어 철강 산업에서도 작용하게 되었다. 게이츠는 이미 작은 회사들을 합병해 아메리칸 스틸 앤드 와이어 컴퍼니를 설립했고, 모건과 함께 페더럴 스틸 컴퍼니도 설립했다. 내셔널 튜브와 아메리칸 브리지 역시 모건이 참여한 회사였고, 무어 형제는 성냥과 과자 사업을 접고 틴 플레이트, 스틸 후프, 시트 스틸로 이루어진 '아메리칸' 그룹과 내셔널 스틸 컴퍼니를 설립했다.

하지만 53개 파트너사가 소유하고 운영하는 앤드루 카네기의 거대한 수직 트러스트에 비하면, 다른 사업체들은 존재감이 미미했다. 힘닿는 대로 합쳐봐야 카네기의 조직에는 전혀 영향을 미칠 수 없었고, 모건도 그 사실을 알고 있었다.

괴짜 스코틀랜드 노인 앤드루 카네기 역시 그 사실을 알고 있었다. 그는 스키보성의 장엄한 고원에서 처음에는 여유롭게, 그러다가 불쾌한 심정으로 모건의 작은 회사들이 자신의 사업에 침투하려는 시도를 내려다보았다. 모건의 시도가 지나치게 대담해질 무렵 불쾌함은 분노와 복수심으로 변했다. 카네기는 경쟁자들이 소유한 모든 제철소를 복제하기로 결심했다. 그때까지 그는 철사, 파이프, 후프나 강판 따위에는 관심이 없었다. 그 대신 그러한 회사들에 원강(原鋼)을 판매하고, 그들이 원하는 형태로 가공하도록 내버려두는 데 만족했다. 그러나 이제 슈와브라는 유능한 지휘관을 곁에 두고 그는 적들을 궁지로 몰아넣을 계획을 세웠다.

모건은 찰스 슈와브의 연설에서 자신이 세운 회사들의 문제점에 대한 해답을 찾았다. 최강의 카네기를 배제한 트러스트는 트러스트일 수 없었다. 어느 작가의 말처럼 그것은 자두가 빠진 자두 푸딩이었다.

1900년 12월 12일, 찰스 슈와브의 연설은 공식적인 약속까지는 아니더라도, 카네기의 거대 기업이 모건 진영에 편입될 수도 있다는 암시였음이 분명하다. 슈와브는 세계 철강산업의 미래, 효율을 위한 업계 재편성, 전문화, 부실한 제철소의 처분과 수익성 높은 사업체에 대한 집중, 원자재 조달, 간접비용과 지원부서, 해외시장 진출에 관해 이야기했다.

나아가 그는 악덕 사업자들에게 그들이 관례처럼 행하는 부당한 사업 관행에 어떤 문제점들이 있는지 알려주었다. 그는 그들의 목적이 독점을 만들고, 가격을 올리며, 특권을 이용해 자신들에게 거액의 배당금을 지급하는 것이라고 추론했다. 그는 진심을 담아 업계 관행을 비판했다. 모든 면에서 확장이 요구되는 시대에 시장을 오히려 위축시킨다는 점을 들어 그러한 정책이 근시안적임을 청중들에게 역설했다. 철강 원가를 낮춤으로써 지속적인 확장을 거듭하는 시장이 창출될 것이고, 철강의 용도가 더욱 다양하게 개발되면서 세계 무역의 상당 부분을 점유할 수 있을 것이라고 그는 주장했다. 사실, 스스로는 자각하지 못했겠지만 슈와브는 현대 대량생산 체제의 전도사였던 것이다.

그렇게 유니버시티 클럽의 저녁식사는 끝이 났다. 모건은 집으로 돌아가 슈와브의 장밋빛 예언을 생각했다. 슈와브는 앤드루 카네기(Wee Andra Carnegie)를 위해 철강 사업을 운영하러 피츠버그로 돌아갔고, 게리와 다른 참석자들은 주식 시세를 들여다보며 다음 움직임을 기대했다.

오래 걸리지 않았다. 모건이 슈와브가 제시한 내용들을 검토하는 데는 약 1주일이 소요되었다. 재정적으로 무리가 아니라는 확신이 들자, 그는 슈와브에게 사람을 보냈다. 젊은이는 선뜻 모건의 손을 잡지 않았다. 슈와브는 카네기의 입장에서 자신이 신뢰하는 회사 경영자가 월가의 황제와 가깝게 지내는 것이 달갑지 않을 수 있다고 지적했다. 더욱이 카네기는 월가에 발도 들여놓지 않겠다고 다짐했었다. 그러자 존 W. 게이츠가 절충안을 내놓았다. 슈와브가 필라델피아의 벨뷰 호텔에 '우연히' 머무는 동안, 마침 모건이 '우연히' 그곳에 나타난다는 계획이었다. 하지만 슈와브가 호텔에 도착했을 때, 모건은 하필 몸이 아파 뉴욕 자택에 누워 있었다. 결국 모건의 끈질긴 초청으로 슈와브는 뉴욕에 갔고, 모건의 집 서재에 모습을 드러냈다.

 어떤 경제사학자들은 처음부터 끝까지 모든 것이 앤드루 카네기가 짠 각본이었다고 장담했다. 슈와브가 초청된 만찬, 문제의 연설, 슈와브와 모건의 일요일 밤 회동이 전부 능청스러운 스코틀랜드 노인이 미리 계획한 대로였다는 것이다. 그러나 진실은 정반대였다. 슈와브가 최종 거래 체결을 위해 불려갔을 때, 그는 '작은 보스'로 불리는 카네기가 매각 제안에 대해 들으려고나 할지 확신이 없었다. 더군다나 카네기는 매입하려는 측의 도덕성을 부정적으로 평가하고 있었다. 하지만 슈와브는 협상에 직접 손으로 쓴 여섯 장짜리 서류를 준비해 갔다. 새로운 철강제국을 빛낼 핵심 기업들이라고 그 스스로 평가한 모든 회사들의 물리적 가치와 잠재적 수익성을 기록한 서류였다.

네 사람이 밤새 숫자들을 검토했다. 첫 번째는 당연히 돈의 위대함을 한결같이 믿는 J. P. 모건이었다. 그의 곁에는 학자이자 신사인 모건의 귀족 친구 로버트 베이컨이 있었다. 세 번째는 모건이 도박사라고 경멸하며 도구처럼 부리는 존 W. 게이츠였고, 네 번째는 철을 만들고 파는 과정을 동시대 누구보다도 잘 알고 있는 슈와브였다. 회의 내내 슈와브가 가져온 숫자들에 아무도 의문을 제기하지 않았다. 슈와브가 어떤 회사의 가치가 얼마라고 말하면 그대로 그 숫자가 그 회사의 가치가 되었다. 그는 또한 자신이 언급한 회사들만 계획에 포함해야 한다고 주장했다. 그는 어떤 중복도 없는 하나의 기업을 구상하고 있었다. 자신들의 회사를 모건의 넓은 어깨 위에 떠넘기고자 하는 친구들의 탐욕조차도 그는 충족시키려 하지 않았다. 그 결과 슈와브는 월가의 탐욕스러운 투자가들이 눈독 들이던 큰 회사들을 의도적으로 제외했다.

동이 틀 무렵, 모건은 일어서서 허리를 폈다. 남은 질문은 단 하나였다.

---

"회사를 팔도록 앤드루 카네기를 설득할 수 있겠나?"

모건이 물었다.

"해 보겠습니다."

슈와브가 말했다.

"카네기를 설득한다면 투자하지."

모건이 말했다.

모든 것이 순조로웠다. 하지만 카네기가 회사를 팔까? 판다면 얼마를 요구할까? (슈와브는 약 3억 2,000만 달러를 예상했다.) 어떻게 요구할까? 보통주? 우선주? 채권? 현금? 그만한 금액을 현금으로 조달할 수 있는 사람은 없었다.

1월 어느 날, 뉴욕 웨스트체스터의 세인트앤드루스 링크스에서는 추운 날씨에도 불구하고 골프 경기가 있었다. 카네기는 추위를 막기 위해 스웨터를 겹겹이 껴입고 있었고, 슈와브는 특유의 입심으로 분위기를 띄웠다. 사업 이야기가 처음 언급된 것은 두 사람이 가까운 카네기의 아늑한 오두막에서 몸을 녹일 때였다. 유니버시티 클럽에서 80명의 백만장자들의 혼을 빼놓았던 바로 그 능변으로, 슈와브는 안락한 은퇴생활이 보장된 찬란한 미래와 노인의 사교적 기벽을 충족시키기에 충분하고도 남을 막대한 자산에 대해 쏟아내듯 설파했다. 카네기는 마침내 항복했고, 종이 한 장에 숫자를 적어 슈와브에게 건네며 말했다.

"좋아, 이 금액에 팔겠네."

종이에 적힌 숫자는 대략 4억 달러였는데, 슈와브가 처음 예상한 3억 2,000만 달러에 지난 2년간 불어난 자본 가치 8,000만 달러를 더해 산정한 금액이었다.

이후, 대서양 횡단 여객선의 갑판에서 카네기는 아쉽다는 듯 모건에게 말했다.

"1억 달러 더 달라고 할 걸 그랬어."

"그랬더라도, 달라는 대로 줬을 거요."

모건이 쾌활하게 말했다.

물론 대소동이 벌어졌다. 어느 영국 특파원은 거대 기업의 합병으로 해외 철강업계가 '기함했다'고 타전했다. 예일 대학교의 해들리 총장은 트러스트들을 규제하지 않으면 앞으로 "25년 내에 워싱턴에 황제를 모시게 될 것"이라고 말했다. 하지만 그 유명한 시세 조종의 달인 제임스 킨이 새 주식을 공격적으로 대중에게 떠넘기자, 일각에서는 6억 달러에 달할 것으로 추정한 명목가치 초과분이 순식간에 흡수되었다. 카네기는 수백만 달러를 손에 넣었고, 모건 신디케이트는 모든 '수고'의 대가로 6억 2,000만 달러를 벌었으며, 게이츠와 게리를 비롯한 관련자들 모두 수백만 달러를 챙겼다.

서른여덟 살의 슈와브도 보상을 받았다. 그는 새 회사의 사장이 되어 1930년까지 회사를 경영했다.


지금까지 살펴본 US 스틸의 극적인 이야기를 이 책에 실은 이유는 열망이 물리적 형태로 전환되는 방식을 보여주는 완벽한 사례이기 때문이다!

어떤 독자들은 단지 보이지 않는 열망을 물리적 등가물로 전환할 수 있다는 말에 의문을 제기할 것이다. 누군가는 틀림없이 "무에서 유를 만들어 낼 수는 없다!"라고 말할 것이다. US 스틸의 이야기는 그에 대한 대답이다.

이 거대 기업은 한 인간의 마음속에서 창조되었다. 그 거대 기업에 재정적 안정을 가져다준 제철소들을 확보하게 한 그 계획 역시, 바로 그 사람의 머릿속에서 탄생했다. 그의 신념, 그의 열망, 그의 상상력, 그의 끈기가 US 스틸을 만든 진짜 재료였다. 일단 회사가 법적으로 설립된 뒤에는, 회사가 인수한 제철소와 기계설비들은 부차적인 것들이 되었다. 하지만 면밀히 분석해 보면 그 자산들이 단지 하나의 경영 체계 아래에 통합되었다는 사실만으로도, 기업이 인수한 자산의 평가 가치는 약 6억 달러나 증가했음을 알 수 있다.

다시 말해 찰스 M. 슈와브의 아이디어와 그 아이디어를 J. P. 모건을 비롯한 투자자들에게 전달한 신념은 약 6억 달러의 이윤을 남기고 팔렸다. 아이디어 하나의 가격치고 꽤 괜찮지 않은가!

이 거래로 수백만 달러의 몫을 챙긴 나머지 사람들이 어떻게 되었는지는 지금 우리에게 중요하지 않다. 이 놀라운 성취가 중요한 이유는 이것이 이 책에서 설명하는 철학의 탄탄한 근거가 되어 준다는 데 있다. 왜냐하면 이 철학이야말로 그 전체 거래의 씨줄과 날줄이었기 때문이다. 게다가 이 철학이 실제로 실현 가능하다는 사실은 US 스틸이 번영을 이루고 미국에서 가장 부유하고 강력한 기업 중 하나로 성장했으며, 수천 명의 고용과 철강의 새로운 수요를 창출하고, 새로운 시장을 개척함으로써 입증되었다.

즉, 슈와브의 아이디어가 만들어낸 6억 달러의 이익은 정당하게 얻은 수익이었음을 이로써 증명한 것이다.

부는 생각의 형태로 시작된다!

그 금액을 정하는 것은 그 생각을 행동으로 옮기는 마음의 주인, 인간이다. 신념으로 한계는 사라진다! 이 길을 살아온 대가로 인생에 무엇이든 요구하게 될 때, 인생과 흥정할 준비가 되었다면 이 점을 기억하라.

US 스틸을 만들어낸 사람이 당시에는 사실상 전혀 알려지지 않은 평범한 사람이었다는 사실도 기억하라. 자신의 유명한 아이디어를 세상에 내놓기 전까지, 그는 단지 앤드루 카네기의 '하인'이나 다름없는 존재였다. 이후 그는 권력, 명성, 부를 가진 자리로 빠르게 올라갔다.

마음이 아는 유일한 한계는 우리가 인정한 것이다.

가난과 부는 모두 생각에서 나온다.

# 4장

## 자기 암시

잠재의식에 영향을 미치는 도구

*Napoleon Hill*

# *Think and Grow Rich*

## *Autosuggestion*

자기 암시는 오감을 통해 마음에 전달되는 모든 암시와 스스로 주는 자극을 의미하는 용어다. 마음에서 의식적 사고가 발생하는 부분과 잠재의식이 작용하는 부분이 자기 암시를 매개로 서로 소통한다.

우리는 지배적인 생각이 의식적인 마음 안에 머무르도록 허용한다(이 생각이 긍정적인가 부정적인가는 중요하지 않다). 자기 암시의 원칙은 이 지배적인 생각을 통해 잠재의식에 도달해 영향을 미친다.

긍정적인 생각이든, 부정적인 생각이든 그 어떤 생각도 자기 암시 원칙의 도움 없이 잠재의식에 들어갈 수 없다. 다시 말해, 오감을 통해 인식된 모든 감각 인상은 의식적인 마음에 의해 걸러진 다음 잠재의식 안으로 통과하거나 통과가 거절될 수 있다. 따라서 마음의 의식적인 부분은 잠재의식으로의 접근을 통제하는 외부 경비원 역할을 한다.

자연의 섭리에 의해, 인간은 다섯 가지 감각을 통해 잠재의식에 도달하는 정보에 대해 절대적인 통제권을 가지고 있다. 다만, 이것을 인간이 항상 그 통제권을 행사한다는 의미로 해석해서는 안 된다. 수많은 경우에 인간은 그 통제권을 행사하지 않는다. 그래서 수많은 사람들이 빈곤 속에 살아가는 것이다.

잠재의식은 비옥한 정원을 닮았다. 이로운 작물의 씨를 뿌리지 않으면 잡초가 무성하게 자란다. 자기 암시는 제어의 수단이다. 인간은 자기 암시를 통해 잠재의식에 자발적으로 창의적인 생각을 심기도 하고, 돌보지 않고 방치함으로써 파괴적인 생각들이 마음의 비옥한 정원에 침투하도록 허용하기도 한다.

열망을 다룬 2장에서 소개한 여섯 단계 중 마지막 단계는 돈에 대한 열망을 적어 매일 두 번씩 소리 내어 읽고, 이미 돈을 가진 스스로를 보고 느끼는 것이었다! 이를 따름으로써, 여러분은 절대적인 신념을 가지고 열망의 대상을 잠재의식에 직접 전달한다. 이 절차를 되풀이하며 여러분은 열망을 금전적 형태로 바꾸는 노력에 호의적인 사고 습관을 자발적으로 창조한다.

이야기를 계속하기 전에 2장에서 소개한 여섯 단계로 돌아가 다시 한번 주의 깊게 읽어 보자. 그런 다음 (뒤에 수록된) 체계적인 계획 수립을 다룬 10장에서 설명한 '마스터마인드' 팀 만들기 부분을 아주 자세히 읽어 보자. 이 두 세트의 지시 사항들을 자기 암시에 관한 부분과 비교해 보면, 이 지시 사항들이 자기 암시 원칙을 적용하고 있음을 알게 될 것이다.

그러니 기억하라. 여러분의 열망을 적어서 큰 소리로 읽을 때 ('돈에 대한 의식'을 키우려고 노력할 때) 말에 감정을 섞지 않고 그저 글씨만 읽는 것은 아무런 의미가 없다. 에밀 쿠에의 유명한 말, "하루하루, 모든 방법을 동원해, 나는 점점 나아진다."를 백만 번 반복해서 읽는다고 한들, 여기에 감정과 신념이 섞여 있지 않다면 어떠한 바람직한 결과도 기대할 수 없다. 여러분의 잠재의식은 감정이나 느낌과 잘 섞인 생각들만 인식하고 그에 따라 행동한다. 이것은 각 장마다 반복해서 나올 만큼 중요한 사실이다. 왜냐하면 이 사실을 이해하지 못해, 대다수의 사람들이 자기 암시의 원칙을 실천하려 노력하고도 바람직한 결과를 얻지 못하기 때문이다.

단조롭고 감정이 없는 말은 잠재의식에 영향을 미치지 못한다. 믿음을 가지고, 감정과 잘 융화된 생각이나 말을 잠재의식에 전달하는 법을 배워야만 눈에 띄는 성과를 얻을 수 있다.

첫 시도에서 감정을 제대로 제어하고 지휘하지 못했다고 해서 의기소침해질 필요는 없다. 기억하라. 세상에 공짜는 없다. 잠재의식에 가 닿고 영향을 미치는 데는 대가가 따르며, 그 대가를 치러야 한다. 아무리 간절히 원한다고 해도 편법 같은 건 없다. 잠재의식에 영향을 미치는 대가는 원칙을 적용하려는, 멈추지 않는 끈기다. 끈기라는 대가를 치르지 않고는 원하는 능력을 기를 수 없다. 노력에 대한 보상 ('돈에 대한 의식')이 그만한 노력을 지불할 가치가 있는지는 여러분 스스로 결정해야 한다.

지혜와 '영리함'만으로는 돈을 끌어들이고 유지할 수 없다. 극히 드문 예외가 있을 뿐이다. 평균의 법칙이 그런 요소들로 돈이 모이는 것을 선호할 때 그런 예외가 발생한다. 여기서 묘사하는 돈 모으는 방법은 평균의 법칙에 의존하지 않는다. 나아가 이 방법은 공평하게도 누구에게나 효과적으로 작용한다. 실패한다고 해도 이는 적용한 개인의 실패지, 방법 자체의 실패가 아니다. 노력했는데 실패했다면, 한 번 더 노력하라. 될 때까지 계속하면 된다.

자기 암시를 사용하는 능력은 대개 하나의 열망이 불타는 집착이 될 때까지 주어진 열망에 집중하는 능력에 달려 있다.

2장에서 소개한 여섯 단계의 지시 사항을 이행할 때는 반드시 집중의 원칙을 활용해야 한다.

여기에 집중의 원칙을 효과적으로 사용하는 방법을 제시하겠다. 여섯 단계 중 1단계를 실행에 옮긴다고 해 보자. 1단계는 원하는 금액을 마음속에 정확히 정하는 것이다. 눈을 감고 그 돈이 실제로 보일 때까지 원하는 금액이라는 한 가지 생각에 집중해 보자. 하루에 적어도 한 번씩 이 연습을 하자. 이 연습을 하는 동안 신념을 다룬 3장에 나오는 지시 사항들을 따라서 실제로 돈을 가진 스스로의 모습을 떠올려 보자!

여기부터가 진짜 중요하다. 잠재의식은 절대적인 신념을 가지고 주어진 어떠한 명령이든 받아들이고 행한다. 단, 잠재의식이 명령을 이해할 때까지 명령을 여러 번 반복해야 한다. 이와 함께 잠재의식을 적법하게 '속이는' 가능성도 염두에 두자. 눈에 보이는 그 돈을 가져야 한다고, 이 돈은 이미 우리가 권리를 주장하기를 기다리고 있다고, 당

     4장. 자기 암시 |

연히 우리의 것인 그 돈을 손에 넣을 실용적인 계획을 잠재의식이 우리에게 건네주어야 한다고, 우리가 믿고 있는 대로 잠재의식도 믿게 만들면 된다.

앞 문단에 제시한 생각을 상상력에 넘겨주고, 돈을 모으기 위한 구체적인 계획을 세우기 위해 상상력이 무엇을 할 수 있고 실제로 무엇을 하는지 살펴보자. 서비스나 재화의 대가로 상상하는 돈을 획득한다는 구체적인 계획을 기다리지 말고, 바로 돈을 가진 자신의 모습을 그려 보자. 그러는 동안 잠재의식이 필요한 계획 혹은 계획들을 건네주도록 요구하고 기대하는 것이다. 정신을 바짝 차리고 있다가 계획이 나타나면 즉각 실행에 옮겨라. 계획은 아마도 '영감'의 형태로 육감을 통해 '반짝' 하고 나타났다가 사라질 것이다. 이 영감은 무한 지성으로부터 직접 받은 '전보' 혹은 메시지로 간주해도 좋다. 메시지를 소중하게 다루고 받자마자 실행에 옮겨라. 그렇지 않으면 치명적인 결과를 맞게 된다.

여섯 단계 중 4단계는 '열망을 실현할 확실한 계획을 세우고, 즉각 실행에 옮기는 것'이다. 앞 문단에서 서술한 방식대로 이 지시 사항을 따라야 한다. 열망을 전환함으로써 돈을 모으는 계획을 세울 때 합리적 사고에 맡기지 않도록 한다. 합리적 사고는 불완전하다. 게다가 우리의 합리적 사고 기능은 게으르고, 거기에만 의존할 경우 우리를 실망시킨다.

모으고자 하는 돈을 (눈을 감고) 시각적으로 떠올릴 때, 돈을 대가로 스스로 서비스를 제공하는 모습이나 상품을 전달하는 모습을 상상하

라. 이것은 매우 중요하다!

## 요약

이 책을 읽고 있다는 사실은 여러분이 진심으로 지식을 갈구한다는 뜻이다. 또, 이 분야를 배우려는 학생이라는 의미다. 여러분이 단지 학생이라면 몰랐던 많은 것을 배울 수 있는 기회가 있지만, 겸손한 자세를 갖추어야만 배울 수 있다. 어떤 지시 사항은 따르고 어떤 지시 사항은 무시하거나 거부한다면, 실패한다! 만족스러운 결과를 얻기 위해, 신념을 가지고 모든 지시 사항을 따라야 한다.

다음은 2장에서 다룬 여섯 단계의 원칙을 요약하여, 이번 장에서 다룬 원칙들과 결합한 것이다.

첫째, 아무한테도 방해받지 않을 조용한 곳(되도록이면 잠자리)으로 가서 눈을 감고, 큰 소리로 (자신의 목소리가 들리도록) 모으고자 하는 돈의 액수가 얼마인지, 언제까지 모을 것인지, 돈의 대가로 어떤 서비스나 재화를 제공할 것인지를 글로 적어 되풀이해서 읽는다. 이때, 이미 돈을 가진 자신의 모습을 떠올린다.

예를 들어 지금부터 5년 후 1월 1일까지 5만 달러를 모을 작정이며, 그 대가로 영업 사원으로 일한다고 가정하자. 이것을 글로 적으면 다음과 비슷해야 한다.

"○○년 1월 1일까지, 나는 5만 달러를 갖게 될 것이고, 이 돈은 앞으로 그때까지 여러 번에 걸쳐 매번 다른 금액으로 들어올 것이다."

이 돈에 대한 대가로, 나는 내가 할 수 있는 가장 효율적인 서비스를 제공할 것이며, 가능한 한 많은 양과 최고 품질의 서비스를 (판매하려는 상품이나 서비스) 판매원으로서 제공할 것이다.

나는 내가 이 돈을 갖게 될 것임을 믿는다. 내 신념은 매우 강하기 때문에 눈앞에 그 돈이 보인다. 손으로 돈을 만질 수 있다. 이 돈은 지금 내가 제공할 서비스의 양과 질에 비례하여, 정해진 때에 내게 인도되기를 기다리고 있다. 나는 이 돈을 모을 수 있는 구체적인 계획이 마련되기를 기다리고 있으며, 그 계획이 마련되는 즉시 따를 것이다.”

둘째, 모으고자 하는 돈이 (상상 속에서) 눈에 보일 때까지 이 프로그램을 아침저녁으로 되풀이한다.

셋째, 적은 글을 밤이고 낮이고 잘 볼 수 있는 곳에 두고, 다 외울 때까지 잠들기 전과 아침에 일어났을 때 읽는다.

이 지시 사항들을 이행하면서, 잠재의식에 명령을 내리려는 목적으로 자기 암시의 원칙을 적용하고 있다는 점을 기억하라. 또한, 잠재의식은 감정을 싣고, ‘느낌’을 담아 전달한 명령에만 반응한다는 점도 기억하라. 신념은 가장 강하고 생산적인 감정이다. 신념을 다룬 3장에서 제시한 지시 사항들을 따르도록 한다.

이 지시 사항들은 처음에는 추상적으로 느껴질 수 있다. 그렇다고 당황할 필요는 없다. 처음에는 아무리 추상적이거나 비실용적으로 보이는 지시 사항이라도 그대로 따른다. 행동뿐만 아니라 마음으로 이를 따르다 보면 머지않아 여러분 앞에 전혀 새로운 힘의 세계가 펼쳐질 것이다.

모든 새로운 생각과 관련해 회의적인 태도를 보이는 것은 모든 인간의 공통된 특성이다. 그러나 여러분이 여기서 제시하는 지침을 따르다 보면, 그 회의는 곧 믿음으로 대체될 것이며, 이 믿음은 머지않아 절대적인 신념으로 굳어질 것이다. 그때가 되면 여러분은 진정으로 이렇게 말할 수 있게 될 것이다.

"나는 내 운명의 주인이다. 나는 내 영혼의 선장이다!"

많은 철학자들이 인간은 자기 자신의 세속적인 운명의 주인이라고 말해 왔지만, 그들 대부분은 왜 인간이 주인일 수 있는지를 설명하지 못했다. 인간이 자기 자신의 세속적인 상태, 특히 재정적 상태의 주인이 될 수 있는 이유는 이 장에 철저히 설명되어 있다.

인간은 자기 자신과 자신이 처한 환경의 주인이 될 수 있다. 왜냐하면 자신의 잠재의식에 영향을 미칠 수 있는 힘을 가지고 있으며, 이를 통해 무한 지성의 협력을 얻을 수 있기 때문이다.

지금 읽고 있는 장은 이 성공 철학의 아치 구조에서 쐐기돌에 해당한다. 이 장에 담긴 지침들을 반드시 이해하고, 끈질기게 실천해야 한다. 그래야만 열망을 돈으로 바꾸는 데 성공할 수 있다.

열망을 실제로 돈으로 전환하는 행위에는 자기 암시를 수단으로 사용하여 잠재의식에 도달하고 그것에 영향을 미치는 과정이 포함된다. 다른 원칙들은 단지 자기 암시를 적용하기 위한 도구들일 뿐이다. 이 점을 마음에 깊이 새겨라. 그러면 이 책에서 설명한 방법으로 돈을 모으려는 여러분의 모든 노력 속에서 자기 암시 원칙이 얼마나 중요한 역할을 하는지 항상 인식하게 될 것이다.

여기에 소개한 지시 사항들을 마치 작은 어린아이가 된 것처럼 따라라. 자신의 노력에 아이와 같은 신념을 담아라.

나는 독자에게 진정으로 도움이 되고자 하는 간절한 마음에서, 비현실적인 지침이 포함되지 않도록 최대한 주의를 기울였다.

이 책을 전부 읽고 나면, 이 장으로 다시 돌아와 행동과 마음으로 이 지시 사항을 이행하라.

자기 암시의 원리가 타당하며, 당신에게 약속한 모든 것을 실현해 줄 수 있다는 확신이 들 때까지 이 장 전체를 매일 밤 소리 내어 읽어라. 읽는 동안 마음에 긍정적인 인상을 주는 문장마다 연필로 밑줄을 그어라.

위의 지시 사항을 한 글자도 빠뜨리지 말고 그대로 따라라. 그러면 성공의 원칙들을 완전히 이해하고 정복할 수 있는 길이 열릴 것이다.

# 5장

**부를 향한 네 번째 단계**

전문 지식

개인적인 경험이나 관찰

Napoleon Hill

*Think
and
Grow Rich*

Specialized Knowledge

지식의 종류에는 두 가지가 있다. 보편적인 지식과 전문화된 지식이다. 보편적인 지식은 아무리 많이 혹은 다양하게 보유하고 있더라도 돈을 모으는 데 거의 도움이 되지 않는다. 훌륭한 대학의 교수들은 문명화된 세계에 알려진 사실상 거의 모든 형태의 지식을 보유하고 있다. 대부분의 대학 교수들은 돈이 거의 혹은 아예 없다. 그들은 지식을 가르치는 데는 전문가들이지만, 지식을 체계적으로 정리하거나 사용하는 데는 전문가가 아니다.

지식은 체계화되고, 실용적인 행동 계획을 통해 돈의 축적이라는 확고한 목적을 지향하지 않으면 돈을 끌어들이지 못한다. 이 사실을 이해하지 못하기 때문에 수많은 사람들은 혼란을 겪는다. 그들은 '지식은 힘'이라는 잘못된 믿음을 가지고 있다. 전혀 그렇지 않다! 지식은 잠재적인 힘에 불과하다. 지식은 확고한 행동 계획으로 체계화하고 확실한 목적을 지향할 때만 힘이 된다.

오늘날 문명사회의 모든 교육체계에는 이렇게 '빠진 고리'가 존재하고, 그 결과 교육기관들은 학생들에게 지식을 획득한 후 어떻게 체계화해서 사용할 것인지 가르치지 않고 있다.

많은 사람들은 헨리 포드가 '학교'에 거의 다니지 않았다는 이유로 그를 '교육'받지 못한 사람으로 여기는 잘못을 범한다. 이런 잘못을 범하는 사람들은 헨리 포드를 알지도 못하고, '교육'이라는 말의 진정한 의미를 이해하지도 못한다. '교육하다'라는 뜻의 영어 'educate'는 '끌어내다, 안으로부터 발전시키다'라는 뜻의 라틴어 'educo'에서 왔다.

교육받은 사람이 반드시 보편적인 혹은 전문적인 지식이 풍부한 사람은 아니다. 교육받은 사람은 마음의 능력을 발전시켜서, 원하는 것이나 혹은 그에 상응하는 것을 다른 사람의 권리를 침해하지 않으면서 획득할 수 있다. 헨리 포드는 이 정의에 충분히 해당한다.

제1차 세계대전 중, 시카고의 어느 신문 사설에서 헨리 포드를 '무지한 평화주의자'라고 불렀다. 헨리 포드는 해당 신문을 상대로 명예훼손 소송을 제기했다. 재판이 시작되자 신문사 측 변호인들은 정당함을 주장하며, 헨리 포드 본인을 증인석에 세워 배심원들에게 그가 무지하다는 사실을 증명하려고 했다. 변호사들은 포드에게 다양한 질문을 던졌다. 모두 포드가 자동차 제조에 관해서는 상당한 전문 지식을 소유하고 있을지라도 일반적인 기준에 비추어 무식하다는 점을 그의 입을 통해 증명하려는 의도가 있는 질문이었다.

포드는 연달아 다음과 같은 질문 공세를 받았다.

"베네딕트 아놀드는 누구인가?"

"1776년 반란군을 진압하기 위해 영국이 미국에 보낸 병력은 얼마나 되는가?"

마지막 질문에 포드는 이렇게 답했다.

"나는 영국이 정확히 몇 명의 군인을 보냈는지는 모릅니다. 하지만 내가 들은 바로는 처음에 파견한 군인들보다 훨씬 적은 수의 군인들이 돌아갔습니다."

마침내 포드는 이런 식의 질문에 지쳤다. 그는 특히 거슬리는 어떤 질문에 답하기 위해 몸을 앞으로 기울이고, 질문한 변호사를 손가락으로 가리키며 말했다.

"당신이 방금 내게 한 바보 같은 질문이나, 이제껏 당신이 한 다른 어떤 질문에 내가 정말로 대답을 해야 한다면, 당신에게 상기시켜 드리지요. 내 사무실 책상에는 버튼이 여러 개 있습니다. 내가 중요하게 생각하는 사업과 관련해 무엇이든 궁금한 점이 생기면 나는 버튼을 눌러서 질문에 대답해 줄 보좌관을 호출할 수 있습니다. 자, 이제 내게 말씀해 주시겠습니까? 필요한 지식은 뭐든 제공해 줄 사람들이 내 주변에 있는데, 내가 왜 허접한 상식 따위로 머릿속을 채우고 있다가 당신 질문에 대답해야 합니까?"

확실히 논리적인 대답이었다.

포드의 대답에 변호사는 말문이 막혔다. 법정에 있던 사람들은 그 대답이 무지한 사람의 입에서 나올 수 없는, 교육받은 사람이 할 수 있는 대답이라는 사실을 깨달았다. 지식이 필요할 때 어디에서 그 지식을 얻어야 하는지, 그 지식으로 어떻게 확고한 행동 계획을 세울 수 있는지 아는 사람이라면 그 사람은 교육받은 사람이다. 자신의 '마스터마인드' 팀의 도움으로 헨리 포드는 미국에서 가장 부유한 사람이 되기 위해 필요한 전문적인 지식을 언제 어디서든 얻을 수 있다. 그는 이 지식을 머릿속에 넣고 있을 필요가 없다. 이런 종류의 책을 읽고자 하고, 읽을 수 있는 지능이 있는 사람이라면 이 사실이 의미하는 바를 놓칠 리 없다.

열망을 돈으로 바꾸는 자신의 능력에 대한 확신을 갖기 위해, 여러분은 우선 돈을 대가로 여러분이 제공하려고 하는 서비스, 재화 혹은 전문분야에 관한 전문적인 지식이 있어야 한다. 어쩌면 여러분의 능력이나 의지가 필요한 지식을 얻기에 부족할지도 모른다. 그렇다면 여러분은 '마스터마인드' 팀의 도움으로 부족한 부분을 채울 수 있다.

앤드루 카네기는 자신이 철강 산업의 기술적인 부분에 관해 아무것도 모른다고 말한 적이 있다. 게다가 그는 특별히 철강 산업에 대해 뭔가 더 알아내려고 하지 않았다. 철강의 제조와 마케팅에 필요한 전문 지식은 그의 '마스터마인드' 팀의 개별 구성원들이 언제든 제공할 수 있었기 때문이다.

거대한 부를 축적하기 위해서는 힘이 필요하다. 힘은 고도로 조직화되고 지적인 방향성을 지닌 전문 지식을 통해 얻을 수 있다. 하지만 부를 축적할 사람이 반드시 그 전문 지식을 소유할 필요는 없다.

부를 축적하려는 야망이 있지만 필요한 전문 지식을 공급하는 데 필요한 '교육'을 받지 못한 사람이라면, 위의 문단에서 희망과 용기를 얻을 수 있을 것이다. 인간은 '교육'을 받지 못했다는 이유로 '열등감'을 느끼며 살아가곤 한다. 돈을 모으는 데 유용한 지식을 가진 사람들로 '마스터마인드' 팀을 조직하고 그 조직을 이끌 수 있는 사람이라면,그룹 내 어느 누구의 교육 수준도 부럽지 않을 것이다. 만약 여러분이 학교 교육을 충분히 받지 못해 열등감에 시달린다면 이 말을 기억하라.

토머스 에디슨은 평생 딱 3개월 동안 '학교'에 다녔다. 그는 교육이 부족하지 않았고, 가난하게 살다 죽지도 않았다.

헨리 포드는 '학교'에서 6학년도 채 마치지 못했지만, 혼자 힘으로 상당한 재정적 성공을 거두었다.

전문 지식은 우리가 누릴 수 있는 가장 흔하고 저렴한 형태의 서비스다! 믿지 못하겠다면 대학 교수들의 월급 명세서를 확인해 보라.

## 지식을 어떻게 구입할 것인가

우선 어떤 종류의 전문 지식이 필요한지, 왜 필요한지 정하라. 인생의 주요한 목표이자 우리가 일하는 목적이 무엇인지 알면 필요한 지식이 무엇인지 결정하는 데 도움이 된다. 이 부분이 정해지면, 그다음엔 믿을 만한 지식 공급처에 대한 정확한 정보가 필요하다.

1. 개인의 경험과 교육
2. 다른 사람들('마스터마인드' 팀)과 협력해 얻을 수 있는 경험과 교육

**3.** 대학

**4.** 공공 도서관(책과 정기 간행물 속에 문명세계가 체계화해 놓은
모든 종류의 지식이 들어 있다.)

**5.** 특수 훈련 과정(야간학교, 통신교육기관)

지식을 획득했다면, 이제 실용적인 계획에 따라 정해진 목적을 위
해 지식을 체계적으로 정리하고 사용해야 한다. 지식은 유용한 목적
을 위해 적용할 때만 가치가 있다. 대학에서 받는 학위가 높이 평가받
지 못하는 이유다. 학위는 다방면의 지식을 의미할 뿐이다.

학교를 더 다닐지 고민 중이라면 우선 어떤 목적을 위해 지식을 원
하는지 정하고, 그 특정한 지식을 어디에서 얻을 수 있는지 믿을 만한
정보원을 통해 알아본다. 어떤 분야에서든 성공하는 사람은 자신의
목적, 업종, 직업과 관련된 전문 지식을 끊임없이 획득한다. 성공하지
못하는 사람들은 대개 학교를 마침으로써 지식 획득의 시기가 끝난다
고 믿는 오류를 범한다. 사실 학교 교육은 실용적인 지식을 어떻게 얻
을 수 있는지에 눈을 뜨게 해 줄 뿐이다.

경제가 붕괴되고 새롭게 시작하는 달라진 세상과 함께 교육에 대
한 요구사항도 놀랍도록 달라졌다. 지금 우리에게 요구되는 것은 전
문화다! 컬럼비아 대학의 로버트 P. 무어 취업 행정관도 강조하는 사
실이다.

## 가장 필요한 것은 전문가다

고용주가 특히 원하는 인재는 특정 분야에 전문화된 사람들이다. 회계와 통계 지식을 갖춘 경영대학원 졸업자, 다양한 엔지니어들, 언론인, 건축가, 화학자 등은 물론이고 뛰어난 지도자와 활동가의 면모를 갖춘 졸업 예정자 등이 여기에 해당한다.

캠퍼스에서 활발히 활동하고, 다양한 사람들과 잘 어울리며, 학업도 충실히 수행한 사람은 단지 학문에만 집중한 학생보다 확실히 유리하다. 이렇게 다방면에 자질을 갖춘 학생들 중 일부는 여러 곳에서 일자리 제안을 받았고, 그들 중 소수는 최대 여섯 곳에서 제안을 받기도 했다.

무어 행정관은 모든 과목에서 A를 받는 학생이 언제나 더 좋은 취업 기회를 얻는다는 기존 관념에 거리를 두면서, 대다수의 기업들이 학업 성적뿐 아니라 다양한 활동기록과 인성을 참고한다고 말했다.

업계 1위인 어느 대기업은 대학의 유망한 졸업 예정자들에게 다음과 같은 편지를 보냈다.

"우리의 주된 관심 대상은 관리 업무에서 뛰어난 진전을 보일 수 있는 학생들입니다. 그런 이유로 우리는 특정 학벌보다는 성격, 지성, 인성을 특히 강조합니다."

## '수습' 기간을 제안받는 경우

여름방학 기간에 사무실, 상점, 산업 현장 등에서 '수습' 근무를 할 것을 제안하면서, 무어 행정관은 대학에 입학하고 2, 3년이 지나면 모든 학생에게 "확실한 진로를 선택하도록 요구해야 하며, 특별한 목적

없이 비전공 교양 과정만 들으며 재미로 학교를 다니는 학생이 있다면 멈추도록 해야 한다."라고 말했다.

무어 행정관은 또 대학들은 모든 직업과 일자리가 전문가를 원한다는 사실을 현실적으로 받아들여야 한다며, 교육기관들이 취업 지도에 보다 직접적으로 책임져야 한다고 주장했다. 전문화된 학교 교육이 필요한 사람들이 지식을 얻을 수 있는 가장 믿을 만하고 실용적인 기관은 거의 모든 대도시마다 운영되고 있는 야간학교다. 통신학교는 미국 우편이 전달되는 곳이라면 어디에서든, 원격 교육 방식으로 가르칠 수 있는 모든 과목에 대해 전문적인 교육을 제공한다. 원격 교육의 한 가지 이점은 프로그램의 유연성이다. 학생들은 여가 시간에 공부할 수 있다. 또 한 가지 어마어마한 이점은 (학교를 잘만 고르면) 대부분의 통신 교육 과정에는 충분한 상담 혜택이 포함되어 있다는 점인데, 이는 전문 지식을 필요로 하는 사람들에게 매우 소중한 자산이 될 수 있다. 통신 교육을 활용하면 여러분이 어디에 살든 그 혜택을 누릴 수 있다.

노력이나 대가 없이 얻는 것들은 대개 인정받지 못하고 종종 무시된다. 공립학교가 제공하는 놀라운 기회에도 불구하고 우리가 얻는 것이 거의 없는 이유도 여기에 있는지 모른다. 전문화된 확고한 학습 프로그램으로부터 우리가 얻을 수 있는 자기 절제는 지식이 무료로 제공됨으로써 상실한 기회를 어느 정도 보상해 준다.

통신학교는 고도로 체계화된 사업 기관이다. 수업료가 매우 저렴해서 신속한 납부를 재촉할 수밖에 없다. 성적이 좋든 나쁘든 돈을 내야 하기 때문에 수강을 포기하지 않고 끝까지 과정을 따라가게 된다. 통신학교들이 충분히 강조하지 않는 부분이 있는데, 그것은 바로 그들의 수금 부서가 결단력, 신속성, 실행력, 시작한 일을 끝맺는 습관을 기르는 데 있어 최고의 훈련 기관이라는 점이다.

나는 25년여 전에 이 점을 경험으로 배웠다. 나는 통신 과정으로 광고 수업을 들었다. 여덟 번인가 열 번 수업을 듣고 나서 수강을 그만두었는데, 학교에서는 내게 계속 청구서를 보냈다. 게다가 수강을 계속하든 안 하든 돈을 내야 한다고 주장하기까지 했다. 결국 나는 돈을 내야 한다면 (법적으로 그래야 할 의무가 있었다) 돈을 낸 만큼 수업을 끝까지 듣기로 했다. 당시에 나는 학교의 수금 체계가 지나치게 빡빡하다고만 생각했다. 하지만 시간이 흐른 뒤 그것이 대가도 없이 얻은 매우 중요한 가르침이었음을 깨달았다. 억지로 돈을 내야 했으므로, 나는 그만두지 않고 과정을 끝마쳤다. 나중에 인생을 살면서 생각해 보니, 결국 그 학교의 효과적인 수금 제도가 나로 하여금 돈을 벌게 해 준 셈이었다. 억지로라도 광고 수업을 듣게 했으니 말이다.

미국의 공립학교 제도는 세계 최고 수준이다. 좋은 학교 건물을 짓는 데 엄청난 금액을 투자하고, 시골에 사는 아이들이 좋은 학교에 다닐 수 있도록 편리한 교통수단을 제공한다. 그런데 이 훌륭한 제도에 한 가지 커다란 약점이 있으니, 그것은 바로 무료라는 점이다. 인간은 참 묘한 데가 있어서 값이 매겨진 것에만 가치를 둔다. 미국의 무료 공립학교와 무료 공공 도서관은 무료이기 때문에 사람들에게 별다른 영향을 미치지 못한다. 그래서 수많은 사람들이 학교를 그만두고 직장에 다니면서도 추가로 뭔가를 더 배워야 한다고 생각한다. 이것은 많은 고용주들이 집에서 통신 교육을 받는 직원들을 더 많이 배려하는 이유이기도 하다. 고용주들은 공부하기 위해 여가 시간을 포기할 만큼 야망이 있는 사람들에게는 리더십에 필요한 자질이 있다는 사실을 경험을 통해 이미 배웠다. 즉, 고용주의 선의에 의한 배려가 아니라 철저히 사업적인 판단이 깔려 있는 것이다.

절대로 고칠 수 없는 인간의 약점이 한 가지 있는데, 그것은 바로 보편적인 야망의 결여다! 이는 특히 샐러리맨들에게 해당하는 이야기로, 남는 시간을 활용해 공부하는 사람들 치고 시간이 흘러 승진을 못 하는 경우는 거의 없다. 그들의 행위가 그들을 위로 올라가게 하고, 수많은 장애물들을 제거하고, 그들에게 기회를 줄 수 있는 권력자들로부터 긍정적인 관심을 얻게 한다.

통신 교육 방식을 활용한 학습은 직장인들, 특히 학교를 졸업한 뒤 전문적인 지식이 필요하다는 것을 깨달았지만 다시 학교로 돌아갈 시간적 여건이 안 되는 사람들에게 적합하다.

대공황 이후 변화된 경제 환경으로 인해, 수많은 사람들에게 추가 또는 새로운 수입원이 반드시 필요해졌다. 대다수의 사람들에게 해결책은 전문 지식을 갖는 것뿐이다. 많은 사람들이 직업을 아예 바꾸어야만 하는 상황에 놓일 것이다. 상인이 특정 군의 상품이 팔리지 않는다는 사실을 알았을 때는 수요가 있는 다른 종류의 상품으로 전환하는 것이 일반적이다. 개인 서비스를 마케팅하는 사람들도 효율적인 상인이 되어야 한다. 한 가지 직종에서 자신의 서비스가 충분한 수익을 가져다주지 못한다면, 더 풍부한 기회가 있는 다른 직종으로 전환해야 한다.

스튜어트 오스틴 위어는 건설 엔지니어가 되기 위해 공부해 해당 분야의 일자리를 구했지만, 대공황이 닥치면서 시장은 줄어들었고 그에 따라 수입도 줄었다. 그는 자신이 할 수 있는 일을 찾아보았고 법률 분야로 직종을 바꾸기로 했다. 그는 다시 학교에 들어가 전문 교육을 받으면서 기업 변호사가 되기 위해 준비했다. 대공황이 끝나지 않았음에도 그는 교육 과정을 마치고 변호사 시험을 통과해 텍사스주 댈러스에서 변호사 업무를 시작했다. 지금은 손님이 너무 많아 돌려보내야 할 지경이다.

오해하는 사람이 없도록, 부양할 가족이 있어서 또는 나이가 너무 많아서 학교로 돌아갈 수 없다고 말하는 사람들을 위해, 위어가 다시 학교에 들어갔을 때 나이가 40살이 넘었고 기혼이었다는 사실을 덧붙인다. 그는 해당 과목을 가장 잘 가르치는 대학에서 제공하는 고도의 전문화된 과정을 신중히 고름으로써 대다수의 법학 전공자들이 4년 동안 다니는 과정을 2년 만에 마쳤다. 지식을 구입하는 방법을 아는 것은 이토록 중요하다.

단순히 학교를 마쳤다는 이유로 배움을 그만둔다면 평생 아무 희망도 없이 평범하게 살 뿐이다. 어떤 분야든 마찬가지다. 지속적으로 지식을 추구하는 것이 성공에 이르는 길이다.

구체적인 사례를 들어보자.

어느 식료품 세일즈맨이 불경기로 일자리를 잃었다. 경리로 일한 경험이 있었던 그는 회계 전문 과정을 수강했고 최신 부기 및 사무 설비를 모조리 익힌 후 회계사 일을 시작했다. 전에 자신이 일하던 식료품점을 시작으로 그는 100여 개의 소상인들과 계약을 맺고, 아주 적은 월 사용료만 받고 장부 정리를 대행해 주기로 했다. 그는 매우 현실적인 아이디어를 생각해 냈고, 곧 가벼운 배달 트럭에 최신 부기 장비를 실은 이동식 사무실을 운영하기로 했다. 그는 현재 다수의 직원들을 거느리고 여러 대의 '이동식' 부기 사무실을 운영하고 있으며, 소상인들에게 최고의 회계 서비스를 매우 저렴한 가격에 공급하고 있다.

전문적인 지식에 상상력을 더한 덕분에 이런 독특하고 성공적인 사업이 가능했다. 작년에 이 사업자는 원래 자신이 일했던 식료품점이 납부한 소득세의 거의 열 배에 달하는 소득세를 납부했다. 그의 경우 역경이 오히려 뜻밖의 축복이 되었던 것이다.

이 성공적인 사업의 시작은 아이디어였다!

실직한 세일즈맨에게 그 아이디어를 제공하는 영광을 누렸던 만큼, 이제 나는 또 하나의 아이디어를 제안하는 특권을 누리고자 한다. 이 아이디어는 더 큰 수입을 가져다줄 가능성을 지니고 있을 뿐만 아니라, 도움을 절실히 필요로 하는 수천 명의 사람들에게 유익한 서비스를 제공할 수 있는 가능성 또한 내포하고 있다.

이 아이디어는 판매 일을 그만두고 도매 방식으로 회계 장부를 정리하는 사업에 뛰어든 세일즈맨이 제안한 것이었다. 그의 실업 문제를 해결할 계획이 제시되었을 때, 그는 즉시 이렇게 외쳤다.

"그 아이디어가 마음에 들지만, 이것으로 어떻게 돈을 벌어야 할지 모르겠습니다.”

다시 말해, 그는 자신이 얻은 부기 지식을 어떻게 마케팅해야 할지 모르겠다고 불평했다.

해결해야 할 문제가 하나 더 생긴 것이다. 우리는 손 글씨를 잘 쓰고 내용을 정리할 수 있는 재주 있는 젊은 여성 타이피스트의 도움을 받아, 새로운 회계 시스템의 장점을 설명하는 매우 매력적인 책자를 준비했다. 각 페이지를 깔끔하게 타이핑하여 일반 스크랩북에 붙였고, 이 스크랩북을 일종의 말 없는 세일즈맨으로 활용했다. 이 새로운 사업 이야기를 이렇듯 효과적으로 전달한 덕분에, 사업자는 곧 감당할 수 없을 만큼 많은 고객을 확보하게 되었다.

이처럼 개인의 비즈니스를 마케팅할 수 있는 판촉 전문가의 서비스가 필요한 사람들이 전국에 수천 명이다. 이와 같은 서비스로부터 발생하는 연간 총수입은 최대 규모의 직업소개소가 올리는 수입을 쉽게 초과할 수 있으며, 이 서비스가 구매자에게 제공하는 혜택 또한 직업소개소를 통해 얻을 수 있는 어떤 혜택보다도 훨씬 클 수 있다.

여기에 제시한 아이디어는 긴급 상황을 해결하기 위한 필요에 의해 탄생했지만, 단 한 사람에게만 혜택이 돌아가는 데 그치지 않았다. 아이디어를 창조한 여성은 풍부한 상상력을 지녔다. 그녀는 자신이 새롭게 내놓은 아이디어에서 새로운 전문직을 창출할 가능성을 보았다. 개인이 스스로를 마케팅하는 데 실질적인 지침을 필요로 하는 수천 명의 사람들에게 귀중한 도움을 제공하는 직업이었다.

최초의 ‘잘 준비된 개인 마케팅 계획’이 거둔 즉각적인 성공에 고무된 이 열정적인 여성은 그다음 수순으로 자신의 아들이 겪는 비슷한 문제를 해결하기 위해 나섰다. 그녀의 아들은 막 대학을 졸업했지만 일할 곳을 전혀 찾지 못하고 있었다. 여성이 아들을 위해 착안한 지원서는 내가 그때까지 보아온 개인 판촉물 중 최고였다.

완성된 지원서에는 그녀 아들의 타고난 재능, 학력, 개인적인 경험 그리고 여기서 다 설명하기 어려울 정도로 방대한 다양한 정보들이 약 50페이지 분량으로 깔끔하게 정리되어 예쁘게 타이핑되어 있었다. 지원서에는 또 아들이 원하는 일자리에 대한 완벽한 설명과 함께, 해당 일자리에 채용되었을 때 어떻게 일할 것인지에 관한 구체적인 계획이 놀라울 만큼 생생한 언어로 묘사되어 있었다.

지원서의 작성을 위해서는 수 주 동안의 작업이 필요했다. 이 기간에 여성은 자신의 아들을 거의 매일 공공 도서관에 보내 자신이 가진 것을 최대한 유리하게 판매하는 데 필요한 데이터를 모으게 했다. 그녀는 또 아들을 장래 고용주의 모든 경쟁사에 보내 그들의 사업 방식과 관련해 핵심적인 정보들을 모아오게 했는데, 그 정보들은 아들이 원하는 직무를 수행하기 위한 계획을 세우는 데 있어 매우 중요한 자료가 되었다. 완성된 지원서는 대여섯 개 이상의 매우 훌륭한 제안을 담고 있었다. 모두 미래의 고용주에게 유익한 제안이었다(회사는 그 제안들을 실행에 옮겼다).

"일자리를 얻기 위해 이렇게까지 고생해야 하나?"라고 묻고 싶을지도 모른다. 그에 대한 대답은 간결하면서도 극적인 성격을 띠고 있다. 그 대답 안에는 유일한 소득원이 자기 자신뿐인 수백만 남녀들의 서글픈 현실이 어느 정도 반영되어 있기 때문이다.

대답은 "뭔가를 잘하는 것은 고생이 아니다! 아들을 위해 여성이 준비한 지원서의 도움으로 아들은 자신이 원한 일자리를 첫 번째 면접에서 얻었고, 연봉도 스스로 정할 수 있었다."라는 것이다.

나아가 이것도 중요한 점인데, 아들이 얻은 일자리는 말단이 아니었다. 그는 임원 봉급을 받으며 하급 임원으로 경력을 시작했다.

"이렇게까지 고생해야 하느냐?"라고 물었는가?

우선 이 젊은이는 잘 준비된 지원서로 만약 그가 '말단 사원에서 시작해서' 지금의 자리까지 올라가려 했다면 걸렸을 10년 이상의 시간을 아낄 수 있었다.

밑바닥에서 시작해 승진한다는 아이디어가 그럴듯하게 들릴지도 모르지만, 중요한 단점이 있다. 눈에 띄지 못해 기회를 놓치는 바람에 계속 밑바닥에 머무르는 사람들이 너무 많다는 점이다. 또 한 가지 기억해야 할 점은 밑바닥에서부터 시작하면 전망이 그다지 밝거나 고무적이지 않다는 점이다. 어두운 전망은 야망을 죽인다. 우리는 이것을 흔히 "틀에 박힌다."라고 말한다. 매일 반복되는 일상에 익숙해져 그것을 운명처럼 받아들이게 된다는 뜻이다. 이 일상의 습관은 결국 너무 강력해져서, 벗어나려는 시도조차 그만두게 만든다. 이것이 바로 밑바닥보다 한두 단계 위에서 시작하는 것이 이로운 또 하나의 이유다. 그렇게 함으로써 우리는 주변을 둘러보는 습관, 즉 다른 사람들이 어떻게 앞으로 나아가는지 관찰하고 기회를 엿보다가 주저 없이 붙잡는 습관을 갖게 된다.

---

댄 핼핀이 좋은 예다. 대학 시절 그는 1930년 내셔널 챔피언십에서 우승한 누트 로크니 감독의 노터데임 대학 미식축구팀 매니저였다.

아마도 그는 높은 목표를 지향하고, 일시적인 패배를 실패로 단정하지 않도록 위대한 감독으로부터 영향을 받았을 것이다. 위대한 기업가 앤드루 카네기로부터 영감을 얻은 젊은 사업가들이 스스로 높은 목표를 설정했던 것처럼 말이다. 어쨌든, 젊은 핼핀은 매우 안 좋은 시기에 대학을 졸업했다. 대공황으로 일자리가 대폭 줄어든 것이다. 투자은행과 영화업계를 잠시 기웃거린 후, 그는 잠재적인 미래 가능성이 있는 첫 번째 기회를 붙잡았다. 그것은 전기 보청기를 판매하고 수수료를 받는 일이었다. 그런 종류의 일은 누구나 시작할 수 있었고 핼핀도 그 사실을 알았지만, 그것은 그에게 기회의 문을 열어주기에 충분한 일자리였다.

거의 2년 동안 그는 좋아하지도 않는 일을 계속했다. 자신의 불만에 대해 아무 조치도 취하지 않았더라면 그는 아마 보청기 판매원 이상의 자리로 올라가지 못했을 것이다. 그는 우선 자신의 회사 영업부서의 부매니저 자리를 노렸고 성공했다. 그 한 단계의 상승이 그를 더 큰 기회를 볼 수 있는 높은 자리로 옮겨 주었다. 그 직책은 동시에 기회에 그를 보여줄 수 있는 자리이기도 했다. 그는 훌륭한 영업 실적을 올렸다. 그 결과 그가 다니던 회사의 경쟁사인 딕토그래프 프로덕트 컴퍼니의 회장 A. M. 앤드루스는 오랜 전통을 가진 딕토그래프로부터 큰 거래를 가져가는 댄 핼핀이라는 사람에 대해 궁금해하기 시작했다. 그는 핼핀을 만나고자 사람을 보냈다. 면접이 끝나고, 핼핀은 이 회사

  5장. 전문 지식 |

에서 판매하는 어쿠스티콘 보청기 부문의 새 영업 매니저가 되었다. 핼핀의 자질을 시험하기 위해, 앤드루스 회장은 핼핀이 죽든 살든 혼자 힘으로 버티도록 내버려둔 채 3개월간 플로리다로 떠났다. 핼핀은 죽지 않았다! "온 세상은 승자를 사랑하고 패자에게는 관심이 없다."라는 누트 로크니의 정신은 핼핀으로 하여금 자신의 일에 온 힘을 쏟게 만들었다. 그 결과 그는 최근에 회사의 부사장이자 어쿠스티콘 보청기 및 사일런트 라디오 부문의 총지배인으로 임명되었다. 이는 대부분의 사람들이 10년간의 충직한 노력 끝에야 비로소 얻을 수 있을 법한 직책이었다. 핼핀은 6개월 남짓한 기간에 이 모든 것을 이루었다.

칭찬을 들어야 할 쪽이 앤드루스 회장인지 핼핀인지 말하기는 어렵다. 두 사람 모두 상상력이라는 매우 드문 자질이 풍부하다는 증거를 보여주기 때문이다. 앤드루스 회장은 젊은 핼핀에게서 최고의 '진취성'을 발견한 공을 인정받아야 한다. 핼핀은 자신이 원하지 않는 직업을 받아들이고 유지함으로써 인생과 타협하지 않은 점을 인정받아야 한다. 그리고 바로 이 점이 내가 이 이야기 전체를 통해 강조하고자 하는 바다. 높이 오를지 밑바닥에 남을지를 결정하는 조건은 우리가 열망하기만 하면 충분히 제어할 수 있다.

또 하나 강조하고 싶은 것이 있다. 성공과 실패는 크게 보았을 때 습관의 결과물이다! 핼핀은 미국 역사상 최고의 미식축구 감독과 교류했다. 나는 이 관계가 노터데임 팀을 세계적으로 유명하게 만든 열망과 같은 종류의, 뛰어나고자 하는 열망을 핼핀의 마음에 심어주었다고 믿어 의심치 않는다. 정말로, 영웅 숭배가 도움이 된다는 생각에는 일리가 있다. 단, 숭배의 대상이 승리자일 경우에 한해서다. 핼핀은 내게 로크니가 역사상 가장 위대한 리더라고 말했다.

비즈니스에서 인간관계가 성공과 실패를 결정하는 핵심적인 요소라는 나의 믿음을 뒷받침하는 사례가 최근에 있었다. 내 아들 블레어가 일자리 때문에 댄 핼핀과 협상을 했다. 핼핀은 블레어에게 경쟁사에서 받을 수 있는 연봉의 절반을 초봉으로 제시했다. 나는 아버지로서 압력을 넣어 아들이 핼핀의 제안을 받아들이도록 유도했다. 자신이 원하지 않는 주변 환경과 타협하지 않았던 사람과의 긴밀한 관계가 돈으로 헤아릴 수 없는 자산이라고 믿었기 때문이다.

밑바닥은 누구에게나 단조롭고, 따분하고, 돈도 많이 벌지 못하는 자리다. 그것이 낮은 자리에서 시작하지 않기 위해 제대로 계획을 세우는 방법을 내가 시간을 들여 설명한 이유다. 또한, 아들이 좋은 기회를 얻기를 바라는 마음에서 훌륭한 계획을 세운 것을 계기로 새로운 직업을 창조한 어떤 여인의 이야기에 많은 지면을 할애했던 것도 같은 이유에서다. 세계 경제의 붕괴로 변화된 상황에서 개인 마케팅을 위해서는 새롭고 더 나은 방법이 요구된다. 개인 서비스에 대한 대가로 오가는 돈이 그 어떤 목적보다 많다는 사실을 고려할 때, 왜 이전에는 아무도 이 엄청난 수요를 발견하지 못했는지 모르겠다. 임금과 봉급을 받는 사람들에게 매달 지급되는 총액은 수억 달러에 이를 정도로 막대하며, 연간 분배액은 수십억 달러에 달한다.

어떤 이들은 여기서 간략히 설명한 아이디어에서 그들이 열망하는 부의 핵심을 발견할지도 모른다! 여기서 소개한 것보다 훨씬 보잘것

없는 아이디어들도 막대한 부를 자라나게 한 씨앗이 되었다. 가령, 울워스의 5센트와 10센트 상점 아이디어는 훨씬 장점이 적었음에도 큰 재산을 벌어들였다.

이번 제안에 숨겨진 기회를 알아본 사람들이라면 조직적인 계획 수립을 다룬 7장에서 귀중한 도움을 받을 수 있을 것이다. 한편, 효율적으로 개인을 마케팅하는 업자들은 더 나은 일자리를 추구하는 사람들이 있는 곳이라면 어디에서나 늘어나는 수요를 실감할 수 있을 것이다. 적절한 재능을 지닌 소수의 사람들이 모여 협업한다면 '마스터마인드' 원칙을 적용하여, 매우 빠른 시일 내에 돈이 되는 사업을 일으킬 수 있을 것이다. 광고와 판매에 재능을 발휘해 유려한 글을 쓸 사람, 타자와 손 글씨에 능숙한 사람, 또한 세상에 널리 알릴 수 있는 뛰어난 영업적 재능이 있는 사람이 필요하다. 만약 한 사람이 이 능력들을 모두 갖추고 있다면, 능력이 되는 한 혼자서 사업을 이끌어 갈 수 있을 것이다.

아들을 위해 '지원서'를 만든 여성은 전국에서 함께 일하고 싶다는 제안을 받고 있다. 더 많은 돈을 벌기 위해 자신의 능력을 마케팅하고자 하는 사람들을 위해 비슷한 지원서를 함께 만들어 보자는 제안이다. 그녀는 이제 전문 타이피스트, 아티스트, 작가를 거느리고 일한다. 이들은 개인의 이력을 매우 극적으로 표현하는데 능하며, 개인의 능력을 유사한 직종의 일반 임금보다 훨씬 높은 금액에 판매할 수 있도록 해 준다. 그녀는 자신의 능력에 대한 자신감이 매우 커서, 수수료의 대부분을 고객이 벌어들이는 임금 인상분의 일정 비율로 받고 있다.

그렇다고 그녀의 계획이 더 적은 돈에 팔리던 똑같은 서비스로 더 많은 돈을 요구해서 받아내는 단순히 영리한 상술이라고 파악해서는 안 된다. 그녀는 구직자뿐 아니라 고용인의 이해도 고려해 고용인이 더 지불한 금액에 합당한 가치를 누릴 수 있도록 한다. 그녀가 어떻게 이런 놀라운 결과를 이룰 수 있는지는 그녀가 고객들에게만 공개하는 영업 비밀이다.

여러분에게 상상력이 있고, 자신의 능력을 판매할 더 돈이 되는 시장을 찾고 있다면 여기서 소개한 제안이 여러분이 찾고 있던 자극제가 될 것이다. 아이디어는 대학에서 수년을 공부해야 하는 의사, 변호사, 엔지니어의 '평균' 임금보다 훨씬 더 나은 소득을 창출할 수 있다. 아이디어는 모든 관리직이나 경영직에서 새로운 일자리를 찾는 사람들과 현재 일자리에서 임금 인상을 원하는 사람들에게 팔릴 것이다.

좋은 아이디어는 부르는 게 값이다!

모든 아이디어의 뒤에는 전문 지식이 뒷받침되어 있다. 불행히도 풍부한 부를 발견하지 못하는 사람들은 전문 지식을 아이디어보다 더 풍부하고, 더 쉽게 얻는다. 바로 이런 이유로 개인의 능력을 더 유리하게 판매할 수 있도록 도울 수 있는 사람들에 대해서는 늘 수요가 있고 그들은 점점 더 많은 기회를 누린다. 능력은 상상력, 즉 전문 지식과 아이디어를 부를 창출하기 위한 조직적인 계획의 형태로 결합하는 데 필요한 재능이다.

여러분에게 상상력이 있다면 이 장은 여러분이 열망하는 부를 일구기 시작하는 데 충분한 아이디어를 제공할 것이다. 기억하라. 주인공은 아이디어다. 전문 지식은 가까운 곳에, 주변 어디에나 있다!



5장. 전문 지식 |

# 6장

**부를 향한 다섯 번째 단계**

## 상상력

마음의 작업장

Napoleon Hill

# Think and Grow Rich

Imagination

상상력은 말 그대로 인간이 창조하는 모든 계획이 만들어지는 작업장이다. 충동과 열망은 이 작업장에서 상상력의 도움을 받아 형태를 갖추고 행동으로 옮겨진다.

인간은 상상할 수 있는 무엇이든 만들어 낼 수 있다는 말이 있다.

문명사를 통틀어 상상력을 발전시키기에 가장 유리한 시대가 바로 지금, 급격한 변화의 시대다. 도처에서 우리의 상상력을 키울 자극제와 만날 수 있다.

상상력의 도움으로, 인간은 지난 50년간 인류 역사상 그 어느 때보다도 더 많은 자연의 힘을 발견하고 이용했다. 인간은 완벽하게 하늘을 정복했고 새들은 비행에서 더는 인간의 적수가 아니다. 인간은 에테르를 활용해 세계 어느 곳과도 즉각적으로 교신할 수 있게 되었다. 또, 1억 킬로미터 이상 떨어진 태양을 분석하여 무게를 측정하고, 상상력의 도움으로 그 구성 성분도 밝혀냈다. 인간은 자신의 뇌가 생각의 진동을 내보내기도 하고 받아들이기도 한다는 사실을 깨달았고, 현재 이것을 실용적으로 활용할 방법을 연구하기 시작했다. 또한, 기관차의 속도를 높여 이제 시간당 500킬로미터가 넘는 속도로 여행할 수 있게 되었다. 머지않아 아침은 뉴욕에서, 점심은 샌프란시스코에서 먹을 수 있는 날이 도래할 것이다.

합리적인 범위 내에서 인간의 유일한 한계는 상상력을 발전시키고 사용하는 데 있다. 인간은 아직 자신의 상상력을 최대한으로 발휘하는 단계에 이르지 못했다. 지금까지 인간은 단지 자신에게 상상력이 있다는 사실을 발견하고, 아주 초보적인 방식으로 사용하기 시작했을 뿐이다.

## 두 가지 형태의 상상력

인간의 상상력은 두 가지 형태로 작동한다. 하나는 '합성적 상상력'이고 다른 하나는 '창조적 상상력'이다.

**1. 합성적 상상력:** 합성적 상상력을 통해 인간은 이미 알고 있는 개념, 아이디어, 계획을 새롭게 조합할 수 있다. 합성적 상상력은 새로운 것을 창조하지는 못한다. 단지 경험하고, 교육받고, 관찰한 것을 자양분 삼아 작동한다. 이것은 주로 발명가가 사용하는 능력이지만,

합성적 상상력만으로 문제를 해결할 수 없을 때 창조적 상상력을 끌어다 쓰는 발명가는 예외다.

**2. 창조적 상상력:** 창조적 상상력을 통해 유한한 인간의 마음은 무한 지성과 직접 소통한다. 창조적 상상력을 통해 인간은 '예감'과 '영감'을 얻는다. 모든 기본적인 또는 새로운 아이디어가 인간에게 전달되는 것도 창조적 상상력에 의해서다.

다른 사람의 마음으로부터 생각 동력을 수신하는 일도 창조적 상상력을 통해서다. 한 개인이 다른 인간의 잠재의식과 '주파수를 맞추거나' 소통하는 것도 창조적 상상력을 통해서다.

창조적 상상력은 자동으로 작동하며 그 방식은 이 장에서 설명할 것이다. 창조적 상상력은 의식이 엄청나게 빠른 속도로 진동할 때만 작동한다. 가령, 의식이 강렬한 열망의 감정에 의해 자극받을 때와 같은 경우다.

창조적 상상력은 사용을 통해 발달할수록 진동에 더 민감해지고 수용적으로 반응한다. 이 부분은 매우 중요하다! 다음으로 넘어가기 전에 곰곰이 생각해 보기 바란다.

이 책의 원칙들을 따라가면서 반드시 기억해야 할 점은, 욕망을 돈으로 바꾸는 전 과정을 단 한 문장으로 설명할 수 없다는 것이다.

이 과정은 모든 원칙을 완전히 익히고, 체화하며, 실제로 활용할 때

비로소 완성된다.

비즈니스, 산업, 금융계의 위대한 지도자들과 위대한 예술가, 음악가, 시인, 작가들은 창조적인 상상력이라는 능력을 발전시켰기 때문에 위대해졌다.

합성적 상상력과 창조적 상상력은 모두 사용할수록 더 민감해진다. 인체의 근육과 기관이 사용할수록 발달하는 것과 마찬가지다.

열망은 생각, 충동에 불과하다. 모호하고 수명이 짧다. 물리적인 형태로 전환될 때까지는 추상적이고 가치가 없다. 합성적 상상력은 열망이라는 동력을 돈으로 전환하는 과정에서 가장 빈번하게 사용된다. 하지만 창조적 상상력을 사용해야만 하는 조건이나 상황에 처할 수도 있음을 명심해야 한다.

여러분의 상상력은 사용하지 않아서 약해졌을 수도 있지만, 다시 사용함으로써 되살리고 민감하게 만들 수 있다. 상상력은 죽지 않는다. 다만, 사용하지 않으면 휴면상태가 된다.

당분간은 합성적 상상력의 계발에 집중하라. 열망을 돈으로 바꾸는 과정에서 더 자주 사용하게 될 능력이기 때문이다.

열망이라는 무형의 동력을 유형의 현실, 즉 돈으로 변화시키는 데는 하나 또는 다수의 계획이 필요하다. 이 계획을 세우는 데는 상상력의 도움이 필요하고, 그중에서도 주로 합성적 상상력의 도움이 필요하다.

책을 처음부터 끝까지 통독한 뒤, 다시 이 장으로 돌아와 상상력을 동원해 열망을 돈으로 바꾸기 위한 계획 세우기에 당장 착수하라. 계획을 세우는 데 필요한 상세한 지침은 거의 모든 장에 나와 있다. 여러분의 필요에 가장 적합한 지침을 실행하라. 계획을 아직 글로 적어 놓지 않았다면 지금 글로 써보라. 여기까지 완성했다면 여러분은 무형의 열망에 구체적인 형태를 부여한 것이다. 앞의 문장을 다시 한번 읽어라. 소리 내어, 천천히 읽으면서 기억하라. 열망과 그 열망의 실현 계획을 글로 적은 순간, 여러분은 생각을 물리적 형태로 전환하는 과정에 첫발을 내디딘 것이다.

여러분이 살고 있는 지구, 여러분 자신 그리고 다른 모든 사물은 진화의 결과물이며, 그 과정을 통해 사물의 미세한 조각들이 질서 정연하게 조직되고 배열되었다.

나아가 ― 이 문장은 어마어마하게 중요하다 ― 이 지구, 여러분 몸의 수십억 개 세포 하나하나, 모든 물질의 원자 하나하나는 무형의 에너지로부터 시작되었다.

열망은 생각 동력이다! 생각 동력은 에너지의 형태를 띤다. 열망이라는 생각 동력을 가지고 돈을 모으기 시작할 때, 우리는 자연이 지구를 만들고, 생각 동력이 작동하는 몸과 뇌를 포함한 우주의 모든 물질적 형태를 창조할 때 사용한 것과 같은 '재료'를 우리의 목적을 위해 사용한다.

과학이 이제껏 밝혀낸 바에 따르면, 우주 전체는 두 가지 요소로 이루어져 있다. 물질과 에너지다.

물질과 에너지의 결합을 통해 하늘을 떠도는 커다란 별부터 인간 자신까지, 인간이 인지할 수 있는 모든 것이 창조되었다.

여러분은 지금 자연의 방식으로부터 배우고자 한다. 열망을 물리적 형태 혹은 돈으로 전환하려고 애씀으로써 (진심으로 바라건대) 자연의 법칙에 순응하려 하고 있다.

## 누구나 할 수 있다! 이전에 다른 사람들도 해냈다!

여러분은 불변의 법칙들의 도움으로 큰 재산을 모을 수 있다. 하지만 우선은 이 법칙들에 익숙해지고, 이 법칙들을 사용하는 법을 배워야 한다. 반복을 통해 그리고 이 원칙들에 가능한 한 모든 각도에서 접근함으로써, 나는 모든 위대한 부를 축적한 비밀을 여러분에게 드러내고자 한다. 이상하고 역설적으로 들릴지 모르지만, '비밀'은 비밀이 아니다. 우리가 살고 있는 이 땅 위에서, 우리가 바라보는 하늘의 별들과 행성들 속에서, 우리 주변과 머리 위의 모든 원소 속에서, 그리고 눈에 보이는 모든 풀잎과 생명체의 형태 속에서 자연 스스로 그 비밀을 드러내 보이고 있다.

자연은 이 비밀을 생물학의 언어로도 드러낸다. 핀 끝에 올려놓아도 보이지 않을 만큼 작디작은 하나의 세포가 변화하여, 지금 이 문장을 읽고 있는 인간으로 탄생하는 그 신비로운 과정을 통해서 말이다. 열망이 물리적 형태로 변화하는 과정 역시 이보다 더 기적적이지는 않다.

지금까지 말한 내용을 완전히 이해하지 못했다고 해도 실망할 필요는 없다. 여러분이 오랫동안 사람의 마음을 공부해 온 학생이 아니라면, 이 장의 내용을 한 번 읽고 이해할 수는 없을 것이기 때문이다.

---

하지만 결국엔 진전이 있을 것이다.

이제부터 소개할 원칙들은 상상력을 이해하는 길을 열어줄 것이다. 이 철학을 처음 읽을 때는 자신이 이해할 수 있는 만큼 흡수하라. 그러고 나서 다시 읽고 깊이 있게 탐구해 보면, 무엇인가 달라졌다는 사실을 알게 될 것이다. 그것이 이 철학을 더욱 명확하게 해 주고, 전체에 대한 더 깊고 넓은 통찰을 얻게 해줄 것이다. 무엇보다 이 책을 최소한 세 번 읽을 때까지 멈추지도, 주저하지도 말고 원칙들을 공부하라. 그러고 나면 더는 멈추고 싶지 않을 것이다.

## 상상력을 실용적으로 사용하는 법

아이디어는 모든 부의 출발점이자 상상의 산물이다. 이제 부를 축적하는 데 상상력을 어떻게 활용할 수 있는지를 보다 명확히 이해할 수 있도록, 막대한 부를 만들어낸 잘 알려진 아이디어를 몇 가지 살펴보자.

### | 마법의 주전자 |

50년 전, 어느 늙은 시골 의사가 마차를 몰고 시내로 나갔다. 그는 말을 매어두고, 뒷문을 통해 조용히 약국 안으로 들어가 젊은 점원과 '흥정'을 시작했다.

이제부터 그가 할 일은 많은 이들에게 막대한 부를 안겨줄 운명이었고, 남북전쟁 이후 미국 남부에 가장 광범위한 혜택을 가져다줄 운명이기도 했다.

늙은 의사와 점원은 조제 카운터 안에서 1시간 넘게 낮은 목소리로 이야기를 나누었다. 그러고 나서 의사는 밖으로 나갔다. 그는 마차에 가서 커다란 구식 주전자와 큼직한 나무 주걱(주전자 속 내용물을 젓는 데 사용한다)을 가져오더니 약국 뒤편에 내려놓았다.

점원은 주전자를 살펴보더니, 안주머니에서 지폐 뭉치를 꺼내 의사에게 건넸다. 지폐뭉치는 정확히 500달러로, 점원의 전 재산이었다! 의사는 비밀 제조법이 적힌 작은 종이 한 장을 건넸다. 종이에 적힌 글의 가치는 어마어마했다! 하지만 의사에게는 아니었다! 마법의 제조법은 주전자를 끓게 만드는 데 필요했지만, 의사도 젊은 점원도 그 주전자에서 흘러나올 엄청난 행운을 전혀 예상하지 못했다.

노령의 의사는 물건을 500달러에 팔게 되어 만족스러웠다. 그 돈이면 빚도 갚고 마음의 여유도 찾을 수 있었다. 반면, 점원은 낡은 주전자와 종잇조각 하나에 평생 모은 전 재산을 거는 큰 모험을 감행했다! 그는 자신의 투자가 주전자를 금으로 넘쳐흐르게 만들 줄은 꿈에도 몰랐다. 그것은 알라딘이 가진 마법 램프의 기적을 뛰어넘는 것이었다.

점원이 진짜로 산 것은 바로 하나의 아이디어였다! 낡은 주전자와 나무 주걱, 종이쪽지에 적힌 비밀 제조법은 그저 부수적인 것에 불과했다. 그 주전자의 놀라운 변화는 새 주인인 점원이 비밀 제조법에 의사는 전혀 몰랐던 재료를 섞으면서부터 시작되었다.

이 이야기를 잘 읽고 여러분의 상상력을 시험해 보라! 젊은 점원이 비밀 메시지에 무엇을 첨가했기에 낡은 주전자가 황금으로 넘쳐흐르게 됐는지 알아맞혀 보라. 여러분이 읽고 있는 이야기는 아라비안나

이트 같은 이야기가 아니다. 이 이야기는 허구보다 더 놀라운 실화이며, 하나의 아이디어에서 시작되었다.

이 아이디어가 어떤 황금빛 부를 낳았는지 살펴보자. 이 아이디어는 전 세계의 수많은 사람들에게 주전자의 내용물을 공급하는 이들을 부자로 만들었고, 여전히 부자로 만들고 있다.

낡은 주전자는 현재 세계 최대의 설탕 소비 기업으로서, 사탕수수 재배와 설탕의 정제 및 마케팅에 종사하는 수천 명의 남녀에게 안정적인 일자리를 제공하고 있다.

낡은 주전자는 매년 수백만 개의 유리병을 소비함으로써 수많은 유리 업계 종사자들에게 일자리를 제공하고 있다.

낡은 주전자는 전국의 수많은 점원, 속기사, 카피라이터 그리고 광고 전문가에게 일자리를 제공하고 있다. 또한, 이 제품을 묘사한 멋진 그림을 그린 수십 명의 예술가들에게 명예와 부를 안겨주기도 했다.

낡은 주전자는 어느 작은 도시를 남부의 상업 중심지로 탈바꿈시켰고, 도시의 모든 기업과 거의 모든 주민들은 직간접적으로 그 혜택을 받고 있다. 하나의 아이디어가 미치는 영향력으로 전 세계의 문명화된 모든 국가가 혜택을 누리고, 그것에 손대는 모든 이에게 끊임없이 황금이 쏟아지고 있다.

그 주전자에서 흘러나온 황금으로 남부 최고의 대학을 설립해 운영하고 있으며, 그곳에서 수천 명의 젊은이가 성공을 위해 꼭 필요한 교육을 받고 있다.

낡은 주전자는 그 밖에도 경이로운 일들을 해냈다. 공장과 은행, 수

많은 기업들이 줄줄이 쓰러지고 사라져 간 세계 대공황의 그 혹독한 시기에도, 이 마법의 주전자의 주인은 꿋꿋이 전진했다. 그는 전 세계 곳곳의 남녀에게 꾸준히 일자리를 제공했고, 오래전부터 이 아이디어를 믿었던 이들에게는 더 많은 황금을 추가로 지급했다.

만일 그 낡은 놋쇠 주전자가 만든 제품이 말을 할 수 있다면, 아마도 전 세계 모든 언어로 짜릿한 로맨스를 들려줄 것이다. 사랑의 로맨스, 비즈니스의 로맨스 그리고 날마다 그것으로부터 자극을 받는 수많은 전문직 남녀들의 인생 로맨스까지.

적어도 그중 하나의 로맨스에 대해서는 나도 확실히 이야기할 수 있다. 왜냐하면 내가 직접 경험한 이야기이기 때문이다. 모든 것은 그 약국 점원이 낡은 주전자를 사들인 장소에서 멀지 않은 곳에서 시작되었다. 아내를 만난 곳도 그곳이었고, 처음으로 나에게 마법의 주전자에 대해 이야기해 준 사람도 바로 아내였다. 그리고 내가 '좋을 때나 나쁠 때나' 함께 있어 달라고 그녀에게 청혼했을 때, 우리가 마시고 있던 것 역시 마법의 주전자가 만든 제품이었다.

이쯤에서 그 마법의 주전자의 내용물이 세계적으로 유명한 음료라는 사실을 눈치챘을 것이다. 나도 고백하자면, 그 음료의 본고장 도시는 내게 아내를 만나게 해 주었고, 그 음료는 내게 중독 없는 각성을 선물해 주었으며, 그 덕분에 나는 맑은 정신으로 최고의 글을 쓸 수 있다.

여러분이 어디에 사는 누구든, 무슨 일을 하든, 앞으로 '코카콜라'라는 글자를 볼 때마다 기억하라. 그 방대한 부와 영향력을 지닌 제국이 단 하나의 아이디어에서 시작되었다는 사실을. 그리고 약국 점원 아사 캔들러가 그 비밀 제조법에 섞어 넣은 신비로운 재료는 다름 아닌… 바로 상상력이었다는 사실을.

또한, 기억하라. 이 책에서 설명하는 부를 향한 13단계가 코카콜라의 영향력이 전 세계의 도시와 마을, 작은 교차로까지 퍼져 나가게 한 매개체였다는 사실을. 여러분이 어떤 아이디어를 창출하든 그것이 코카콜라처럼 믿을 만하고 가치 있는 아이디어라면, 이 세계적인 갈증 해소 음료가 세운 경이로운 기록을 되풀이할 가능성은 충분하다.

진정으로, 생각은 실체이고 그 활동 범위는 세계 그 자체다.


| 내게 만약 100만 달러가 있다면 |

이제부터 들려줄 이야기는 "뜻이 있는 곳에 길이 있다."라는 옛말이 옳다는 것을 증명하는 예시가 될 것이다. 이야기의 주인공은 교육자이자 목사로서 많은 사랑을 받은 고 프랭크 W. 건솔러스다. 그는 시카고 남부 스톡야드(가축을 사고팔거나 도축하기 전에 가둬 두는 곳) 지역에서 목회자 경력을 시작했다.

대학 시절 건솔러스는 미국의 교육 시스템에 문제점이 많다는 사실을 발견했고, 자신이 대학을 운영한다면 그러한 문제점들을 해결할 수 있을 것이라고 믿었다. 그의 가장 깊은 열망은 젊은 남녀들에게 '실천함으로써 배우도록' 가르칠 수 있는 교육기관의 책임자가 되는 것이었다.

그는 기존의 전통적인 교육 방식에 얽매이지 않고 자신의 아이디어를 실행에 옮길 수 있는 새로운 대학을 설립하기로 마음먹었다.

그의 결심을 실현하기 위해서는 100만 달러가 필요했다! 그 큰돈을 어떻게 마련할 것인가? 야심 찬 젊은 목회자의 머릿속은 온통 그 생각뿐이었다.

하지만 아무리 생각해도 해결책이 없어 보였다.

그는 매일 밤 돈 생각을 하며 잠이 들었고, 매일 아침 돈 생각을 하며 눈을 떴다. 어디를 가도 그 생각이 머리를 떠나지 않았다. 끊임없이 같은 생각에 골몰한 나머지 그는 집착에 사로잡히고 말았다. 100만 달러는 큰돈이었다. 그도 그 사실을 알고 있었다. 하지만 유일한 한계는 우리가 스스로 마음속에 정한 것이라는 사실 또한 알고 있었다.

목회자이기에 앞서 철학자였던 건솔러스는 인생에서 성공한 모든 사람이 그러하듯, 우선 목표가 확고해야 한다는 이치를 알고 있었다. 또한, 그 목표를 현실로 옮기고야 말겠다는 타오르는 열망이 뒷받침될 때 비로소 그 확고한 목표는 생명력을 얻고, 활기를 띠며, 강력한 힘을 발휘하게 된다는 사실도 잘 알고 있었다.

그는 이 모든 위대한 진리를 알고 있었지만, 어디서 어떻게 100만 달러를 손에 넣을 수 있는지는 알지 못했다. 이럴 때 보통은 "내 아이디어는 참 좋지만, 할 수 없지. 꼭 필요한 100만 달러를 조달할 수 없으니 말이야."라며 포기하고 말 것이다. 대다수의 사람들이 그렇게 했겠지만, 건솔러스는 그러지 않았다. 그가 뭐라고 말하고, 어떻게 행동했는지가 너무나 중요하기 때문에 그의 말을 직접 인용하겠다.

"어느 토요일 오후, 나는 계획을 실현할 돈을 마련할 방법을 생각하며 방에 앉아 있었습니다. 거의 2년간 생각해 왔던 문제였습니다. 그런데 나는 그동안 생각 말고는 아무것도 하지 않았던 것입니다!

이제 실제로 행동할 때가 온 겁니다.

나는 그때, 그 자리에서 결심했습니다. 1주일 안에 필요한 100만 달러를 구하겠다고 말입니다. 어떻게? 그 부분에 대해서는 걱정하지 않았습니다. 중요한 것은 정해진 시간 안에 돈을 구하겠다는 결정이었습니다. 내가 말하고 싶은 것은, 정해진 시간 안에 돈을 마련하겠다는 확실한 결정에 다다른 순간, 이전에는 한 번도 경험하지 못한 이상한 확신이 들었다는 점입니다. 내 안의 뭔가가 말하는 것 같았습니다. "왜 진작 결심하지 않았어? 돈은 그동안 내내 너를 기다리고 있었는데!" 하고 말입니다.

일은 일사천리로 진행됐습니다. 나는 신문사마다 전화를 걸어 "내게 만약 100만 달러가 있다면 무엇을 할 것인가"라는 제목으로 다음 날 아침에 설교를 하겠다고 말했습니다.

나는 즉시 설교 준비를 했습니다. 솔직히 어려운 일은 아니었습니다. 거의 2년 동안 생각해 왔으니까요. 저의 영혼이 담긴 설교였습니다!

일찌감치 설교 준비를 마치고 확신에 차서 잠이 들었습니다. 100만 달러를 손에 쥔 제 모습이 보였으니까요.

다음 날, 아침 일찍 일어나 욕실에 들어가 설교문을 읽었습니다. 그러고는 무릎을 꿇고 청했습니다. 나의 설교가 누군가의 마음을 움직여 필요한 돈을 얻을 수 있게 해 달라고.

기도하는 동안에 돈이 생길 거라는 확신이 또다시 들었습니다. 흥분한 나머지 설교문을 두고 나갔지만, 연단에 서서 설교를 시작할 때까지 그 사실을 깨닫지 못했습니다.

설교문을 다시 가지러 가기에는 너무 늦어 버렸는데, 그것이 오히려 축복이었습니다! 잠재의식이 내게 필요한 설교문을 주었으니까요. 설교를 시작하기 위해 일어선 저는 눈을 감고 모든 마음과 영혼을 담아 내 꿈을 이야기했습니다. 청중들에게 하는 설교였지만, 내 마음속에서 나는 신께 이야기하고 있었습니다. 나는 100만 달러가 생기면 무엇을 할 것인지, 마음속에 품은 계획을 풀어놓았습니다. 훌륭한 교육기관을 설립해 젊은이들에게 실용적인 것들을 가르치고 마음을 키우도록 돕겠다는 계획이었습니다.

설교를 마치고 자리에 앉았을 때, 한 남자가 천천히 자리에서 일어났습니다. 뒤에서 세 번째 줄 정도에 앉아 있던 사람이었습니다. 그는 연단을 향해 걸어 나왔습니다. 나는 그가 뭘 하려고 그러는지 궁금했습니다. 그는 연단까지 오더니 손을 내밀며 말했습니다. '목사님, 설교 잘 들었습니다. 말씀하신 모든 일을 하실 수 있을 거라고 믿습니다. 100만 달러가 있다면요. 목사님과 목사님의 설교를 믿는다는 것을 증명하고 싶습니다. 내일 아침 제 사무실로 오시면 100만 달러를 드리겠습니다. 제 이름은 필립 D. 아머입니다.’”

젊은 건솔러스는 아머의 사무실에 갔고 100만 달러를 받았다. 그 돈으로 그는 아머 공과대학을 설립했다.

그 금액은 대부분의 목회자들이 평생 동안 한 번 만져 보기도 힘든 큰돈이었다. 그러나 그 돈을 이끌어낸 생각 동력은 젊은 목회자의 마음속에서 단 몇 초 만에 만들어졌다. 100만 달러는 하나의 아이디어에서 비롯되었다. 그 아이디어의 이면에는 젊은 건솔러스가 거의 2년 동안 마음속에서 품어온 열망이 자리하고 있었다.

중요한 사실은 그가 돈을 마련해야겠다는 확고한 결정에 이르고, 돈을 마련하기 위한 확실한 계획을 세운 후 서른여섯 시간 만에 돈을 얻었다는 점이다!

100만 달러에 대한 젊은 건솔러스의 막연한 생각과 옅은 희망에는 새로울 것도, 특별할 것도 없다. 비슷한 생각을 하는 사람들은 그의 앞에도, 그의 이후에도 얼마든지 있었다. 하지만, 그가 막연함을 걷어내고 “일주일 안에 그 돈을 구하겠다!”라고 확실히 말한 그날, 그 기억할 만한 토요일에 그가 내린 결정에는 매우 독특하고 남다른 뭔가가 있었다.

신은 자신이 진정으로 원하는 것이 무엇인지 분명히 알고 반드시 이루겠다고 결심하는 자의 편에 서는 듯하다.

나아가, 건솔러스가 100만 달러를 손에 넣는 데 사용했던 그 원칙은 지금도 여전히 살아 있다! 그 법칙은 여러분에게도 열려 있다! 이 보편적 법칙은 젊은 목회자가 사용했던 그때와 똑같이 오늘날에도 유효하다.

이 책은 이 위대한 법칙을 이루는 13가지 요소를 하나씩 상세히 설명하며, 어떻게 삶에 적용할 수 있는지 그 방법을 제시한다.

아사 캔들러와 프랭크 건솔러스에게는 한 가지 공통된 특징이 있다. 두 사람 모두 아이디어는 확고한 목표와 구체적인 계획이 더해졌을 때, 돈으로 바뀔 수 있다는 놀라운 진실을 알고 있었다는 점이다.

만약 여러분이 땀 흘려 일하는 정직한 사람만이 부자가 된다고 생각하는 사람 중 하나라면 그 생각을 버려라! 그것은 진실이 아니다. 부가 만약 엄청난 규모로 찾아온다면, 결코 열심히 일한 대가로 주어지는 것이 아니다! 부가 만약 온다면, 확고한 원칙에 따라 분명히 요구할 때 온다. 부는 우연이나 행운의 산물이 아니다. 일반적으로 말해, 아이디어라는 것은 상상력을 자극하여 행동을 유도하는 생각 동력이다. 영업의 달인이라면 누구나 안다. 물건은 팔 수 없어도 아이디어는 팔 수 있다는 것을. 평범한 영업 사원들은 절대로 모른다. 그래서 그들이 '평범'한 것이다.

헐값에 책을 파는 어느 출판업자가 출판업계 전반에 큰 이익이 될 만한 발견을 했다. 그는 많은 사람들이 내용이 아니라 제목을 보고 책을 산다는 사실을 깨달았다. 단순히 제목만 바꿨는데 안 팔리던 책의 판매가 백만 부 넘게 늘었다. 책의 내용은 전혀 달라지지 않았다. 그냥 안 팔리던 원래 제목이 있던 표지를 뜯어내고, '끝내 주게' 팔릴 것 같은 제목의 새 표지를 바꿔 달았다.

단순해 보일지 모르지만 그게 바로 아이디어다! 상상력이기도 하다.

아이디어에는 정해진 가격이 없다. 아이디어의 값은 만든 사람이 매긴다. 똑똑한 사람이라면 원하는 값을 받아낸다.

영화업계는 백만장자 그룹을 배출했다. 대다수는 아이디어를 창출하지 못하는 사람들이었지만, 그들에게는 아이디어를 알아보는 상상력이 있었다.

다음 백만장자 그룹은 라디오 업계에서 나올 것이다. 아직 새로운 분야이고, 날카로운 상상력을 지닌 인물들로 과포화되어 있지 않기 때문이다. 돈은 새롭고 더 가치 있는 라디오 프로그램을 발견하거나 창조하고, 그 가치를 알아볼 상상력을 지닌 이들, 그리고 청취자들에게 가치를 제공할 줄 아는 이들에게 돌아갈 것이다.

광고주! 지금은 모든 라디오 '오락'의 비용을 떠안은 불운한 희생자들이지만, 머지않아 아이디어의 힘에 눈뜨고 자신의 돈에 합당한 무엇인가를 요구하게 될 것이다. 그보다 한발 앞서 유익한 가치를 지닌 프로그램을 제공하는 자야말로, 이 새로운 산업에서 부를 거머쥘 사람이다.

불편한 말장난과 어리석은 웃음소리로 전파를 오염시키는 대중 가수들과 가벼운 잡담꾼들은, 결국 가벼운 재목들이 그렇듯 사라질 것이다. 그들의 자리는 즐거움과 함께 마음의 양식을 제공할, 정교하게 기획된 프로그램을 전달하는 진정한 예술가들이 대신하게 될 것이다.

여기에 상상력의 부재 때문에 무참히 난도질당하는 현실에 저항해 절규하며, 어떤 대가를 치르더라도 구원받기를 간절히 바라는 활짝 열린 기회의 영역이 있다.

무엇보다도, 지금 라디오에 필요한 것은 새로운 아이디어다!

만약 이 새로운 기회의 영역에 흥미를 느낀다면, 다음의 제안이 도움이 될 것이다. 미래의 성공적인 라디오 프로그램은 '듣기만 하는' 청취자보다, '구매자'로서의 청취자를 창출하는 데 더 많은 주의를 기울이게 될 것이다. 쉽게 말해, 앞으로 성공할 라디오 프로그램 제작자는 '청취자'를 '구매자'로 전환할 수 있는 실질적인 방법을 찾아내야 한다. 나아가 미래의 유능한 프로듀서는 자신의 프로그램이 청중에게 어떤 영향을 주었는지를 명확히 입증할 수 있을 만큼 구체적인 방향성을 갖춰야 한다.

광고주들은 이제 공허한 주장에 근거한 번지르르한 판매 멘트에 점점 지쳐가고 있다. 이제 그들은 앞으로 반드시 요구하게 될 것이다. 허접한 프로그램들이 단지 수백만 명에게 어처구니없는 웃음을 안겨주는 것에 그치지 않고, 어리석게 웃는 그 진행자가 실제로 상품을 판매할 수 있다는 반박 불가능한 증거를 말이다!

이 새로운 기회의 영역에 발을 들이려는 사람이라면, 다음의 사실 또한 분명히 이해할 필요가 있다. 라디오 광고는 이제 신문이나 잡지 광고에 익숙한 기존의 광고 대행사 사람들과는 완전히 다른, 새로운 세대의 전문가들에 의해 다루어질 것이다. 오래된 광고인들은 현대적인 라디오 대본을 읽어낼 수 없다. 그들은 아이디어를 보는 방식으로 훈련받아 왔기 때문이다. 하지만 새로운 라디오 기법은 대본에 적힌 아이디어를 소리로 해석할 수 있는 능력을 요구한다! 이것이 내가 1

년 동안의 노력과 수천 달러의 돈을 들여 터득한 지식이다.

지금의 라디오는 마치 메리 픽포드가 처음 스크린에 등장했을 때의 영화 산업과도 같다. 즉, 아이디어를 창조하거나 그 가치를 알아볼 수 있는 사람들에게 라디오는 아직 무한한 가능성의 영역이다.

앞서 말한 라디오 산업의 기회에 대한 설명이 여러분의 아이디어 공장을 조금도 작동시키지 못했다면, 그냥 잊는 편이 낫다. 여러분의 기회는 아마도 다른 분야에 있을 것이다. 하지만 만약 이 이야기에서 단 한 줌이라도 흥미를 느꼈다면, 더 깊이 파고들어 보라. 커리어의 전성기를 맞게 해 줄 단 하나의 아이디어가 그 안에 숨어 있을지도 모른다.

라디오에 관해 전혀 경험이 없다고 해도 실망할 필요 없다. 앤드루 카네기는 강철 제조에 대해 거의 아는 게 없었다. 본인이 그렇게 말했다. 하지만 그는 이 책에 소개된 두 가지 원칙을 실용적으로 사용해, 강철 사업으로 큰 재산을 모았다.

막대한 부를 일군 이야기들은 사실상 모두 비슷하게 시작한다. 아이디어를 처음 생각해낸 사람과 그 아이디어를 판매한 사람이 의기투합하여 함께 일하는 것이다. 카네기는 자신이 하지 못하는 일을 할 수 있는 사람들로 주변을 채웠다. 아이디어를 창출한 사람들, 아이디어를 실행에 옮긴 사람들을 곁에 둠으로써 자신은 물론 다른 사람들도 엄청난 부자로 만들었다.

수많은 사람들이 '행운'을 꿈꾸며 인생을 견뎌 나간다. 행운이 기회를 가져다줄 수도 있겠지만, 가장 안전한 계획은 운에 기대지 않는 것이다. 내 인생에서 최고의 기회를 얻은 것은 '행운'이었다. 하지만 그 기회를 자산으로 만들기 위해 나는 25년 동안 결연한 노력을 쏟아부어야 했다.

나에게 기회를 준 '행운'이란 앤드루 카네기와 만나고 그의 협조를 얻어낸 일이다. 카네기는 성취의 원칙들을 체계적으로 정리해 성공 철학을 만들어낸다는 아이디어를 내 마음에 심어 주었다. 수천 명의 사람들이 내가 25년에 걸친 연구에서 얻은 발견을 통해 혜택을 누렸고, 이 철학을 실천함으로써 여러 사람이 막대한 부를 일구었다. 그 시작은 아주 단순했다. 누구나 떠올릴 수 있는 하나의 아이디어에서 비롯되었다.

행운이 찾아온 것은 카네기를 통해서였다. 하지만 결심, 확고한 목표, 목적을 이루겠다는 열망, 25년간의 끈질긴 노력이 없었다면 어떻게 되었을까? 실망, 좌절, 일시적인 패배, 비난, 내가 하는 일이 '시간 낭비'일 뿐이라는 주변의 시선을 견디고 살아남으려면 보통의 열망으로는 부족했다. 그것은 집착에 가까운 불타는 열망이었다!

카네기가 처음 내 마음속에 아이디어를 심어주었을 때, 나는 그것을 달래고, 보살피며 살아남도록 유도했다. 하지만 시간이 흐르면서 그 아이디어는 스스로 거대한 힘을 갖게 되었고, 이제는 오히려 나를 달래고 이끌며 움직이게 만들었다. 아이디어란 그런 것이다. 먼저 아이디어에 생명을 부여하고 행동하도록 이끈다. 그러고 나면 아이디어는 스스로 힘을 얻어 모든 반대를 쓸어버린다.

아이디어는 무형의 힘이지만, 아이디어를 탄생시킨 유형의 뇌보다 더 큰 힘을 갖는다. 아이디어를 창출한 뇌가 먼지로 돌아간 뒤에도 아이디어는 살아남는 힘이 있다. 기독교의 힘을 예로 들어 보자. 처음에 기독교는 그리스도의 뇌로부터 나온 단순한 아이디어였다. 기독교의 핵심 교리는 "남이 내게 해 주기를 바라는 대로 남에게 해 주어라."였다. 그리스도는 그가 나온 곳으로 돌아갔지만, 그의 아이디어는 계속해서 나아가고 있다. 언젠가 그 아이디어가 자라서 스스로 힘을 얻고, 그리스도의 가장 깊은 열망을 성취할 것이다. 기독교는 이제 겨우 2000년밖에 안 된 아이디어다. 기다려 주자!

성공은 설명을 요구하지 않는다.

실패는 변명을 허용하지 않는다.

# 7장

**부를 향한 여섯 번째 단계**

## 체계적인
## 계획 수립

열망을 행동으로 구체화하기

# Napoleon Hill

# Think and Grow Rich

## Organized Planning

이제 인간이 창조하거나 획득하는 모든 것이 열망에서 시작된다는 사실을 알았다. 추상적인 열망을 구체화하는 여정의 첫 번째 목적지는 상상력이라는 작업실이고, 이곳에서 구체화를 위한 계획이 세워지고 체계화된다. 2장에서 여러분은 돈을 향한 열망을 돈으로 전환하는 첫 번째 활동으로서, 확고하고 실질적인 여섯 단계를 밟아야 한다는 사실을 알았다. 이 여섯 단계 중 하나가 바로 열망을 돈으로 바꾸기 위한 확실하고 실질적인 계획을 세우는 것이다. 이제 우리는 어떻게 이 계획을 세울 것인지에 관해 이야기할 것이다.

**1.** 돈을 모으기 위한 계획을 수립하고 이행하는 데 필요한 만큼 사

람들을 모아 팀을 꾸린다. 이 책의 뒷부분에 소개할 '마스터마인드' 원칙을 활용한다(이 원칙의 준수는 매우 중요하다. 절대로 건너뛰면 안 된다).

**2.** '마스터마인드' 팀을 만들기 전에 모임의 개별 구성원들에게 그들의 협력에 대한 대가로 어떤 이점과 혜택을 제공할 것인지 결정한다. 일정한 형태의 보상 없이 무한정 일할 사람은 없다. 지성을 갖춘 사람으로서 적절한 보상 없이 다른 사람이 일해 주기를 요구하거나 기대해서는 안 된다. 보상이 반드시 돈일 필요는 없다.

**3.** 힘을 합쳐 돈을 모으는 데 필요한 계획을 완성할 때까지 '마스터마인드' 팀과 최소 일주일에 두 번, 가능하면 더 자주 만난다.

**4.** '마스터마인드' 팀 구성원들과 완벽한 화합을 유지한다. 글자 그대로 화합하지 못하면 실패할 가능성이 높다. 완벽하게 화합을 이루지 못하면 '마스터마인드' 원칙은 존재할 수 없다.

다음 사실들을 명심하라.

**1.** 여러분이 하는 일은 여러분 자신에게 매우 중요하다. 확실히 성공하기 위해서는 빈틈없는 계획을 세워야 한다.

**2.** 다른 사람들의 경험, 교육, 타고난 능력, 상상력을 이용할 줄 알아야 한다. 큰 재산을 모은 사람이라면 누구나 이 방법을 따랐다.

경험, 교육, 타고난 능력, 지식이 아무리 풍부한 사람도 다른 사람의 협력 없이 혼자서 큰 재산을 모을 수는 없다. 부를 쌓기 위해 여러분이 채택하는 모든 계획은 '마스터마인드' 팀의 다른 구성원들과 여러분이 힘을 합쳐 세운 것이어야 한다. 전체 혹은 일부 계획을 혼자 생각해서 세울 수도 있지만, 그럴 때는 반드시 '마스터마인드' 팀원들의 확인과 승인을 받아야 한다.

처음 채택한 계획이 성공하지 못하면 새로운 계획을 세우고, 이 새로운 계획이 실패하면 또 다른 계획을 세운다. 마침내 성공한 계획을 만나기까지 이 과정을 되풀이한다. 바로 이 부분에서 대다수의 사람들은 실패를 맞는다. 실패한 계획을 대신해 계속해서 새로운 계획을 세울 끈기가 없기 때문이다.

지적으로 아무리 우수한 사람이라도 실천 가능하고 실현 가능한 계획이 없다면 돈을 모을 수 없으며, 다른 어떤 일도 성공할 수 없다. 이 사실을 마음속에 새기고, 계획이 실패할 때마다 일시적인 패배일 뿐 영구적인 실패가 아님을 기억하라. 그것은 단지 이번 계획이 탄탄하지 못했음을 의미할 뿐이다. 새로운 계획을 세워라. 처음부터 다시 시작하는 거다.

---

토머스 A. 에디슨은 1만 번 '실패'한 뒤에야 백열전구를 만드는 데 성공했다. 그의 노력이 성공이라는 왕관을 쓰기 전에 1만 번의 일시적인 패배를 만난 것이다.

일시적인 패배가 의미하는 것은 단 한 가지, 계획이 뭔가 잘못되었다는 확실한 신호 그 이상도 이하도 아니다. 수많은 사람들이 일생을 고통과 빈곤 속에서 살아가는 이유는 그들에게 재산을 모을 탄탄한 계획이 없기 때문이다.

헨리 포드가 재산을 모을 수 있었던 까닭은 그가 남들보다 정신적으로 뛰어나서가 아니라, 계획을 채택하여 따랐고 그 계획이 성공적이었기 때문이다. 수많은 사람들이 포드보다 더 좋은 교육을 받고도 가난하게 살았다. 돈을 모을 올바른 계획이 없었기 때문이다.

탄탄한 계획 없이 큰 성공을 거둘 수는 없다. 너무 뻔한 말처럼 들리겠지만, 그것이 진리다. 새뮤얼 인설은 1억 달러가 넘는 재산을 잃었다. 인설은 훌륭한 계획에 따라 재산을 모았다. 그는 경기 불황으로 인해 계획을 변경해야 했고, 변화는 '일시적인 패배'를 가져왔다. 새로운 계획이 탄탄하지 않았기 때문이다. 인설은 이제 노인이고, 따라서 '일시적인 패배' 대신 '실패'를 받아들일지도 모른다. 하지만 그의 경험이 실패로 판명된다면, 그 이유는 그에게 새로운 계획을 세울 불같은 끈기가 없기 때문일 것이다.

## 스스로 마음속에서 포기하지 않는 한 결코 패배한 것이 아니다

이 사실은 앞으로도 여러 차례 반복해서 언급될 것이다. 왜냐하면 대부분의 패배의 첫 징후만 보여도 쉽게 '패배를 인정하고 쓰러져 버리기' 때문이다.

제임스 J. 힐은 동부와 서부를 잇는 철도를 부설하는 데 필요한 자금을 마련하려는 첫 시도에서 일시적으로 패배했다. 하지만 그 역시 새로운 계획을 세움으로써 패배를 승리로 바꿨다.

헨리 포드는 자동차 사업 초기에, 또한 이미 정상에 가까워진 뒤에도 일시적인 패배를 겪었다. 그는 새로운 계획을 세웠고, 힘차게 나아가 결국 재정적인 성공을 거두었다.

우리는 큰 재산을 모은 사람들을 볼 때 종종 그들의 승리에만 집중하고, 그들이 승리에 '도달'하기 전 극복해야 했던 일시적인 패배들은 간과한다.

이 책의 철학을 따르는 사람이라면, 누구든 '일시적인 패배'를 겪지 않고 부를 축적하리라고 기대하는 것은 이치에 맞지 않다는 사실을 인지할 것이다. 패배가 닥치면, 계획이 충분하지 못했다는 신호로 받아들이고 새로 계획을 짜라. 간절히 바라는 목표를 향해 다시 한번 돛을 세워라. 목표에 도달하기 전에 포기한다면 '중도에 포기한 사람'으로 끝날 뿐이다.

중도에 포기하는 사람은 결코 승자가 될 수 없고 승자는 결코 중도에 포기하지 않는다.

이 문장을 종이에 크게 써서 매일 밤, 잠자리에 들기 전과 아침에 출근하기 전에 볼 수 있는 곳에 두라.

'마스터마인드' 팀을 만들 때, 패배를 심각하게 받아들이지 않는 사람을 고르도록 노력하라.

어떤 사람은 어리석게도 돈으로만 돈을 벌 수 있다고 믿는다. 그렇지 않다! 이 책에서 제시하는 원칙들을 통해 금전적 가치로 전환된 열망이 돈을 만든다는 진리를 깨우쳐라. 돈 그 자체는 움직이지도, 생각하지도, 말하지도 못하는 그저 무기력한 물질에 불과하다. 그러나 돈을 간절히 열망하는 사람이 오라고 부르는 소리는 '들을' 수 있다!

## 개인 마케팅 판매 계획의 수립

이 장의 나머지 부분은 개인의 능력을 마케팅하는 수단과 방법에 대해 설명하고 있다. 여기서 제공하는 정보는 자신이 가진 능력을 마케팅하려는 사람에게 실용적인 도움이 되기도 하겠지만, 자신이 선택한 직업에서 지도자의 자리를 열망하는 이들에게도 더없이 귀중한 도움이 될 것이다.

어떤 일로든 부의 축적을 목표로 한다면 똑똑한 계획 수립은 성공에 필수적이다. 여기서는 개인의 능력을 판매하는 것으로 부를 쌓는 첫걸음을 시작하는 사람들에게 필요한 세부 지침을 제시하겠다.

한 가지 고무적인 사실이 있다. 막대한 재산을 모든 사람은 거의 모두가 개인의 능력이나 아이디어의 판매로 돈을 모으기 시작했다는 점이다. 재산을 소유하지 않은 사람이 부를 얻기 위해 내놓을 수 있는 것이 무엇이겠는가? 아이디어와 개인의 능력뿐이다.

세상 사람들은 크게 두 가지 유형으로 나눌 수 있다. 지도자 유형의 사람과 추종자 유형의 사람이다. 먼저, 선택한 분야에서 지도자가 될 것인지 추종자로 남을 것인지 선택하라. 보상의 차이는 어마어마하다. 추종자가 지도자만큼의 보상을 기대하는 것은 이치에 맞지 않는다. 많은 사람들이 그런 기대를 하는 실수를 범한다.

추종자가 되는 것이 부끄러운 일은 아니다. 반면, 계속 추종자로 머무는 것도 칭찬받을 일은 아니다. 대다수의 위대한 지도자들은 추종자에서 시작했다. 그들이 훌륭한 지도자가 될 수 있었던 것은 똑똑한 추종자였기 때문이다. 예외는 거의 없다. 지도자를 지능적으로 따르지 못하는 사람은 유능한 지도자가 될 수 없다. 지도자를 효율적으로 따르는 사람은 대개 가장 빠르게 지도자로 성장한다. 지능적인 추종자가 지닌 여러 이점 가운데 하나가 지도자로부터 지식을 획득할 기회를 갖는다는 점이다.

## 지도자의 주요 자질

다음은 리더십의 중요한 요소들이다.


1. 자기 자신과 자신의 직업에 대한 지식에 기반을 둔 흔들리지 않는 용기. 자신감과 용기가 없는 지도자를 따르고 싶어 하는 사람은 없다. 똑똑한 추종자라면 그런 지도자 밑에 오랫동안 남아 있지 않을 것이다.

2. 자제력. 스스로를 제어하지 못하는 사람은 다른 사람도 제어하

지 못한다. 자제력은 추종자들에게 강력한 본보기가 되며, 현명한 사람이라면 지도자의 자제력을 본받으려 할 것이다.

**3.** 강한 정의감. 공정함과 정의감이 없는 지도자는 추종자들을 지휘할 수도, 그들의 지속적인 존경을 받을 수도 없다.

**4.** 확고한 결단력. 우유부단하다는 것은 자신에 대한 확신이 없다는 것이다. 그런 사람은 다른 사람을 성공적으로 이끌 수 없다.

**5.** 확실한 계획. 성공적인 지도자는 자신의 계획을 세우고, 이를 실천한다. 실현 가능하고 확실한 계획 없이 어림짐작으로 움직이는 사람은 방향키가 없는 배와 같다. 조만간 좌초하게 될 것이다.

**6.** 받은 것보다 더 일하는 습관. 지도자가 치러야 할 대가 중 하나는 스스로 추종자들에게 요구하는 것 이상을 기꺼이 해내야 한다는 것이다.

**7.** 호감을 주는 성품. 지저분하고 부주의한 사람은 성공적인 지도자가 될 수 없다. 지도자는 존경을 불러일으켜야 한다. 모든 면에서 높은 호감을 불러일으키지 못하는 지도자를 추종자들은 존경하지 않는다.

**8.** 공감과 이해. 성공적인 지도자는 추종자들에게 공감해야 한다. 나아가 추종자들과 그들의 문제를 이해해야 한다.

**9.** 세부 사항에 대한 파악. 성공적인 지도자는 지도자의 위치에 요구되는 세부적인 것들을 철저히 파악하고 있어야 한다.

**10.** 전적으로 책임질 의지. 성공적인 지도자는 추종자들의 실수나 부족한 점에 대해 책임질 의지가 있어야 한다. 이 책임을 전가하려고 한다면, 계속해서 지도자로 남을 수 없다. 추종자 중 한 사람이 실수를 하고, 무능함을 보인다면 지도자는 그것이 자신의 실패임을 자각해야 한다.

**11.** 협력. 성공적인 지도자는 협력의 원칙을 이해하고 적용해야 하며, 추종자들로부터 협력을 유도해 내야 한다. 지도자의 자리는 힘을 요구하고, 힘은 협력에서 나온다.

리더십의 유형에는 두 가지가 있다. 첫 번째는 가장 유능한 리더십으로 추종자들의 동의와 공감을 바탕으로 한 리더십이다. 두 번째는 추종자들의 동의와 공감 없이 강제력에 기반을 둔 리더십이다.

역사는 강제력의 리더십은 오래 버틸 수 없다는 수많은 증거들로 채워져 있다. '독재자'와 왕들의 몰락과 소멸은 중요한 의미를 지닌다. 이는 사람들이 강제력의 리더십을 무한정 따르지 않는다는 사실을 의미한다.

지도자와 추종자 사이의 관계라는 측면에서 세상은 새로운 시대에 접어들었다. 새로운 시대는 비즈니스와 사업 분야에서 새로운 지도자와 새로운 브랜드의 리더십을 요구한다. 강제력의 리더십에 익숙한 구시대의 지도자들은 새로운 브랜드의 리더십(협력)을 이해해야만 한다. 그렇지 않으면 평범한 추종자의 자리로 떨어질 것이다. 그들에게 다른 선택지는 없다.

미래의 고용주와 고용인, 지도자와 추종자의 관계는 이익의 공평한 분배에 기반을 둔 상호 협력의 관계가 될 것이다. 미래의 고용주와 고용인의 관계는 과거와 비교해 동반자 관계에 더욱 가까워질 것이다.

프랑스의 나폴레옹, 독일의 카이저 빌헬름, 러시아의 차르, 스페인의 국왕은 강제력의 리더십에 해당한다. 그러한 리더십의 시대는 과거가 되었다. 이런 구식 지도자들의 전형을 미국의 비즈니스, 재계, 노동계 지도자들 중에서 쉽게 골라낼 수 있다. 그들은 자리에서 물러났거나 앞으로 물러날 예정이다. 앞으로는 추종자들의 동의에 의한 리더십만이 살아남을 수 있다!

사람들은 강제력의 리더십을 일시적으로 따를 수는 있지만, 자발적으로 따르지는 않을 것이다.

새로운 브랜드의 리더십은 이 장에서 소개하는 11가지를 포함한 리더십의 요소들을 포용할 것이다. 이 요소들을 리더십의 기반으로 삼는 사람들은 어떤 분야에서든 지도자가 될 풍부한 기회를 맞게 될 것이다. 불황이 길게 이어진 것도 크게 보면 새로운 브랜드의 리더십이 부족하기 때문이다. 불황이 끝난 뒤, 새로운 방식의 리더십을 적용할 역량이 있는 지도자들에 대한 수요가 공급을 크게 웃돌았다. 구시대의 지도자 중 일부는 스스로를 쇄신하여 새로운 브랜드의 리더십에 적응하겠지만, 세계는 지도자가 될 만한 새로운 재목을 찾아야 한다는 것이 대체적인 전망이다. 이러한 전망이 여러분에게 기회가 될 수 있다!

## 리더십의 실패를 부르는 10가지 주요 원인

이제부터 실패하는 지도자들의 주요한 단점들에 대해 알아볼 것이다. 무엇을 하지 말아야 하는지를 아는 것이 무엇을 해야 하는지 아는 것만큼 중요하기 때문이다.

### 1. 세부적인 부분의 장악력 부족

유능한 리더십은 세부적인 부분을 조직하고 장악하는 능력을 요구한다. 진정한 지도자는 지도자의 역할에 필요한 일이라면 '아무리 바쁘더라도' 결코 소홀히 하지 않는다. 지도자든 추종자든 '너무 바빠서' 계획을 변경할 수 없거나, 비상 상황에 대처할 수 없다고 인정하는 행위는 스스로의 무능함을 인정하는 셈이다. 성공적인 지도자는 자신의 지위와 연관된 모든 세부 사항을 파악하고 장악해야 한다. 그 말은, 즉 지도자가 세부 사항을 유능한 부하에게 적절히 위임하는 습관을 길러야 한다는 뜻이다.

### 2. 남에게 시키기만 하는 태도

진정으로 훌륭한 지도자는 필요하다면 아무리 하찮은 일이라도 스스로 할 마음의 준비를 갖추어야 한다. "너희 중에서 가장 위대한 자는 모든 사람의 종이 되어야 한다"라는 진리는 모든 유능한 지도자가 실천하고 존중하는 원칙이다.

## 3. 자신이 아는 것을 어떻게 활용하는가가 아니라, 단지 안다는 이유만으로 보상을 기대하는 태도

단지 '안다'는 이유만으로 돈을 벌 수는 없다. 실제로 뭔가를 하거나, 다른 사람들로 하여금 하도록 유도했을 때만 돈을 벌 수 있다.

## 4. 추종자들의 도전을 두려워하는 태도

추종자들 중 누군가가 자신의 자리를 차지할까 봐 두려워하는 지도자는 조만간 그 공포를 현실로 경험하게 될 것이다. 유능한 지도자는 자신의 위치와 관련된 세부 업무를 언제든지 위임할 수 있도록 후임자를 양성한다. 그렇게 해야만 리더는 동시에 여러 장소에서 여러 업무를 수행할 수 있고, 다양한 일에 한꺼번에 주의를 기울일 수 있다. 다른 사람들을 일하게 하는 능력으로 받는 보수가, 자기 혼자의 노력으로 벌 수 있는 금액보다 훨씬 크다는 사실은 변함없는 진리다. 유능한 지도자는 자신의 직무에 관한 지식과 타인의 마음을 끄는 성품으로 다른 사람들의 효율성을 크게 끌어올린다. 추종자들은 그런 리더의 도움을 받을 때 평소보다 자신의 능력을 더 잘 발휘한다.

## 5. 상상력의 부족

상상력이 없는 지도자는 비상 상황에 대처할 능력이 없고, 추종자들을 효율적으로 이끌 계획을 수립할 수 없다.

## 6. 이기심

추종자들의 업적을 모두 자신의 공으로 돌리려는 지도자는 미움을 받는다. 정말로 훌륭한 지도자는 어떠한 영예도 주장하지 않는다. 그런 지도자는 공이 추종자들에게 돌아가는 것을 보고 기뻐한다. 대부분의 사람들이 단지 돈만이 목적일 때보다 칭찬과 인정을 받기 위해 더 열심히 일한다는 사실을 알기 때문이다.

## 7. 무절제

추종자들은 무절제한 지도자를 존경하지 않는다. 게다가 어떤 종류든 무절제는 인내와 활력을 파괴한다.

## 8. 신의 없는 태도

어쩌면 1번에 갔어야 하는 항목이다. 자신이 맡은 일에 충실하지 않고 동료, 윗사람, 아랫사람에게 신의를 지키지 않는 지도자는 지위를 오래 유지할 수 없다. 신의가 없는 사람은 땅의 먼지보다도 못한 존재이며, 마땅히 받아야 할 경멸을 자초한다. 신의 없는 태도는 모든 분야에서 실패의 주된 원인이다.

## 9. 권위의 강조

유능한 지도자는 사람들을 격려함으로써 이끈다. 추종자들의 마음에 공포를 주입하려 애쓰지 않는다. 자신의 '권위'를 내세워 추종자들에게 깊은 인상을 남기려는 지도자는 강제력의 리더십 범주에 속한다. 진정한 지도자라면 스스로 지도자임을 내세울 필요가 없다.

공감, 이해, 공정함, 직무에 관한 지식 등 행동으로 그 사실을 입증
할 수 있기 때문이다.

### 10. 직위의 강조

역량 있는 지도자는 '직위'의 도움 없이도 추종자들의 존경을 받는
다. 직위를 지나치게 내세우는 사람은 직위 말고는 강조할 게 없는
것이 일반적이다. 지도자의 방으로 들어가는 문은 누구에게나 열려
있다. 지도자의 일터는 형식이나 과시로부터 자유롭다.


이것들은 리더십을 실패로 이끄는 가장 흔한 원인들이다. 이 중 한
가지만으로도 실패를 유발하기에 충분하다. 지도자가 되고 싶다면 실
패의 원인들을 잘 숙지하고, 멀리하도록 한다.


## 새로운 리더십을 요구하는 유망 분야

이 장을 마치기 전에 리더십이 쇠퇴한 몇몇 유망한 분야들을 소개
하려고 한다. 새로운 유형의 지도자들에게 풍부한 기회를 제공할 분
야들이다.


1. 정치 분야는 새로운 유형의 지도자를 끊임없이 필요로 한다. 새

　　　　　　　　　　　　　7장. 체계적인 계획 수립　

로운 지도자에 대한 요구가 매우 시급하다. 대부분의 정치인들이 마치 합법화된 고급 범죄자처럼 변해 버린 듯 보인다. 그들은 세금을 인상하고 산업과 경제의 구조를 타락시켜 국민이 더는 그 부담을 견딜 수 없게 만들고 있다.

**2.** 은행업계에는 개혁이 진행 중이다. 이 분야의 지도자들은 대중의 신뢰를 거의 완전히 잃어버렸다. 은행가들은 이미 개혁의 필요성을 감지하고 개혁을 시작했다.

**3.** 산업계도 새로운 지도자를 원하고 있다. 구시대의 지도자들은 인간적인 요소를 기준으로 사고하고 행동하기보다는, 배당금이라는 관점에서만 생각하고 움직였다! 미래의 지도자는 지도자로서 존속하기 위해 자신을 준공직자로 여기고, 어떤 개인이나 집단에게도 고통이나 피해를 주지 않는 방식으로 자신의 책임을 관리해야 할 의무가 있다고 인식해야 한다. 노동자의 착취는 과거의 일이다. 비즈니스, 산업, 노동계의 지도자를 꿈꾸는 사람이라면 이를 기억해야 한다.

**4.** 미래의 종교 지도자는 과거의 죽은 역사나 아직 오지 않은 미래보다는, 현재 신도들의 경제적·개인적인 문제 해결과 같은 현실적 필요에 더 많은 관심을 기울여야 할 것이다.

**5.** 법률, 의학, 교육과 같은 전문 분야에도 새로운 유형의 리더십, 나아가 어느 정도는 새로운 지도자들이 반드시 필요하게 될 것이

다. 특히 교육 분야에서는 그 필요성이 더욱 크다. 앞으로 이 분야의 리더는 사람들이 학교에서 배운 지식을 실제 삶에 어떻게 적용할 수 있을지를 가르치기 위한 방법과 수단을 찾아야 하며, 이론보다는 실제에 더 집중해야 한다.

**6.** 언론계에도 새로운 지도자가 필요하다. 미래의 신문이 지속적으로 성공하기 위해서는 '특권'과 이별하고 광고 보조금으로부터 벗어나야 한다. 또, 광고란을 후원하는 이익집단의 선전 도구가 되는 것을 멈추어야 한다. 추문과 외설적인 사진을 게재하는 유형의 신문은 결국 인간 정신을 타락시키는 모든 세력과 같은 운명을 맞게 될 것이다.

새로운 지도자, 새로운 브랜드의 리더십에 대한 기회를 찾을 수 있는 분야는 이 밖에도 많다. 세상은 빠르게 변하고 있다. 이 말은 인간의 습관 변화를 촉진하는 매체가 변화에 적응해야 한다는 뜻이다. 여기서 말하는 매체들이란 다른 무엇보다도 문명의 동향을 결정하는 매체들을 말한다.

### 언제, 어떻게 지원할 것인가

이제부터 소개하는 정보는 수년간 수천 명의 남녀가 자신 능력을 마케팅한 경험으로부터 핵심적인 것들만 모은 것으로 그 타당성과 실용성을 신뢰해도 좋다.


**마케팅의 매체**

다음은 경험을 바탕으로 개인 능력의 판매자와 구매자를 이어주는 직접적이고 효과적인 방법을 제공하는 매체들을 추려 놓은 것이다.


### 1. 고용 사무소

평판 좋은 사무소를 신중하게 선택하라. 만족스러운 성과를 입증할 만한 실적이 충분해야 한다. 그런 곳은 비교적 드물다.

### 2. 신문, 업종별 전문지, 잡지, 라디오 등의 광고

구직 광고는 사무직이나 일반적인 샐러리맨 직종에 지원하는 경우 대개 만족스러운 결과를 기대할 수 있다. 임원급 자리를 찾는 사람들의 경우에는 디스플레이 광고가 더 바람직한데, 이는 목표로 하는 고용주 계층의 눈에 가장 잘 띄는 신문 지면에 광고 문안을 게재하기 위해서다. 광고 문안은 반드시 충분한 판매 요소를 담아 효과적으로 반응을 이끌어낼 수 있는 전문가가 작성해야 한다.

### 3. 개인 지원서

개인 지원서는 해당 능력을 필요로 할 가능성이 가장 높은 특정 회사나 개인을 대상으로 작성해야 한다. 지원서는 항상 깔끔하게 타자로 작성하고, 반드시 자필 서명을 포함해야 한다. 지원서에는 지원자의 자격을 상세히 요약한 '이력서'를 함께 첨부해야 한다. 지원서와 이력서 모두 전문가가 작성하는 것이 바람직하다(어떤 정보를 포함해야 하는지는 아래의 지침을 참고할 것).

## 4. 개인적인 인맥을 통한 지원

가능하다면 지원자는 잠재적인 고용주와의 공통 지인을 통해 접근하려는 노력을 기울여야 한다. 이런 접근 방식은 특히 임원직에 지원하는 사람들이 자신을 '팔러 다니는' 것처럼 보이고 싶어 하지 않을 때 유리하다.

## 5. 직접 지원

경우에 따라서는 지원자가 직접 잠재적인 고용주에게 자신의 업무를 제안하는 것이 더 효과적일 수 있다. 이럴 경우, 해당 직무에 필요한 어떤 자격을 갖추고 있는지 상세히 기술한 서면 자료를 반드시 함께 제시해야 한다. 이는 잠재적 고용주가 종종 지원자의 경력에 관해 동료들과 논의하길 원하기 때문이다.


## '이력서'에 포함해야 할 정보

이력서는 변호사가 법정에 제출할 사건 개요서를 준비하듯 철저하게 준비해야 한다. 지원자가 이력서를 작성해 본 경험자가 아니라면 전문가와 상의하고 도움을 받아야 한다. 성공적인 상인이라면 상품이 지닌 장점을 선전하는 광고의 기술과 심리학을 이해하는 전문가를 쓸



7장. 체계적인 계획 수립 |

것이다. 자신을 마케팅할 때도 마찬가지다. 이력서에 포함해야 하는 정보는 다음과 같다.

### 1. 학력

어떤 학교에 다녔고, 학교에서 어떤 과목을 왜 전공했는지 간략하지만, 확실하게 진술한다.

### 2. 경력

지원하려는 직종과 유사한 직종 관련 경험이 있다면 상세하게 기술한다. 이전 고용주의 이름과 주소도 적는다. 취업하고자 하는 자리에 적합한 사람임을 입증하는 특별한 경험이 있다면 명확하게 기술한다.

### 3. 증빙서류

기업이라면 책임 있는 자리에 지원한 잠재적인 고용인의 이전 기록, 직장 등에 대해 모든 것을 알고 싶어 할 것이다. 이전 고용주, 학창시절 배웠던 교사들, 신망 있는 사람들의 추천서 등을 첨부한다.

### 4. 사진

최근에 찍은 사진을 부착한다.

### 5. 지원하는 직종에 대한 구체적인 진술

정확히 어떤 직종에 지원하는지가 빠져서는 안 된다. '어떤 자리든' 좋다는 식으로 지원해서는 안 된다. 전문성이 없어 보이기 때문이다.

## 6. 지원하는 특정 직종과 관련된 자격

자신이 왜 그 직종에 알맞다고 생각하는지 상세하게 기술한다. 이것이 지원서의 핵심이다. 이 부분을 어떻게 쓰는지에 따라 여러분에 대한 평가가 결정된다.

## 7. 수습 제안

지원하는 일자리에 꼭 채용되고 싶다면 일주일, 한 달 혹은 충분한 기간 동안 미래의 고용주에게 여러분의 가치를 무보수로 판단해 볼 수 있는 기회를 제안하는 것이 대부분 매우 효과적이다. 파격적인 제안으로 보일지 모르지만, 경험상 적어도 수습으로 일하겠다는 제안이 거절당하는 일은 거의 없다. 자신의 자격 요건을 확신한다면, 상대에게 시험해 볼 기회를 주는 것이 최선이다. 더불어, 이런 제한을 한다는 것 자체가 해당 직종에 적합하다는 자신감으로 보인다. 가장 설득력 있는 제안이다. 제안이 받아들여지고 실력을 발휘한다면, 수습 기간에 대한 보수도 받게 될 가능성이 매우 높다. 수습 제안을 할 때 갖추어야 할 요건은 다음과 같다.

① 자신이 해당 일자리에 적합한 능력을 지녔다는 자신감

② 수습 기간이 끝난 뒤 잠재적 고용주가 자신을 채용하리라는 확신

③ 해당 일자리를 얻고 말겠다는 결의

## 8. 잠재적 고용주의 비즈니스에 관한 지식

일자리에 지원하기 전에 충분한 사전 조사를 통해 해당 고용주의

비즈니스를 숙지하고, 습득한 지식을 이력서에 명확히 써라. 상상력
이 있고, 미래의 일자리에 진정으로 관심이 있다는 것을 보여주어
좋은 인상을 줄 수 있다.

명심하라. 법에 대해 가장 많이 아는 변호사가 아니라, 사건에 대해
가장 많이 준비하는 변호사가 재판에서 승리한다. 여러분이 '사건'을
잘 준비하고 제시했다면, 시작부터 절반은 승리한 것이다.

이력서가 너무 길지는 않을까 걱정하지 마라. 당신이 일자리를 원
하는 것만큼 고용주 역시 자격을 갖춘 지원자를 채용하고 싶어 한다.
사실 대부분의 성공한 고용주들이 목적한 바를 이룰 수 있었던 주된
이유는 유능한 참모를 선발하는 능력이 있었기 때문이다. 그들은 가
능한 모든 정보를 원한다.

일목요연한 이력서는 여러분이 꼼꼼하고 근면한 사람임을 보여준
다. 내가 도움을 준 고객 중에는 이력서가 너무나 두드러지고 비범해
서 면접도 없이 채용된 사례도 여럿 있다.

성공적인 영업 전문가는 세심하게 자신을 꾸민다. 그들은 첫인상이
오래간다는 사실을 알고 있다. 여러분의 이력서는 여러분의 영업 사
원이다. 미래의 고용주 앞에 내세웠을 때 좋은 옷을 입혀 그 누구보다
도 돋보이게 만들어라. 원하는 일자리에 그만한 가치가 있다면 그만
큼 세심하게 준비할 필요가 있다. 나아가 여러분이 자신의 개성을 어

필해 고용주가 강한 인상을 받고 여러분을 채용한다면, 일반적이고 평범한 방식으로 채용되었을 때보다 더 많은 돈을 받으며 일을 시작할 수 있을 것이다.

광고대행사나 직업소개소를 통해 지원한다면, 여러분이 쓴 이력서를 복사해서 사용하게 해라. 미래의 고용주뿐만 아니라 대행사나 소개소도 여러분을 우선적으로 고려해 줄 것이다.

## 원하는 직업을 얻는 법

사람들은 자신에게 가장 맞는 일을 할 때 즐거움을 느낀다. 화가는 그림 그리는 일을, 공예가는 손을 사용하는 일을, 작가는 글 쓰는 일을 좋아한다. 이처럼 확고한 재능이 있는 경우가 아니라면 기업이나 산업 쪽을 선호한다. 미국은 농업, 제조업, 마케팅, 전문 직종에 이르는 다양한 직업이 존재한다는 점에서 이점이 있다.

1. 정확히 어떤 종류의 직업을 원하는지 정한다. 기존의 직업 중에 원하는 것이 없다면, 만들면 된다.
2. 채용되고 싶은 회사나 사람을 정한다.
3. 미래 고용주의 정책, 인적 구성, 승진 기회 등을 조사한다.
4. 자신의 재능, 역량 등을 분석해 무엇을 제공할 수 있는지 생각해 보고, 성공적으로 제공할 수 있다고 믿는 이점, 서비스, 발전, 아이

디어를 어떻게 제공할 것인지 계획을 세운다.

**5.** '자리'에 대해 잊어버린다. 고용될 빈자리가 있는지 없는지 생각하지 마라. "나를 채용할 자리가 있을까?"라는 틀에 박힌 질문은 하지 말고, 무엇을 제공할 수 있는지에 집중하라.

**6.** 마음속에 계획이 잡혔으면, 그것을 깔끔하고 상세하게 종이 위에 적어 낼 경험 있는 작가를 섭외한다.

**7.** 글로 쓴 계획을 권한이 있는 적절한 사람에게 제출하면, 나머지는 그 사람이 알아서 할 것이다. 모든 기업은 자신들에게 가치를 제공할 사람을 찾고 있다. 그 가치는 아이디어, 서비스 또는 '인맥'일 수도 있다. 기업은 자사에 이득이 되는 확실한 행동계획을 갖춘 사람이라면 어떻게 해서든 채용하려 할 것이다.

이 과정을 따르다 보면 며칠 혹은 수주의 시간이 추가로 소요될 수 있다. 하지만 그만큼 많은 수입과 빠른 승진, 인정의 기회를 얻는다면 적은 급료를 받고 수년간 힘들게 일하는 시간을 아끼게 해 줄 것이다. 많은 이점이 있겠지만 그중에서도 선택한 목표에 도달하는 시간을 1년에서 5년까지 절약할 수 있다는 점이 가장 큰 이점이다.

사다리의 중간쯤에서 출발하거나 '진입하는' 사람이 있다면, 모두 신중하고 치밀한 계획이 있어서다(물론, 사장 아들은 예외지만).

## 자신을 파는 새로운 방법, 채용은 '동반자 관계'의 시작

앞으로 자신의 능력을 최고의 조건으로 판매하려면, 고용주와 고용인 사이의 관계에 어마어마한 변화가 있을 거라는 점을 인지해야 한다.

앞으로는 '황금의 법칙'이 아니라 '황금률'이 취업뿐 아니라 상품 마케팅에서도 지배적인 요소가 될 것이다. 미래의 고용주와 피고용인 간의 관계는 ① 고용주, ② 피고용인, ③ 그들이 함께 섬기는 대중으로 이루어진 일종의 동반자 관계의 성격을 띠게 될 것이다.

이 방식이 새로운 이유는 첫째, 미래의 고용주와 피고용인은 모두 대중을 효율적으로 섬기는 것을 사명으로 하는 동료 직원으로 간주될 것이기 때문이다. 과거에는 고용주와 피고용인이 자기들끼리 물물교환을 하며 각자의 이익을 최대한 도모했다. 하지만 그 과정에서 결국 사실상 제3자, 즉 자신들이 섬기는 대중이 희생을 치르고 있다는 사실을 고려하지 않았다.

대공황은 각자 자신의 이익과 이득만을 외치며 행동한 이들로 인해 사방에서 권리를 짓밟혔던 대중에게 강력한 저항의 기회를 제공했다. 대공황의 잔해가 정리되고 사업이 다시 균형을 되찾게 되면, 고용주와 피고용인은 모두 더는 자신들이 섬기는 대중을 희생시키면서 흥정을 벌일 특권이 없다는 사실을 인식하게 될 것이다. 미래에는 대중이 진정한 고용주가 될 것이다. 개인의 능력을 효과적으로 어필해 일자리를 얻고자 하는 사람이라면 누구나 이 사실을 명심해야 할 것이다.

미국의 철도는 거의 모두 재정적 어려움에 시달리고 있다. 승객이



7장. 체계적인 계획 수립 |

매표소에서 열차 출발 시각을 물어보면, 친절하게 가르쳐 주기는커녕 손가락으로 불쑥 시간표를 가리키던 시절을 누구나 기억할 것이다.

전차 회사들도 '시대의 변화'를 체감했다. 전차 차장들이 승객들과 보란 듯이 말다툼을 벌이던 시대가 그리 오래되지 않았다. 다수의 전차 트랙은 사라졌고, 승객들은 예의 바른 기사들이 모는 버스를 탄다.

전국의 전차 트랙들은 버려져 녹슬어 가거나 철거되었다. 전차가 여전히 운행 중인 곳에서도 승객과 말다툼을 벌이는 일은 사라졌고, 심지어 아무 데서나 손을 들어 차를 세우는 승객도 기꺼이 태워 준다.

시대가 정말 많이 변했다! 내가 강조하고자 하는 것은 단지 그것이다. 시대가 변했다! 더욱이 변화는 철도 사무실이나 전차에만 일어난 것이 아니라, 모든 분야에서 나타나고 있다. '대중을 나 몰라라' 하는 정책은 이제 시대에 뒤떨어졌다. 이제는 '고객을 하늘같이' 모시는 정책이 그 자리를 대신하게 되었다.

은행들도 최근 수년간의 빠른 변화로부터 교훈을 얻었다. 10여 년 전까지만 해도 두드러졌던 은행 관계자나 직원의 무례함이 이제는 드문 일이 되었다. 과거에는 일부 은행원(당연히 전부는 아니다)의 태도가 지나치게 근엄해, 대출을 받으려는 사람들은 은행원에게 다가가려는 생각만으로도 오금이 저리곤 했었다.

대공황 기간에 수천 개의 은행이 파산하자, 은행들은 고객의 접근을 막던 육중한 마호가니 문을 치워 버렸다. 이제 은행원들은 개방된 공간의 책상에 앉아 있으며, 예금자를 비롯해 그들을 만나고자 하는 누구든지 자유롭게 다가갈 수 있다. 은행 전체의 분위기는 예의와 이

해로 가득 차 있다.

옛날에는 동네 식품점에서 손님들이 기다리는 동안 점원들은 친구들과 노닥거리고, 주인은 은행 업무를 마치고 나서야 손님에게 응대하는 일이 다반사였다. 이제는 서비스로 구두까지 닦아줄 기세로 친절함을 내세운 체인 상점들이 구식 상인들을 뒷전으로 밀어냈다. 시간은 전진한다!

'정중함'과 '서비스'는 오늘날 판매의 핵심 원칙이며, 이는 고용주보다도 개인 구직자들에게 더 직접적으로 적용된다. 왜냐하면 궁극적으로 고용주와 피고용인 모두 자신이 제공하는 서비스를 받는 대중에게 고용된 것이기 때문이다. 따라서 좋은 서비스를 제공하지 못하면, 그 대가로 서비스할 기회조차 잃게 된다.

우리는 모두 기억한다. 가스 검침원이 문짝이 부서져라 문을 두드리던 시대를. 문을 열어주면 그는 자신을 기다리게 했다며 잔뜩 인상 쓴 얼굴로 다짜고짜 밀고 들어왔다. 이제는 모두 달라졌다. 검침원은 '당신을 위해 일할 수 있어 기쁜' 신사처럼 행동한다. 가스 회사들이 인상 나쁜 가스 검침원들 때문에 늘어난 회사 부채를 감당할 수 없다는 사실을 깨닫기 전에, 예의 바른 석유 보일러 판매원들이 나타나 엄청난 매출을 올렸다.

대공황 시기에 나는 펜실베이니아주의 무연탄광 지역에서 몇 달을 보내며, 석탄 산업을 무너뜨린 원인을 조사했다. 여러 가지 중요한 사실을 발견했지만, 특히 업자들과 광부들의 탐욕이 원인이 되어 업자들은 망하고 광부들은 직장을 잃어버렸다는 사실을 알게 되었다.

직원들을 대표하는 일부 과도하게 열성적인 노동 지도자들의 압력과 사업주 측의 이윤 추구 욕심이 맞물리면서, 무연탄 산업은 갑작스럽게 침체되었다. 석탄 업자들과 그들의 직원들은 서로 치열하게 협상을 벌인 결과 그 비용을 석탄 가격에 전가했고, 결국 자신들이 기름 보일러 제조업체들과 원유 생산자들에게 훌륭한 사업 기회를 만들어 줬다는 사실을 뒤늦게 깨달았다.

"죄의 삯은 죽음이다!"

많은 사람들이 성경에서 이 구절을 읽었지만, 그 진정한 의미를 발견한 사람은 거의 없다. 지난 몇 년간 전 세계는 강제로 설교를 들어야 했는데, 그 설교의 제목은 "뿌린 대로 거두리라"가 될 것이다.

대공황처럼 광범위하고 강력한 사건이 '단순한 우연'일 리는 없다. 대공황에는 원인이 있었다. 원인 없이는 어떠한 일도 일어나지 않는다. 대체로, 대공황의 원인은 뿌리지 않고 거두려는 전 세계적인 습관에서 직접 찾을 수 있다.

그렇다고 오해해서는 안 된다. 대공황은 세계가 뿌리지도 않았는데 억지로 거두려 한 결과가 아니다. 문제는 세계가 잘못된 씨앗을 뿌렸다는 점이다. 농부라면 알 것이다. 엉겅퀴 씨앗을 뿌리고 곡식을 수확할 수는 없다. 제1차 세계대전의 발발 초기에, 세상 사람들은 양적으로나 질적으로 부족한 서비스라는 씨앗을 뿌리기 시작했다. 거의 모든 사람들이 주지 않고 얻으려는 취미에 탐닉했다.

이 사례들은 자신의 능력을 마케팅하려는 사람들에게, 우리가 지금의 위치와 상태에 있는 것은 우리의 행동 때문임을 알리기 위해 제시된 것이다! 기업, 금융, 교통업계를 지배하는 원인과 결과의 법칙이 있다면, 같은 법칙이 개인들도 지배하며 그들의 경제적 지위를 결정한다.

## QQS 등급이란 무엇인가?

개인의 서비스를 마케팅하는 데 있어서 효과적이고 영구적인 성공을 거두는 원인에 대해 분명하게 기술했다. 이 원인들을 연구하고, 분석하고, 이해하고, 적용하지 않고서는, 그 누구도 자신의 능력을 효과적이고 영구적으로 판매할 수 없다. 모든 사람은 자신의 능력을 판매하는 영업 사원이 되어야 한다. 제공하는 서비스의 질과 양 그리고 서비스를 제공하는 정신이 고용의 대가와 기간을 결정하는 것이 보통이다. 개인의 서비스를 효과적으로 판매하려면(즉, 적절한 가격으로, 쾌적한 조건에서, 지속적인 시장을 확보하려면), 'QQS' 공식을 채택하고 실천해야 한다. 이 공식은 품질(Quality), 양(Quantity), 올바른 협력 정신(Spirit of cooperation)이 곧 완벽한 서비스 판매 능력을 만든다는 뜻이다. QQS 공식을 기억하되, 단순히 기억만 할 것이 아니라 습관화하라!

QQS 공식을 분석해서 그 의미를 정확히 파악하자.

### 1. 서비스의 품질(Quality)
자신의 직무와 관련된 모든 세부 업무를 가능한 한 가장 효율적인

방식으로 수행하며, 언제나 더 높은 효율성을 염두에 두는 것을 의
미한다.

### 2. 서비스의 양(Quantity)

언제나 자신이 제공할 수 있는 모든 서비스를 다 하는 습관을 말하
며, 연습과 경험을 통해 더 큰 역량을 갖춤에 따라 그 제공량을 점
점 늘려가려는 목적을 포함한다. 방점은 습관이라는 말에 있다.

### 3. 서비스의 올바른 협력 정신(Spirit of cooperation)

동료들로부터 협력을 이끌어낼 수 있는, 유쾌하고 조화로운 태도를
습관화하는 것을 의미한다.


서비스의 품질과 양이 아무리 충분하더라도, 그것만으로는 여러분
의 서비스를 필요로 하는 시장을 지속적으로 유지하기에 부족하다.
서비스를 제공하는 태도, 즉 서비스를 담은 정신은 여러분이 받게 될
보수와 고용 기간을 결정짓는 강력한 요소다.

앤드루 카네기는 개인 서비스 마케팅을 성공으로 이끄는 요소를 설
명하면서 이 점을 특히 강조했다. 그는 조화로운 태도의 필요성을 강
조하고, 또 강조했다. 그는 아무리 양적, 질적으로 우수한 일을 해내는
사람이라도 그가 조화의 정신으로 일하지 않는다면 그를 계속 고용하
지 않을 것이라고 강조했다. 카네기는 호감 가는 성품을 가져야 한다
고 주장했다.

그가 이 자질을 얼마나 중요하게 여겼는지를 증명하듯, 그는 자신의 기준에 부합하는 많은 사람들이 매우 부유해지도록 했다. 기준에 부합하지 않는 사람들은 자리를 내주어야 했다.

카네기가 호감 가는 성품의 중요성을 강조한 이유는 적절한 정신으로 서비스를 제공할 수 있도록 하는 요소이기 때문이다. 어떤 사람이 호감 가는 성품을 지녔고 조화의 정신으로 서비스를 제공한다면, 이런 점들은 종종 서비스의 질과 양이 부족한 부분을 보완한다. 하지만 호감 가는 태도는 그 어떤 것으로도 대신할 수 없다.

## 서비스의 자본 가치

수입이 전적으로 개인 서비스의 판매로부터 나오는 사람이라면 물건을 파는 사람과 마찬가지로 상인이라고 할 수 있다. 따라서 그런 사람에게는 상품을 판매하는 상인과 정확히 동일한 행동 규칙이 적용된다.

이 부분을 강조하는 이유는 개인 서비스를 판매해서 살아가는 사람들 대다수가 상품을 판매하는 사람들에게 적용되는 행동 규칙과 책임으로부터 자신들은 자유롭다고 생각하는 오류를 범하기 때문이다.

서비스 판매 방식의 변화는 고용주와 피고용인을 사실상 동반자 관계로 만들었으며, 이들은 제3자, 즉 자신들이 섬기는 대중의 권리를 함께 고려하게 되었다.

'얻어내는 사람(go-getter)'의 시대는 지나갔다. 이제 그 자리를 '주는 사람(go-giver)'이 대신하고 있다. 비즈니스 세계의 고압적인 방식

　　　　　　　　　　　　7장. 체계적인 계획 수립

은 결국 뚜껑을 날려 버렸고, 그 뚜껑을 다시 덮을 필요는 없을 것이다. 왜냐하면 앞으로 비즈니스는 더 이상 압박할 필요가 없는 방식으로 운영될 것이기 때문이다.

여러분의 두뇌가 가진 실제 자본 가치는 여러분이 (자신의 서비스를 판매하여) 창출할 수 있는 수입을 기준으로 판단할 수 있다. 서비스의 자본 가치는 연간 수입에 $16\frac{2}{3}$를 곱함으로써 대략 추정할 수 있다. 여러분의 연간 수입이 대략 자본 가치의 6퍼센트라고 추정하는 것이 합리적이기 때문이다. 이자 수익률이 연 6퍼센트다. 돈은 뇌보다 가치가 없으며 종종 뇌에 훨씬 못 미친다.

역량 있는 '두뇌'는 효과적으로 마케팅되기만 하면, 상품을 다루는 일반적인 사업에 필요한 자본보다 훨씬 바람직한 형태의 자산이 된다. 왜냐하면 '두뇌'는 경기침체로 인해 영구적으로 가치가 떨어지지도 않고, 도난당하거나 소진되는 자산도 아니기 때문이다. 게다가 사업을 운영하는 데 필수적인 돈도 유능한 '두뇌'와 결합되지 않으면 모래 언덕처럼 무가치하다.

## 실패의 30가지 원인 중 몇 가지가 여러분의 발목을 잡고 있는가?

인생의 가장 큰 비극은 성실히 노력해도 실패할 수 있다는 것이다! 비극은 대다수의 사람들이 압도적으로 실패하는 데 반해 성공하는 사람들의 수는 비교적 적다는 데 있다.

내가 분석한 수천 명의 남녀 가운데 98퍼센트는 소위 '실패'의 범주에 속했다. 98퍼센트의 사람들이 실패자로 살아가야 한다니 지금의 문명사회와 교육 시스템은 뭔가 단단히 잘못되었다. 하지만 세상의 잘잘못을 따지는 것이 이 책의 목적은 아니다. 그렇게 하려면 책이 백 배는 더 두꺼워져야 할 것이다.

내가 분석해 본 결과 실패에는 30가지 주요 원인이 있고, 사람들이 재산을 모으는 과정에는 13가지 주요 원칙이 있다. 이 장에서는 실패의 30가지 원인에 대해 이야기해 보겠다. 30가지 항목을 자신의 상황과 하나씩 견주어보면서 몇 가지나 해당하는지 살펴보기 바란다.

### 1. 불리하게 타고났다

타고난 뇌의 능력이 모자란 사람들의 경우에는 할 수 있는 일이 거의 없다. 두뇌의 약점을 보완하는 방법은 단 하나다. '마스터마인드' 팀의 도움을 받는 것이다. 하지만 30가지 실패 요인 중 개인이 쉽게 바로잡을 수 없는 것은 이 한 가지뿐이다.

### 2. 인생의 목표를 제대로 정의하지 않았다

삶의 중심이 되는 목표 또는 명확하게 지향하는 바가 없는 사람에게는 성공할 희망이 없다. 내가 분석한 사람들 중 백의 아흔여덟은 그런 목표가 없는 사람들이었다.

### 3. 높은 곳을 지향할 만한 야망이 없다

인생에서 앞으로 나아가는 일에 무관심하고, 대가를 치를 의지가 없는 사람에게는 희망이 없다.



7장. 체계적인 계획 수립 |

## 4. 교육을 충분히 받지 못했다

비교적 쉽게 극복할 수 있는 부분이다. 경험으로 봤을 때, 최고의 교양을 갖춘 사람들은 대개 '자수성가' 했거나 '독학' 을 한 사람들 이다. 한 사람을 교양인으로 만드는 데 대학 졸업장만으로는 부족 하다. 누구든 교양인이 되려면 다른 사람의 권리를 침해하지 않고 인생에서 원하는 것을 얻는 방법을 배워야 한다. 교육은 단순히 지 식을 얻는 것이 아니라, 지식을 효과적이고 지속적으로 활용하는 법을 배우는 것이다. 아는 것만으로는 돈을 벌 수 없다. 아는 것을 활용해 구체적으로 무엇을 하느냐가 중요하다.

## 5. 자신을 다스리지 못한다

자신을 잘 다스리려면 자기 통제력이 있어야 한다. 자신의 부정적 인 면들을 통제할 수 있어야 한다는 말이다. 상황을 통제하기에 앞 서 자기 자신부터 통제해야 한다. 자제는 가장 어려운 일이다. 자신 을 정복하지 못하면 자신에게 정복당한다. 거울 속에 보이는 자신 은 여러분에게 최고의 친구이자 최악의 적이다.

## 6. 건강이 나쁘다

건강이 없이는 누구도 뛰어난 성공을 거둘 수 없다. 건강과 관련된 문제는 대부분 절제를 하지 않아서 생긴다. 건강을 악화하는 행동 들에는 ① 건강에 도움이 되지 않는 음식을 과식하는 것, ② 잘못된 사고 습관: 부정적인 생각을 말과 행동으로 표현하는 것, ③ 바람직하지 않은 성생활이나 성에 지나치게 탐닉하는 것, ④ 적절히 몸을 움직이지 않는 것, ⑤ 부적절한 호흡법으로 인해 신선한 공기를 충분히 공급받지 못하는 것 등이 있다.

## 7. 어린 시절의 환경이 불우했다

어린 시절의 교육이 그 사람의 일생을 좌우한다. 범죄의 성향을 보이는 사람들은 대부분 어린 시절의 나쁜 환경이나 사람들로부터 좋지 않은 영향을 받았다.

## 8. 미루는 습관이 있다

가장 흔한 실패의 원인이다. '미루기라는 놈'은 모든 인간의 그림자 속에 숨어서 성공의 기회를 망쳐 놓으려고 호시탐탐 노린다. 대다수의 사람들은 가치 있는 일을 시작할 때가 오기를 기다리다가 실패자가 된다. 기다리지 마라. '때'라는 건 없다. 지금 서 있는 그 자리에서, 지금 이용할 수 있는 도구를 가지고 시작하라. 하다 보면 더 나은 도구를 발견하게 된다.

## 9. 끈기가 없다

대부분의 사람들은 '시작'은 잘하는데 '마무리'를 못한다. 게다가 사람들은 패배의 조짐이 조금이라도 보이면 포기해 버린다. 끈기는 어떤 것으로도 대체할 수 없다. 끈기를 좌우명으로 삼고 매진하다 보면 '실패란 놈'은 결국 지쳐서 떨어져 나간다. 실패는 끈기의 적수가 못 된다.

## 10. 부정적이다

부정적인 성품으로 주변 사람들을 멀어지게 만드는 사람은 성공할 희망이 없다. 성공은 힘을 활용해 얻는 것이고, 힘은 다른 사람들의 협력을 통해 얻는 것이다. 부정적인 성품은 협력을 이끌어내지 못한다.

## 11. 성적 욕구를 조절하지 못한다

성 에너지는 사람을 움직이게 만드는 가장 강력한 자극이다. 성애는 가장 강력한 감정이기 때문에 통제해야 하고 다른 에너지로 변화·전환하여 활용해야 한다.

## 12. 대가 없이 얻으려는 욕망을 통제하지 못한다

도박의 본능은 수많은 사람들을 실패로 몰고 간다. 1929년 월가 주식 시장의 붕괴에 대한 연구 결과가 그 증거다. 당시 수백만 명의 사람들이 주식 차익으로 일확천금을 노리는 도박을 감행했다.

## 13. 확고한 결단력이 부족하다

성공하는 사람은 결단이 빠르고, 한번 내린 결정을 잘 바꾸지 않는다. 실패하는 사람은 결단이 느리고, 결정을 자주 빨리 바꾼다. 우유부단함과 미루는 습관은 쌍둥이 형제다. 두 가지 성향은 함께 나타나기 쉽다. 이 두 가지가 여러분을 실패의 쳇바퀴에 '묶어 버리기' 전에 털어내라.

## 14. 여섯 가지 두려움 중 하나라도 가지고 있다

여섯 가지 두려움에 대해서는 나중에 다른 장에서 분석할 것이다.

두려움을 이겨내야 여러분의 능력을 시장에서 효율적으로 팔 수 있다.

## 15. 결혼 상대를 잘못 골랐다

가장 흔한 실패의 원인이다. 결혼이라는 관계는 사람들을 밀접하게 연결한다. 만약 이 관계가 조화롭지 못하다면, 실패가 따르게 마련이다. 게다가 이런 종류의 실패는 고통과 불행을 동반하고, 야망의 싹을 모조리 꺾어버린다.

## 16. 조심성이 지나치다

기회가 왔을 때 잡지 못하면, 대개 다른 사람들이 선택하고 남은 것을 선택하게 된다. 지나친 조심성은 부주의만큼이나 좋지 않다. 두 가지 극단을 모두 경계해야 한다. 인생은 기회의 요소들로 가득 차 있다.

## 17. 함께 일할 사람을 잘못 골랐다

사업 실패의 가장 흔한 원인 중 하나다. 고용주를 선택할 때는 신중해야 한다. 영감을 줄 수 있고, 지적이며 그 자신이 성공한 사람이어야 한다. 우리는 가장 가까운 사람을 모방한다. 본받을 만한 사람을 고용주로 고른다.

## 18. 미신과 편견에 사로잡혀 있다

미신은 일종의 두려움이다. 무지의 신호이기도 하다. 성공하는 사람들은 열린 마음을 갖고 있으며, 아무것도 두려워하지 않는다.

## 19. 직업을 잘못 골랐다

싫어하는 일을 하면서 성공할 수는 없다. 직업을 고르는 데 있어서 가장 중요한 단계는 진심으로 자신을 쏟아부을 수 있는 일을 고르는 것이다.

## 20. 노력을 집중하지 않는다

다방면에 손을 대다 보면 어느 것 하나도 제대로 못 하기 마련이다. 하나의 명확한 목표에 모든 노력을 집중하라.

## 21. 무절제하게 소비하는 습관이 있다

낭비벽이 있는 사람은 성공할 수 없다. 빈곤의 두려움에서 영원히 벗어날 수 없기 때문이다. 소득에서 일정한 금액을 따로 떼어 체계적으로 저축하는 습관을 길러라. 은행 계좌에 돈이 있으면 자신의 능력을 가지고 흥정할 때 대담해질 수 있다. 돈이 없으면 상대방의 제안이 탐탁지 않아도 기꺼이 받아들일 수밖에 없다.

## 22. 열정이 부족하다

열정이 없는 사람은 다른 사람에게 확신을 주지 못한다. 게다가 열정은 전염된다. 열정을 가지되 적절히 조절하는 사람은 어디서나 환영받는다.

## 23. 편협하다

무슨 일에든 '꽉 막힌' 사람은 진전이 없다. 편협하다는 것은 지식을 더는 받아들이지 않는다는 뜻이다. 가장 해로운 편협성은 종교적, 인종적, 정치적 견해 차이를 받아들이지 않는 것이다.

## 24. 무절제하다

무절제 가운데서도 가장 해로운 것은 과식, 과음과 성적 무절제다. 이 중 한 가지 경향만 가지고 있어도 성공에 치명적이다.

## 25. 협력하지 못한다

지위를 잃거나, 인생의 큰 기회를 놓치는 가장 큰 원인 중 하나다. 현명한 사업가나 지도자라면 협동성의 결여를 결코 용납하지 않을 것이다.

## 26. 자신의 노력으로 얻지 않은 권력을 누린다

(부유한 부모를 둔 자녀, 스스로 벌지 않은 돈을 물려받은 사람). 권력은 점진적으로 얻은 것이 아닌 경우 성공에 치명적인 경우가 많다. 쉽게 얻은 부는 빈곤보다 더 위험하다.

## 27. 의도적으로 거짓말을 한다

정직을 대신할 것은 없다. 영구적인 피해를 남기지 않는다면, 어쩔 수 없는 상황 때문에 일시적으로 정직하지 못할 수 있다. 하지만 스스로의 선택으로 정직하지 않은 행동을 하는 사람에게는 희망이 없다. 조만간 자기 행동에 발목을 잡히고, 망신을 당할 것이며, 어쩌면 자유를 구속당하게 될지도 모른다.

## 28. 자기중심적이고 자만심에 사로잡혀 있다

이기심과 자만심은 타인에게 접근하지 말라고 보내는 경고 신호와 같다. 성공에 치명적이다.

## 29. 생각하지 않고 추측한다

대부분의 사람들은 너무 무관심하거나 게을러서, 사실이 무엇인지 알아내고 그것을 바탕으로 정확하게 생각하려고 하지 않는다. 추측 이나, 섣부른 판단에 의해 만들어진 '의견' 에 따라 행동하기를 선호 한다.

## 30. 자본이 부족하다

처음 비즈니스를 시작하는 사람들이 흔히 겪는 실패의 원인이다. 자본을 충분히 비축하지 못하면 실수로 인한 충격을 흡수하거나, 확고한 평판을 얻을 때까지 버티지 못한다.


30가지 목록에는 포함되지 않지만, 여러분이 겪은 실패의 구체적인 원인을 여기에 적어 보라.

이 30가지 주요 실패의 원인 속에는, 시도했지만 실패한 거의 모든 사람에게 해당하는 인생의 비극이 기술되어 있다. 여러분을 잘 아는 사람과 함께 목록을 살펴보고, 30가지의 실패 요인에 비추어 스스로 를 분석할 수 있도록 도움을 받아보자. 혼자 해도 상관없지만, 남들이 나를 보는 것처럼 나 자신을 객관적으로 보기는 힘들다.

"너 자신을 알라."라고 하지 않았던가. 물건을 잘 팔려면 그 물건에 대해 잘 알아야 한다. 개인의 능력을 마케팅할 때도 마찬가지다. 약점을 보완하거나 완전히 극복하려면, 약점에 대해 완벽하게 알고 있어야 한다. 강점에 초점을 맞추고 싶다면 강점이 무엇인지 알아야 한다. 자신에 대해 잘 아는 방법은 정확한 분석뿐이다.

자신을 잘 알지 못하는 데서 오는 어리석음을 잘 보여주는 사례가 있다. 어떤 젊은이가 유명 기업에 지원했다. 젊은이에게서 매우 좋은 인상을 받은 면접관은 급여는 얼마나 받고 싶은지 물었다. 젊은이는 정해 둔 금액이 없다(확실한 목표가 없다)고 대답했다. 면접관이 말했다.

"1주일간 당신의 능력을 시험해 본 뒤, 그에 맞는 급여를 지급하겠습니다."

그러자 젊은이가 대답했다.

"받아들일 수 없습니다. 지금 일하는 곳에서는 그것보다 더 많이 받고 있거든요."

현재의 직장에서 임금 재협상을 하거나 다른 일자리를 구할 때, 지금 받고 있는 돈보다 더 가치 있는 사람이라고 스스로 확신할 수 있어야 한다.

돈을 원하는 것과 ― 누구나 많이 받고 싶어 한다 ― 더 많이 받을 가치가 있는 것은 완전히 다른 문제다. 많은 사람들이 자신이 원하는 것을 당연히 받아야 할 권리가 있는 것으로 착각한다. 여러분의 재정적 필요나 욕구는 여러분의 진정한 가치와는 무관하다. 여러분의 가치는 유용한 서비스를 제공할 수 있는 능력 혹은 다른 사람들로 하여금 그런 서비스를 제공하도록 유도하는 능력에 전적으로 달려 있다.

## 자기 점검

매년 상품의 재고목록을 점검하듯, 스스로를 점검하는 것은 효과적으로 스스로를 마케팅하기 위해 꼭 필요하다. 나아가 매년 하는 자기 점검을 통해 단점은 줄이고, 장점은 늘려가야 한다. 사람은 앞으로 나아가기도 하고, 제자리에 머물러 있기도 하고, 후퇴하기도 한다. 당연히 목표는 앞으로 나아가는 것이어야 한다. 매년 자기 자신을 점검해 보면 앞으로 나아가고 있는지, 그렇다면 얼마나 나아가고 있는지 알 수 있다. 후퇴하고 있는지도 알 수 있다. 효과적으로 스스로를 마케팅하기 위해서는 느리더라도 앞으로 나아가야만 한다.

자기 점검은 매년 연말에 실시한다. 그래야 발전이 필요한 부분을 신년 계획에 넣을 수 있다. 다음 질문들을 통해 스스로를 점검해 보자. 누군가 다른 사람의 도움을 받아 답변이 정확한지, 스스로를 속이지는 않았는지 확인해 보자.

**| 자기 점검을 위한 28가지 질문 |**

**1.** 올해의 목표를 달성했는가? (인생 목표의 일부로서 확실한 연간 목표를 세우고 달성한다.)

**2.** 질적으로 최선의 서비스를 제공했는가? 아니면 개선의 여지가 있었는가?

**3.** 양적으로 최선의 서비스를 제공했는가?

**4.** 늘 조화를 중시하고 협동적인 정신으로 일에 임했는가?

**5.** 미루는 습관으로 능률이 떨어졌는가? 그렇다면 얼마나 떨어졌는가?

**6.** 나의 성품을 개선했는가? 개선했다면, 어떤 면에서인가?

**7.** 끈기 있게 계획을 완수했는가?

**8.** 모든 경우에 신속하고 확실하게 결정을 내렸는가?

**9.** 여섯 가지 두려움 중 하나라도 나의 능률을 떨어트렸는가?

**10.** 조심성이 '지나쳤거나' '모자라지는' 않았는가?

**11.** 동료들과의 관계가 원만했는가, 불편했는가? 불편했다면 일부 혹은 전적으로 나의 잘못이었는가?

**12.** 노력을 집중하지 않아서 에너지를 낭비하지는 않았는가?

**13.** 모든 문제에 열린 마음과 관용으로 임했는가?

**14.** 어떤 면에서 서비스 능력이 향상되었는가?

**15.** 무절제한 면은 없었는가?

**16.** 공공연하게 혹은 남모르게 이기심을 표출하지는 않았는가?

**17.** 동료들을 대하는 나의 태도가 존경심을 불러일으킬 만했는가?

**18.** 의견을 내거나 결정을 내릴 때 정확한 분석과 사고를 바탕으로 했는가? 추측에 의존하지는 않았는가?

**19.** 시간과 지출, 수입을 계획적이고 보수적으로 관리하는 습관을 지켜 왔는가?

**20.** 더 유익하게 쓸 수 있었던 시간을 무익한 일에 허비하지는 않 았는가?

**21.** 시간 계획과 습관을 어떻게 변경해야 내년에는 더욱 효율적인 한 해를 보낼 수 있을 것인가?

**22.** 양심에 거리끼는 행동을 하지는 않았는가?

**23.** 내가 받은 보상보다 더 많이, 더 나은 서비스를 제공했다면 어 떤 부분에서였는가?

**24.** 누군가에게 불공정하지는 않았는가? 그랬다면 어떤 면에서 불 공정했는가?

**25.** 내가 나의 고용주라면 나의 업무에 만족했겠는가?

**26.** 지금의 일이 잘 맞는가? 아니라면 이유는 무엇인가?

**27.** 나의 고용주는 내가 제공한 서비스에 만족했는가? 아니라면 이유는 무엇인가?

**28.** 성공의 기본 원칙에 비추어 볼 때 나의 현재 점수는 얼마인가? (공정하고 솔직하게 점수를 매기고, 정확하게 판단해 줄 용기가 있 는 사람에게 확인을 받는다.)


이 장에서 제공한 정보를 읽고 숙지했다면, 여러분은 이제 스스로 를 마케팅하기 위한 실천 계획을 세울 준비가 되었을 것이다. 이 장에 는 리더십의 주요 자질, 리더십이 실패하는 일반적인 이유, 리더십을 발휘할 수 있는 다양한 기회의 영역, 인생 전반에서 실패를 일으키는 주된 원인들 그리고 자기 분석에 반드시 활용해야 할 중요한 질문 등을 포함해 개인이 스스로를 마케팅하는 데 꼭 필요한 원칙들이 충분히 기술되어 있다. 이처럼 정확한 정보를 방대하고 상세하게 제시한 이유는 자신의 능력을 마케팅함으로써 부를 쌓기 시작해야 하는 모든 사람에게 꼭 필요한 내용이기 때문이다. 재산을 잃었거나, 이제 막 돈을 벌기 시작한 사람이 부자가 되기 위해서는 개인의 서비스를 제공하는 것 외에 다른 방법이 없다. 따라서 자신이 가진 능력을 가장 유리한 조건으로 판매하는 데 필요한 실용적인 정보들을 가지고 있어야 한다.

이 장에 포함된 정보는 어떤 분야에서든 지도자가 되려고 꿈꾸는 사람들에게 굉장한 가치를 지닐 것이다. 특히 기업의 임원을 목표로 하는 사람들에게 도움이 될 것이다.

여기에 담긴 정보를 완전히 흡수하고 이해하는 것은 스스로를 효과적으로 마케팅하는 데 도움이 될 뿐 아니라, 보다 분석적인 사고를 기르고 사람을 판단하는 능력까지 향상시켜 줄 것이다. 이 정보는 직원을 선발하고 조직의 효율성을 유지하는 책임을 맡은 인사 담당자, 고용 관리자 그리고 기타 임원들에게도 매우 귀중한 자료가 될 것이다. 믿지 못하겠다면, 28가지 자기 점검 문항에 답을 적어 봄으로써 그 타당성을 시험해 보라. 믿지 못해서가 아니더라도, 질문에 답해 보면 흥미롭고 유익할 것이다.

## 부를 쌓을 기회를 어디에서 어떻게 찾을 수 있을까?

부를 쌓는 원칙을 분석해 보았으니, 당연히 이런 의문이 들 것이다. "이 원칙들을 적용할 만한 좋은 기회를 어디에서 찾을 수 있을까?"

이제부터 스스로를 분석해 보고, 크고 작은 부를 추구하는 사람에게 미국이 어떤 기회를 제공하는지 알아보자.

우선, 우리 모두가 기억해야 할 점이 있다. 미국은 다른 어떤 나라보다도 시민의 자유를 보장한다. 법을 지키는 시민이라면 누구나 생각과 행동의 자유를 누린다. 우리 대부분은 이 자유가 주는 혜택을 상세히 따져본 적이 없다. 우리가 누리는 무제한의 자유를 다른 나라의 제한된 자유와 비교해 본 적도 없다.

우리에게는 사상의 자유, 교육을 선택하고 누릴 자유, 종교의 자유, 정치의 자유, 직업 선택의 자유, 누구의 방해도 받지 않고 마음껏 재산을 모으고 소유할 자유, 거주 이전의 자유, 결혼의 자유, 모든 인종이 동등한 기회를 가질 자유, 여행의 자유, 음식 선택의 자유가 있고, 스스로 준비만 되어 있다면 인생에서 어떤 지위든지 목표로 삼을 자유가 있다. 원한다면 미국 대통령직도 예외는 아니다.

우리에겐 이 외에도 다양한 형태의 자유가 있지만, 위에서 열거한 항목들은 최고의 기회를 제공하는 가장 중요한 자유들을 한눈에 보여준다. 이 자유가 주는 이점이 더욱 특별한 이유는, 이 나라에서 태어났든 귀화했든 모든 시민에게 이처럼 광범위하고 다양한 기회를 보장하는 나라는 전 세계에서 미국이 유일하기 때문이다.

우리가 누리는 광범위한 자유가 우리의 손에 쥐여주는 축복에 대해서도 되짚어 보자. 미국의 평균적인 가정(소득 수준이 평균에 해당하는 가정)을 예로 들어, 모든 가족 구성원이 이 기회와 풍요의 땅에서 누릴 수 있는 혜택들을 따져보자.

## 1. 음식

사상의 자유와 행동의 자유 다음으로 삶의 3대 기본 요소인 의식주가 있다. 우리가 누리는 보편적 자유 덕분에, 미국의 가정은 세계 어느 나라보다 질 좋은 음식을 감당할 수 있는 가격에 집 앞에서 손쉽게 구할 수 있다. 식품 생산지로부터 멀리 떨어진, 뉴욕 타임스퀘어 중심부에 사는 2인 가족의 간단한 아침식사 비용을 분석해 보니 놀라운 결과가 나왔다.

| 식품 항목 & 식탁에 올리는 비용 |

자몽 주스(플로리다주) 2센트

리플드 위트 브렉퍼스트 푸드 시리얼(캔자스주) 2센트

차(중국) 2센트

바나나(남아메리카) 2.5센트

토스트(캔자스주) 1센트

신선한 시골 달걀(유타주) 7

설탕(쿠바 또는 유타주) 0.5센트

버터와 크림(뉴잉글랜드) 3센트

———

총계 20센트

두 사람이 각자 10센트로 필요한 만큼 충분히 아침식사를 할 수 있는 나라에서 음식을 구하는 일은 별로 어려운 일이 아닐 것이다! 무슨 마법의 조화인지(?) 중국, 남아메리카, 유타주, 캔자스주, 뉴잉글랜드에서 날아온 음식들이 미국에서 가장 붐비는 도시 한복판에서 바로 먹을 수 있도록 아침 식탁에 올랐는데, 그 비용은 가장 소박한 노동자가 충분히 감당할 수 있을 정도로 저렴하다.

게다가 이 비용에는 모든 연방, 주, 시에서 부과하는 세금이 포함되어 있다(그런데도 정치인들은 국민이 높은 세금 때문에 죽어간다며 상대 후보를 비방할 때 이런 사실은 쏙 빼놓는다)!

## 2. 집

이 가족이 안락한 아파트에서 스팀 난방, 전기, 조리용 가스를 사용하면서 한 달에 지불하는 비용은 65달러다. 더 작은 도시나 뉴욕에서도 인구가 덜 밀집한 지역에서라면 같은 조건으로 생활하는 데 20달러만 지불하면 된다.

아침식사용 토스트는 사용 비용이 불과 몇 달러인 전기 토스터로 준비하고, 청소는 역시 전기로 작동하는 진공청소기로 한다. 주방과 욕실에서는 언제나 냉수와 온수를 사용할 수 있다. 음식을 시원하게 보관하는 냉장고도 역시 전기로 작동한다. 아내는 머리를 손질하고, 세탁을 하고, 다림질을 한다. 이때 모두 전기기구를 사용하며, 벽에 플러그만 꽂으면 쉽게 작동한다. 남편은 전기면도기로 면도를 한다. 라디오의 다이얼만 돌리면 세계 각국의 프로그램을 온종일 공짜로 원하는 만큼 즐길 수 있다.

이 아파트에는 이 밖에도 다른 편의 시설이 여러 가지 있지만, 이것만 봐도 우리 미국인들이 누리는 자유가 구체적으로 어떤 것인지 충분히 알 수 있다(이것은 정치적이거나 경제적 성격의 선전이 아니다).

## 3. 옷

미국 어디서든 평균적인 수준의 복장을 기준으로, 여성은 연간 200달러 미만, 남성은 이와 동일하거나 더 저렴한 비용으로 깔끔하고 편안한 옷을 갖춰 입을 수 있다.

의식주라는 기본 조건만 가지고 이야기했지만, 평균적인 미국 시민이라면 이 밖에 다른 특권과 혜택을 하루에 여덟 시간 이하로 일하는 적당한 노력의 대가로 누릴 수 있다. 여기에는 아주 적은 비용으로 마음대로 오갈 수 있는 자동차라는 교통수단도 포함된다.

평균적인 미국 시민은 재산권의 보장이라는 다른 어느 나라에도 없는 혜택을 누린다. 여유 자금을 은행에 맡길 때도 안심할 수 있다. 정

     7장. 체계적인 계획 수립

부가 그것을 보호해 주고, 은행이 망하더라도 보상해 줄 것이라는 믿음이 있기 때문이다. 미국 시민이라면 여권 없이 한 주에서 다른 주로 여행할 수 있고, 누군가의 허가를 받을 필요도 없다. 가고 싶을 때 가고, 돌아오고 싶을 때 돌아올 수 있다. 게다가 형편에 따라 기차, 자가용, 버스, 비행기, 배 등 원하는 수단으로 여행할 수 있다. 독일, 러시아, 이탈리아를 비롯한 대부분의 유럽 국가에서는 이렇게 저렴한 비용으로 자유롭게 여행하는 것이 불가능하다.

## 축복을 가능하게 한 '기적'

우리는 정치가들이 표를 호소하며 미국의 자유를 언급하는 것을 자주 듣는다. 하지만 그들은 충분한 시간과 노력을 들여 이 '자유'의 원천이나 본질이 무엇인지 분석하려는 수고는 하지 않는다. 나는 사적인 이해관계도, 표현할 원한도, 숨은 의도도 없으므로, 미국 시민 개개인에게 다른 어떤 나라에서도 누릴 수 없는 축복, 부를 쌓을 기회, 모든 종류의 자유를 누리게 하는 불가사의하고, 추상적이면서 크게 잘못 알려져 있는 '어떤 것'을 솔직하게 분석해 보려 한다.

내게는 이 '보이지 않는 힘'의 원천과 본질에 대해 분석할 권리가 있다. 왜냐하면 그 힘을 조직한 사람들 다수와 현재 그 힘을 유지하는 책임자들을 25년 넘게 알아왔기 때문이다.

인류에게 혜택을 주는 이 신비로운 존재의 이름은 '자본'이다!

자본은 돈만을 의미하는 것이 아니다. 자본은 고도로 조직화되고 지적인 사람들의 집단으로 구성되어 있으며, 이 집단은 돈을 효율적으로 활용하여 대중에게 유익하고, 자신들에게 이익이 되도록 그 수단과 방법을 계획한다.

이 집단은 과학자, 교육자, 화학자, 발명가, 경영 분석가, 대변인, 교통 전문가, 회계사, 법률가, 의사를 비롯해, 산업 전반의 모든 분야에 걸쳐 고도의 전문 지식을 보유한 남녀로 이루어져 있다. 그들은 새로운 영역을 개척하고, 실험하며, 앞장서서 길을 닦는다. 그들은 대학, 병원, 공립학교를 후원하고, 도로를 건설하고, 신문을 발행하고, 정부 지출의 대부분을 부담하며, 인류 발전에 필수적인 수많은 세세한 일들을 처리한다. 간단히 말해 자본가들은 문명의 두뇌들이다. 교육과 계몽 그리고 인류 발전을 이루는 모든 토대를 공급하기 때문이다.

두뇌가 없는 돈은 항상 위험하다. 적절하게 쓰일 때, 돈은 문명의 가장 중요한 핵심요소가 된다. 앞서 언급한 간단한 아침식사도 조직된 자본이 기계와 선박, 철도 그리고 이들을 운영할 거대하고도 숙련된 인력을 제공하지 않았다면, 1인당 10센트의 저렴한 가격에, 아니 어떤 비용을 지불하더라도 뉴욕의 가족에게 제공될 수 없었을 것이다.

앞서 기술한 간단한 음식들을 자본의 도움 없이 조달해서 뉴욕의 가족에게 전달하는 수고를 상상해 보는 것만으로도 조직된 자본의 중요성을 조금이나마 이해할 수 있을 것이다.

차를 조달하려면 중국이나 인도에 가야 하는데, 둘 다 미국에서 아주 멀리 떨어져 있다. 수영을 뛰어나게 잘하지 않는 이상 갔다 오기도 전에 지쳐버릴 것이다. 게다가 또 다른 문제가 있다. 바다를 헤엄쳐 건널 물리적인 힘이 있다고 한들 무엇으로 찻값을 치를 것인가?

설탕을 얻기 위해서는 쿠바까지 먼바다를 또다시 헤엄쳐서 가거나, 유타주의 사탕수수밭까지 긴 거리를 걸어야 한다. 그렇게 힘들게 갔지만 빈손으로 돌아와야 할지도 모른다. 조직적인 노력과 돈이 없으면, 설탕을 정제하고 수송해서 미국 어디든 아침 식탁까지 배달하는 것은 관두고라도 설탕을 생산할 수조차 없다.

달걀은 뉴욕 인근의 농가에서 쉽게 배달할 수 있겠지만, 자몽 주스 두 잔을 따라 주려면 플로리다주까지 먼 길을 걸어서 다녀와야 한다.

빵 네 조각을 구하려면 캔자스주든 어디든 밀이 자라는 주까지 또 한 번 걸어서 다녀와야 한다.

리플드 위트 시리얼은 아침 메뉴에서 제외해야 할 것이다. 시리얼을 제조하려면 훈련받은 사람들의 노동과 적절한 기계가 있어야 하는데, 모두 자본을 요하기 때문이다.

쉬는 동안 수영을 한 번 더 해야 한다. 남미에 가서 바나나 두 개를 따 와야 하기 때문이다. 돌아오는 길에는 가까운 낙농장에 들러 버터와 크림도 받아 와야 한다. 이제 뉴욕의 가족이 자리에 앉아 아침식사를 즐길 수 있게 되었지만, 여러분이 그 모든 노동의 대가로 받게 되는 것은 1센트짜리 동전 두 개뿐이다.

터무니없지 않은가? 자본주의 시스템이 없다면 간단한 음식 몇 가지를 뉴욕의 중심부까지 가져오기 위해 이 모든 절차를 거쳐야 한다.

간단한 아침식사를 배달하기 위해 철도와 증기선을 만들고 유지하는 데 들어가는 돈은 상상을 초월할 정도로 어마어마하다. 선박과 기차를 운항하는 데 필요한 수많은 숙련된 인력을 유지하는 데는 말할 것도 없이 수억 달러가 소요된다. 하지만 운송수단은 자본주의 미국의 현대문명이 요구하는 조건의 일부에 불과하다. 뭔가를 운송하려면 우선 땅에서 재배하거나 제조해서 시장에 내놓을 준비를 해야 한다. 그렇게 하려면 시설, 장비, 포장, 마케팅 비용과 수백만 명의 급여로 수백만 달러가 더 필요해진다.

증기선과 철도 역시 땅에서 솟아나 저절로 작동하는 것이 아니다. 문명의 요구에 부응하여 상상력, 믿음, 열정, 결단력, 끈기를 가진 인간이 노동과 창의력, 조직 능력을 발휘하여 만들어낸 것이다. 우리는 이들을 자본가라고 부른다. 이들을 움직이게 하는 것은 세우고, 짓고, 성취하고, 유용한 서비스를 제공하고, 이익을 얻고, 부를 쌓으려는 열망이다. 그들이 제공하는 서비스 없이는 문명사회가 존재할 수 없다. 그래서 그들은 막대한 부를 쌓을 수 있는 것이다.

이해를 돕기 위해 간단하게 설명하자면, 이 자본가들은 거리의 연설가들의 연설에서 들어본 바로 그 사람들이다. 이들은 급진주의자, 불법 조직원, 부패한 정치가, 부도덕한 노동 지도자들이 '약탈적 이해집단', '월가'라고 부르는 바로 그 사람들이다.

나는 특정 집단이나 경제 체제를 옹호하거나 반대하려는 것이 아니다. 또, '부도덕한 노동 지도자'라고 지칭함으로써 단체 교섭을 비난하거나, 자본가라고 알려진 사람 모두에 대해 깨끗하다는 평가를 내리려는 것도 아니다.

이 책의 목적 그리고 내가 25년 넘게 성실히 헌신한 목적은 부를 원하는 만큼 모으고자 하는 모든 이에게 가장 확실한 철학을 전하는 데



7장. 체계적인 계획 수립 |

있다. 나는 여기서 자본주의 체제의 경제적 장점을 분석했다. 그 목적
은 두 가지다.

1. 부를 추구하는 모든 사람은 크든 작든 부에 대한 모든 접근 경로
를 제어하는 시스템을 인지하고, 거기에 적응해야 한다는 것을 알
려주기 위해서다.
2. 조직된 자본이 마치 해로운 것처럼 문제의 본질을 의도적으로
흐리는 정치가와 선동가의 시각과는 반대되는 관점을 제시하기 위
해서다.

미국은 자본주의 국가이고 자본의 활용을 통해 발전해 왔다. 자유
와 기회의 축복을 누릴 권리를 주장하고, 이 나라에서 부를 쌓고자 노
력하는 우리 모두는 조직된 자본이 이 모든 혜택을 제공하지 않았다
면 부도 기회도 없었을 것임을 알아야 한다.

급진주의자, 사리사욕을 추구하는 정치인, 불법 조직원, 부도덕한
노동 지도자 그리고 때때로 종교 지도자 사이에서 '월가', '환전상',
'거대 기업'을 비난하는 일이 지난 20여 년간 유행처럼 번졌다.

이런 관행이 일반화된 나머지, 경제 공황기에는 정부 고위 공무원
들이 싸구려 정치인, 노동 지도자와 손잡고, 미국을 세계 최고의 부국
으로 만든 체제를 말살하려는 노골적인 의도를 드러내는 믿을 수 없

는 일이 벌어졌다. 그들의 연대가 너무나 광범위하고 조직적이었던 탓에 미국은 역사상 최악의 불황을 연장하는 결과를 감수해야 했다. 수백만 명이 일자리를 잃었다. 왜냐하면 그들의 일자리는 국가의 근간을 형성하는 산업 및 자본주의 체제와 떼려야 뗄 수 없는 관계였기 때문이다.

이렇게 미국 산업 시스템에 대한 '무차별적 공격'을 선언함으로써 이익을 취하려는 정부 관계자들과 사리사욕을 추구하는 이들이 통상적이지 않은 연대를 맺은 가운데, 특정한 유형의 노동 지도자들이 나타났다. 이들은 정치인들과 결탁해 하루의 정당한 노동에 대해 정당한 임금을 받는 건전한 방식 대신, 수적인 우세를 이용해 산업으로부터 부를 빼앗도록 허용하는 법안을 대가로 유권자들에게 표를 제안했다.

주는 것 없이 받기만 하려는, 이 유행처럼 번지는 행태에 지금도 전국에서 수백만 남녀가 몰두하고 있다. 그들 중 일부는 노동조합과 손잡고 더 적은 노동 시간과 더 많은 임금을 요구하고, 또 다른 이들은 아예 일할 생각조차 하지 않고 있다. 그들은 정부의 구호를 요구하고 실제로 받아내고 있다. 그들이 생각하는 자유권이 무엇인지를 드러내는 사례로, 뉴욕시에서 '정부 구호 수혜자들'이 우체국장에게 격렬하게 항의하는 사건이 있었다. 집배원들이 정부 지원금인 수표를 전달하기 위해 그들을 오전 7시 30분에 깨웠다는 것이 이유였다. 그들은 수표 배달 시간을 오전 10시로 조정해 달라고 요구했다.

만약 여러분이 집단을 조직해 덜 일하고 더 받을 수 있도록 요구함으로써 부를 쌓을 수 있다고 믿는다면, 정부 지원금을 요구하면서도 그것이 아침 일찍 배달되는 것이 불만이라면, 공공 재정을 털어가는 법안을 통과시키기 위해 정치인과 표를 거래하는 것을 정당하다고 믿는다면, 안심하고 그 믿음에 기대기 바란다. 아무도 여러분을 방해하지 않을 것이다. 왜냐하면 이 나라는 모든 이가 자기 좋을 대로 생각해도 되고, 거의 모든 이가 별다른 노력 없이 살 수 있고, 많은 사람들이 아무 일도 하지 않아도 잘 살아가는 그런 자유로운 국가이기 때문이다.

하지만 많은 사람들이 자랑스러워하면서도, 제대로 이해하는 사람은 별로 없는 자유에 대해 여러분은 진실을 알아야 한다. 자유가 아무리 대단하고, 아무리 광범위하게 적용되고, 많은 특권을 제공한다고 해도, 아무 노력도 없이 부를 가져다주지는 않는다.

부를 쌓고 합법적으로 소유하는 단 한 가지 믿을 수 있는 방법은 유용한 서비스를 제공하는 것이다. 다수의 힘만으로, 상응하는 가치를 제공하지도 않고 합법적으로 부를 획득하는 시스템은 없다.

경제 법칙이라는 원리가 있다! 이것은 단순한 이론을 넘어 누구도 거스를 수 없는 법칙이다.

이 원리의 이름을 잘 봐뒀다가 기억하라. 이 원리는 모든 정치가와 정치 기구보다 더 강력하다. 어떤 노동조합도 이를 통제할 수 없다. 어떤 종류의 조직원들이나 자칭 지도자들도 이 원리를 흔들거나, 영향력을 행사하거나, 매수할 수 없다. 이뿐만 아니라 이 원리는 모든 것을 보는 눈과 완벽한 부기 시스템을 갖추었기 때문에, 주지 않고 받으려고만 하는 모든 인간의 거래 내역을 정확히 기록한다. 조만간 이 원리의 회계 감사관들이 들이닥쳐서 크고 작은 모든 이들의 기록을 살펴보고 정산을 요구할 것이다.

'월가, 거대기업, 약탈적 이해 집단' 혹은 어떤 이름으로 부르든 상관없다. 이 체제는 우리에게 미국의 자유를 선사했고, 이 강력한 경제 법칙을 이해하고, 존중하고, 거기에 적응하는 사람들의 집단을 대표한다. 그들의 재정적 지속성은 법을 얼마나 존중하느냐에 달려 있다.

미국에 살고 있는 대다수의 사람들은 이 나라와 자본주의 시스템과 그 밖의 모든 것을 좋아한다. 고백하건대, 부를 쌓을 기회가 이 나라보다 더 크고 더 좋은 나라를 나는 알지 못한다. 행동으로 판단하건대, 이 나라를 좋아하지 않는 이들도 있다. 그것 역시 그들의 특권이다. 이 나라와 이 나라의 자본주의 체제와 이 나라가 제공하는 무한한 기회를 좋아하지 않는다면, 그들에게는 이 나라를 떠날 특권이 있다! 독일이든, 러시아든, 이탈리아든 다른 나라는 얼마든지 있다. 그런 곳에서도 자유를 누리고, 부를 쌓으려 시도는 해 볼 수 있을 것이다. 단, 너무 많은 걸 바라지 않는다면 말이다.

미국은 정직한 사람에게 부를 쌓을 자유와 기회를 제공한다. 사냥을 나갈 때 사냥감이 풍부한 사냥터를 고른다. 부를 추구할 때도 똑같은 법칙이 적용된다.

여러분이 추구하는 것이 부라면, 여성들이 해마다 립스틱을 포함한 화장품에만 2억 달러가 넘는 돈을 쓸 정도로 부유한 이 나라의 가능성을 결코 간과하지 마라. 부를 얻고자 한다면, 미국의 자본주의 체제를 무너뜨리려고 애쓰기 전에 두 번 생각하라. 이 나라의 시민들은 자유



7장. 체계적인 계획 수립 |

에 대한 감사를 표현하기 위한 카드를 사는 데만 1년에 5,000만 달러 이상을 쓴다!

여러분이 얻고자 하는 것이 돈이라면 이 나라가 매년 수억 달러를 담배에 지출하고, 그 돈의 대부분을 단 네 개의 큰 담배 회사가 가져간다는 사실에 주목하라.

무엇보다 이 나라 사람들은 매년 1,500만 달러 이상을 영화 관람이라는 특권에 쓰며, 여기에 더해 술, 마약 그리고 그보다 덜 자극적인 청량음료에조차 수백만 달러를 쓴다.

풋볼, 야구, 권투 경기 관람에 매년 수백만 달러 이상을 기꺼이, 앞다투어 내놓는 나라를 섣불리 떠나려고 하지 마라.

그리고 무엇보다도, 이 나라는 해마다 껌에 100만 달러를 넘게 쓰고, 안전 면도날에도 또 100만 달러를 쓰는 사람들이 사는 나라다.

이것들이 부를 쌓을 기회의 시작에 불과하다는 점을 기억하라. 앞서 언급한 것들은 사치품과 비필수 항목들의 단지 작은 일부분에 불과하다. 그럼에도 불구하고 이 몇 가지 상품들을 생산하고, 수송하고, 마케팅하는 데 수백만 명의 정규직 고용이 창출되어, 매달 수백만 달러의 임금이 지불되고, 이 돈은 다시 사치품과 생필품을 사는 데 활발하게 사용된다.

특별히 기억할 점은 이 모든 상품과 서비스의 판매 이면에 부를 축적할 풍부한 기회가 있다는 사실이다. 바로 여기서 우리 미국의 자유가 제 역할을 한다. 그 누구든 노력만 한다면 아무런 방해도 받지 않고 이 기회를 잡을 수 있다. 뛰어난 재능, 남다른 훈련과 경험이 있는 사람은 큰 부를 쌓을 수 있다. 그보다 덜 운이 좋은 사람은 더 작은 부를 쌓을 수 있다. 누구든 조금만 일하면 그 대가로 생계를 유지할 수 있다.

그러니 잡아라!

기회가 여러분 앞에 펼쳐져 있다. 앞으로 나서서 원하는 것을 잡아라. 계획을 세우고, 실천하고, 끈기 있게 실행하라. 나머지는 '자본주의' 미국에 맡겨라. 마음 놓고 기대라. 자본주의 미국은 모든 사람에게 기회를 보장한다. 누구나 유용한 서비스를 제공하고, 그 서비스의 가치에 따라 부를 모을 수 있다.

'자본주의 체제'는 누구에게나 권리를 준다. 하지만 공짜는 아니다. 자본주의 체제 자체가 경제 법칙이라는 힘에 의해 궁극적으로 지배되고 있으며, 그 법칙은 아무런 대가 없이 무엇인가를 얻으려는 시도를 결코 인정하거나 오래 용납하지 않는다.

경제 법칙은 자연이 통과시킨 법이다! 법을 어긴 자의 호소는 아무도 들어 주지 않는다. 법을 어기면 처벌받고 준수하면 보상받는다. 인간은 개입하지 않고 개입할 수도 없다. 이 법은 폐지할 수 없다. 하늘의 별처럼 그 자리에 단단히 박혀 있으며, 별을 통제하는 체제의 일부로서 똑같은 자연법칙의 지배를 받는다.

경제 법칙에 순응하기를 거부할 수 있을까?

물론이다! 이곳은 자유로운 나라다. 모든 인간이 동등한 권리를 가지고 태어난다. 그 권리에는 경제 법칙을 무시할 특권도 포함된다.

그러면 어떤 일이 일어날까?

글쎄, 아무 일도 일어나지 않는다. 다수의 사람들이 경제 법칙을 공



7장. 체계적인 계획 수립

공연히 무시하고, 원하는 것을 힘으로 뺏기 위해 뭉치기 전까지는.

그들이 뭉치면 잘 조직된 무장 병력을 동원한 독재자가 나타난다!

미국에서 우리는 아직 그 단계까지 간 적이 없다! 하지만 체제가 어떻게 움직이는지 우리가 알고 싶은 것은 모두 들었다. 어쩌면 우리는 그토록 섬뜩한 현실을 직접 경험하지 않아도 되는 행운을 누릴 수 있을 것 같다. 의심할 여지 없이 우리는 언론의 자유, 행동의 자유, 부를 대가로 유용한 서비스를 제공할 자유를 계속 누리기를 원할 것이다.

정부 관료들이 표를 대가로 사람들에게 국고를 털어갈 특권을 주는 관행은 때때로 당선으로 이어지기도 한다. 하지만 밤이 지나고 아침이 오듯, 결국에는 그에 대한 대가를 치르게 된다. 부당하게 사용된 돈은 결국 복리에 복리 이자를 더해 모두 되갚아야 하기 때문이다. 만약 부당한 이득을 취한 이들이 돈을 갚지 않으면 그 부담은 그들의 아들과 손자는 물론 3대, 4대까지 그대로 대물림된다. 빚을 피할 방법은 없다.

사람들은 임금을 올리고, 노동시간을 줄이기 위해 집단행동을 하곤한다. 하지만 넘지 말아야 할 선이 있다. 그 선을 넘는 순간 경제 법칙이 개입하고, 고용주와 고용인 모두 보안관에게 잡혀간다.

1929년부터 1935년까지 6년 동안 미국인들은 부유한 사람이든, 가난한 사람이든 기업, 사업, 은행이 보안관의 손에 넘어가는 광경을 목격했다. 아름다운 광경은 아니었다. 이성을 버리고 공짜로 얻으려는 군중심리에 대한 존경심도 늘어나지 않았다.

공포가 지배하고, 믿음이 땅에 떨어졌던 6년간의 암울한 시기를 지나는 동안 경제 법칙이 부유한 자와 가난한 자, 강한 자와 약한 자, 노인과 젊은이 모두에게 얼마나 무자비하게 대가를 요구했는지 우리는 결코 잊지 못할 것이고, 다시는 그런 경험을 원하지 않을 것이다.

이러한 관찰들은 단기간의 경험에서 나온 것이 아니다. 미국에서 가장 성공한 사람들과 가장 실패한 사람들을 25년간 면밀히 분석해서 나온 결과다.

# 결단력

## 미루는 습관 뿌리 뽑기

실패를 경험한 2만 5,000명의 남녀를 면밀히 분석한 결과, 결단력 부족이 30가지 실패의 원인 중 매우 높은 순위를 차지했다. 이것은 단순한 이론이 아니라 사실이다.

결단의 반대인 미루기는 사실상 모든 인간이 정복해야 하는 공공의 적이다.

이 책을 다 읽고 여기에 기술된 원칙들을 행동으로 옮길 준비가 되면, 여러분은 신속하고 확실한 결단력을 시험할 기회가 있을 것이다.

100만 달러 수준을 훨씬 넘는 부를 모은 수백 명을 분석했더니 모두에게서 공통된 습관이 발견되었다. 바로 빠르게 결정을 내리고, 혹시 결정을 바꿔야 할 때는 가능한 한 천천히 바꾸는 습관이었다. 돈을 모으는 데 실패한 사람들은 예외 없이 결정이 느리고, 한 번 내린 결정을 빨리 그리고 자주 바꾸었다.

헨리 포드의 뛰어난 점 가운데 하나는 결정을 내릴 때는 빠르고 확실하게 내리고, 결정을 바꿀 때는 신중하게 시간을 들인다는 점이다. 한 번 내린 결정은 좀처럼 쉽게 바꾸지 않는 점 때문에 그는 완고하다는 평을 들었다. 포드가 당시 모든 참모와 많은 구매자들의 반대에도 불구하고 유명한 (세상에서 가장 못생긴 자동차) 모델 'T'를 계속 제작했던 것도 이런 습관 때문이었다.

포드가 결정의 변경을 지나치게 미루었기 때문인지는 모르지만, 어쨌든 그는 결정을 바꾸지 않음으로써 어마어마한 돈을 벌었고 결국 결정을 변경할 필요가 없어졌다. 결정을 고수하는 포드의 습관에 어느 정도 완고한 성향이 있는 것은 부인할 수 없지만, 결정을 미루고 쉽게 변경하는 것보다는 더 낫다는 것이 입증된 셈이다.

필요한 만큼 돈을 모으는 데 실패하는 대다수의 사람들은 대개 다른 사람들의 '의견'에 쉽게 흔들린다. 그들은 신문과 사람들이 퍼뜨리는 '소문'에 '판단'을 맡겨 버린다. 의견은 지구상에서 가장 값싼 상품이다. 사람들은 누구나 들어줄 사람만 있으면 자신의 의견을 한껏 쏟아내려고 한다. 결정을 내릴 때, '의견'에 휘둘리면 열망을 돈으로 전환할 수 없음은 물론 어떤 일도 해내기 어렵다.

다른 사람들의 의견에 영향을 받으면, 자기 자신의 열망은 없어진다.

여기에 기술된 원칙들을 실제로 적용할 때는 묵묵히 자신만의 판단을 내리고 그 결정에 따라라. '마스터마인드' 팀 말고는 아무에게도 자신의 결정을 공유하지 마라. '마스터마인드' 팀원을 고를 때는 여러분의 목표에 완벽하게 공감하고 그 목표와 조화를 이룰 수 있는 사람들만을 선택하라.

가까운 친구들과 친지들의 '의견'과 그들이 농담처럼 던지는 조롱이 방해가 되곤 한다. 수많은 사람들이 열등감 속에 평생을 살아간다. 악의는 없지만 무지한 누군가가 '의견'이나 조롱으로 그들의 자신감을 무너뜨렸기 때문이다.

우리에게는 자신만의 뇌와 마음이 있다. 그것을 사용해 자신만의 결정을 내려라. 결정을 내리기 위해 다른 사람으로부터 사실과 정보를 얻어야 하는 경우가 자주 있다. 그럴 때는 목적을 밝히지 말고 필요한 정보만 조용히 얻도록 한다. 인간은 아주 적은 지식이나 피상적인 지식만을 가지고 있으면서도 많이 아는 것 같은 인상을 주고 싶어 한다. 그런 사람들은 대체로 말만 너무 많고, 듣지 않는다. 빠른 결정을 내리는 습관을 원한다면 눈과 귀는 활짝 열고 입은 닫아라. 말이 너무 많은 사람은 말만 한다. 듣는 것보다 말이 더 많다면 유용한 지식을 쌓을 기회를 놓칠 뿐 아니라, 여러분을 질투해 무너뜨리고 기뻐할 사람들에게 계획과 목표를 드러내고 만다.

또한, 지식이 풍부한 사람 앞에서 함부로 입을 열지 마라. 입을 열 때마다 그 사람에게 자신의 부족한 지식을 드러낼 뿐이다! 진정한 지혜는 겸손과 침묵을 통해 드러난다.

여러분과 관계를 맺는 모든 사람이 여러분과 마찬가지로 돈을 모을 기회를 노리고 있다는 점을 명심하라. 자신의 계획을 아무 데서나 얘기해 버리면, 누군가가 여러분의 계획을 가로채고 실행해 여러분보다 먼저 목표에 도달해 버릴 수 있다.

여러분의 첫 번째 결단은 입을 다물고 눈과 귀를 여는 것이 되어야 한다. 이 충고를 잊지 않도록 다음의 문구를 크게 써서 매일 볼 수 있는 곳에 붙여 놓자.

"세상에 무엇을 하려는지 말하기 전에 먼저 행동으로 보여라."

이 말은 "말이 아니라 행동이 가장 중요하다."라는 말과 같다.

## 자유가 아니면 죽음을

결정의 가치는 결정을 내리는 데 용기가 얼마나 필요한가에 달려 있다. 문명의 토대가 된 위대한 결정들은 큰 위험을 감수함으로써 내려졌고, 그 위험은 종종 죽음을 의미하기도 했다. 미국의 흑인들에게 자유를 선사하기 위해 노예해방 선언을 발표하기로 한 링컨의 결정은 그로 인해 수천 명의 친구와 정치적 지지자들이 등을 돌리게 될 것을 충분히 이해한 상태에서 내린 것이었다. 링컨은 또한 노예해방선언을 실행에 옮기는 것이 수천 명의 목숨을 전장에서 잃게 되는 결과로 이어질 것도 알고 있었다. 결국 링컨 자신도 목숨을 잃었다. 링컨의 결정은 용기가 필요한 결정이었다.

개인의 신념을 포기하느니 독배를 마시기로 한 소크라테스의 결정 또한 용기 있는 결정이었다. 그의 결정은 1000년의 시간을 뛰어넘어, 그의 시대에 태어나지도 않았던 사람들에게 사상과 언론의 자유를 부여했다.

북군과 결별하고 남부 연합의 대의를 위해 싸우기로 한 로버트 E. 리 장군의 결정도 용기 있는 결정이었다. 그는 그 결정이 다른 사람들

의 생명을 앗아감은 물론 자신의 생명을 위협할지도 모른다는 사실을
알고 있었다.

미국 시민에게 있어서 역사상 최고의 결정은 1776년 7월 4일 필라
델피아에서 내려졌다. 당시 문서에 서명한 쉰여섯 명은 그들의 결정
으로 모든 미국인이 자유로워질 수도, 그곳에 모인 전원이 교수대에
매달릴 수도 있다는 사실을 알고 있었다.

여러분도 이 유명한 문서에 대해 들어 보았겠지만, 그 문서가 개인
적 성공에 대해 명확히 전달하는 중요한 교훈은 미처 깨닫지 못했을
수도 있다.

우리는 모두 이 역사적인 결정이 내려진 날짜를 기억한다. 하지만
그 결정이 어떤 용기를 필요로 했는지 깨닫는 사람은 거의 없다. 우리
는 학교에서 배운 역사를 기억하고 있다. 날짜를 기억하고, 전쟁에서
싸웠던 사람들의 이름을 기억하고, 밸리 포지와 요크타운 같은 지명
을 기억하고, 조지 워싱턴과 찰스 콘월리스 경을 기억한다. 하지만 우
리는 이런 이름, 날짜, 장소를 있게 한 진짜 힘이 무엇이었는지에 대해
서는 거의 아는 바가 없다. 워싱턴의 군대가 요크타운에 도착하기 오
래전에 우리의 자유를 보장했던 보이지 않는 힘에 대해서는 더 알지
못한다.

우리는 미국 독립전쟁의 역사에 대해 읽었다. 그리고 조지 워싱턴
이 미국 건국의 아버지이고, 그가 우리의 자유를 쟁취한 사람이라고
잘못된 상상을 한다. 사실 조지 워싱턴은 사후 조력자일 뿐이다. 왜냐
하면 워싱턴 군대의 승리는 찰스 콘월리스 경이 항복하기 훨씬 전에

이미 결정되어 있었기 때문이다. 워싱턴으로부터 그가 누려 마땅한 영광을 빼앗으려는 것이 아니다. 나의 의도는 그가 거둔 승리의 진정한 원인이었던 놀라운 힘에 더 많은 관심을 집중시키는 것이다.

슬프게도 역사가들은 완전히 놓쳐 버렸다. 그들은 지구상의 모든 민족을 위해 독립의 기준을 새로 세울 국가를 탄생시키고 독립시킨 저항할 수 없는 힘에 대해 단 한 줄의 언급도 하지 않았다. 이것은 비극이라고 하지 않을 수 없다. 왜냐하면 그 힘이야말로 인생의 어려움을 극복하고, 삶으로부터 자신이 요구한 대가를 받아내야 하는 모든 개인에게 반드시 필요한 힘이기 때문이다.

이 힘을 탄생시킨 사건을 간략하게 살펴보자. 이야기는 1770년 3월 5일, 보스턴에서 일어난 한 사건으로부터 시작한다. 영국 군인들이 거리를 순찰하고 있었다. 그들은 존재만으로 시민들에게 노골적인 위협이 되고 있었다. 거리 한가운데를 행진하는 무장 군인들을 보며 식민지 시민들은 분개했고, 자신들의 적개심을 노골적으로 드러내기 시작했다. 시민들이 군인들에게 욕설을 하며 돌까지 던지자, 지휘관은 마침내 공격 명령을 내렸다.

전투가 시작되었고 많은 사람들이 죽거나 다쳤다. 사건은 분노를 불러일으켰고, 결국 (식민지 유력 인사들로 구성된) 주 의회는 구체적으로 대응하기 위해 회의를 소집했다. 의회 의원들 중에는 존 행콕과 새뮤얼 애덤스가 있었다. 그들은 용감하게 목소리를 높여, 영국 군인들을 보스턴에서 완전히 몰아내기 위해 행동에 나서야 한다고 선언했다.

두 사람이 마음속으로 내린 이 결정이 지금의 우리, 미국이 누리고 있는 자유의 시작이라고 칭해도 좋을 것이다. 이 두 사람의 결정에는 신념과 용기가 필요했다. 위험한 결정이었기 때문이다.

의회가 휴정에 들어가기 전에 새뮤얼 애덤스는 허친슨 총독을 방문해 영국군의 철수를 요구하도록 임명되었다.

요구가 받아들여져 영국군은 보스턴에서 철수했지만, 사건이 완전히 종결된 것은 아니었다. 사건으로부터 야기된 상황이 문명의 흐름을 완전히 바꾸어 놓을 운명이었기 때문이다. 미국 독립혁명이나 세계대전과 같은 거대한 변화들이, 처음에는 중요해 보이지 않는 사소한 사건에서 시작되는 경우가 많다는 것이 참으로 이상하지 않은가? 또한, 흥미로운 것은 이런 중요한 변화들이 비교적 소수의 사람들 마음속에 자리 잡은 확고한 결정의 형태로 비롯된다는 것이다. 존 행콕, 새뮤얼 애덤스, (버지니아주의) 리처드 헨리 리가 진정한 미국 건국의 아버지들이라는 사실을 아는 사람들은 별로 없다.

리처드 헨리 리는 이 이야기에서 중요한 요인이 된다. 그와 새뮤얼 애덤스가 빈번하게 (편지로) 소통했기 때문이다. 두 사람은 식민지 시민의 안녕에 관해 가지고 있던 서로의 두려움과 희망을 자유롭게 공유했다. 그러던 중 애덤스는 13개 식민지 간의 서신 교환이 그들의 문제를 해결하는 데 절실하게 필요한 노력을 조율할 수도 있다고 생각하게 되었다. 보스턴에서 충돌이 있은 지 2년 뒤인 1772년 3월, 애덤스는 의회에서 자신의 생각을 제안했다. 제안은 "영국령 아메리카 식민지의 발전을 위한 우호 협력을 목적으로" 각 식민지 간 교신 위원회를 설립하고, 각 식민지에 교신 담당자를 임명하자는 발의의 형태로 이루어졌다.

이 사건을 잘 새겨 두어라! 여러분과 나에게 자유를 선사할 광범위한 힘이 처음으로 조직화된 사건이니 말이다. '마스터마인드' 팀은 이미 조직되어 있었고 새뮤얼 애덤스, 리처드 헨리 리, 존 행콕이 팀원이었다.

"다시 너희에게 말한다. 너희 중 두 사람이 이 땅에서 무엇이든 구하는 일에 마음을 같이하면 하늘에 계신 내 아버지께서 그것을 너희에게 주실 것이다."

교신 위원회가 조직되었다. 이 조치로 모든 식민지에서 사람들이 교신에 참여함으로써 '마스터마인드'의 힘이 더욱 증대되는 길이 열렸다. 이를 통해 영국에 불만을 품은 식민지들이 최초로 조직적인 계획을 수립했다는 점에 주목하라.

뭉치면 산다! 그때까지 식민지 시민들은 영국 군인들을 상대로 싸움을 벌였지만, 보스턴 사건과 마찬가지로 체계적이지 않았고, 그 결과 아무것도 얻지 못했다. 그들의 개별적인 불만은 단일한 '마스터마인드' 아래 뭉쳐지지 않았다. 애덤스, 행콕, 리가 한데 뭉칠 때까지, 영국과의 문제를 완전히 해결하겠다는 단호한 결단 아래 마음과 정신, 영혼과 육체가 하나로 모인 적은 없었다.

한편, 영국도 가만히 있지만은 않았다. 그들도 나름대로 계획을 수립하고 '마스터마인드' 팀을 조직했다. 그들에게는 자금과 조직된 군대라는 이점이 있었다.

영국 국왕은 매사추세츠주의 총독으로 허친슨 대신 게이지를 임명했다. 새로운 총독이 취한 첫 번째 조치 중 하나는 새뮤얼 애덤스에게 사람을 보내 저항 운동을 그만두도록 윽박지르는 것이었다.

게이지가 보낸 펜턴 대령과 애덤스 사이의 대화를 통해 당시의 분위기를 상세히 알아보자.

펜턴이 말한다.

"애덤스 씨, 나는 게이지 총독의 권한을 받아 당신께 한 가지를 확실히 전하기 위해 왔습니다. 총독께서는 만약 당신이 정부의 조치들에 대한 반대를 중단하겠다고 약속한다면, 당신이 만족할 만한 혜택을 제공(뇌물을 약속함으로써 애덤스를 설득하려고 시도)할 수 있는 권한을 위임받으셨습니다. 총독께서는 당신이 폐하의 심기를 더는 거스르지 않기를 권고하셨습니다. 당신의 행위는 헨리 8세 시대에 제정된 법률에 따라 처벌 대상이 될 수 있으며, 이 법에 따르면 각 식민지 총독의 재량에 따라 반역죄 또는 반역 방조 혐의로 영국 본국으로 송환되어 재판을 받을 수 있습니다. 하지만 정치적 노선을 변경함으로써 당신은 막대한 개인적 이익을 얻을 수 있을 뿐만 아니라, 국왕과도 화해할 수 있습니다."

새뮤얼 애덤스는 두 가지 결단 중 하나를 선택할 수 있었다. 저항을 그만두고 뇌물을 받느냐, 저항을 계속함으로써 교수형에 처할 위험을 감당하느냐.

애덤스에게는 신속한 결단이 강요되었다. 어떤 결정을 내리느냐에 따라 목숨이 위태로울 수 있었다. 대다수의 사람들이라면 결정에 어려움을 느끼고, 애매한 대답으로 얼버무리려 했을 것이다. 하지만 애덤스는 달랐다! 그는 펜턴 대령에게 자신이 전하는 답변을 한 치의 왜곡도 없이 총독에게 그대로 전달하겠다는 맹세를 요구했다.

애덤스는 대답했다.

"그렇다면 게이지 총독에게 전하십시오. 나는 이미 오래전에 왕 중의 왕과 화해했습니다. 어떠한 개인적인 고려도 나로 하여금 내 나라를 위한 정의로운 대의를 저버리게 할 수 없습니다. 게이지 총독에게 더는 분노한 사람들의 감정을 모욕하지 말라는 새뮤얼 애덤스의 충고를 전해 주십시오."

새뮤얼 애덤스의 성격에 대해서는 굳이 말할 필요가 없을 것 같다. 이 놀라운 메시지를 읽은 사람이라면 누구나 메시지를 보낸 사람의 높은 충성심을 느낄 수 있을 것이다. 이것은 중요하다(불법 조직원들과 부패한 정치가들은 애덤스 같은 사람들이 목숨을 걸고 지킨 명예를 더럽혔다).

애덤스의 신랄한 답변을 들은 게이지 총독은 분노했고 다음과 같은 포고문을 발표했다.

"나는 국왕 폐하의 이름으로, 지금 당장 무기를 내려놓고 선량한 백성의 의무로 복귀하는 모든 이에게 폐하의 가장 자애로운 사면을 제안하고 약속하는 바다. 단, 새뮤얼 애덤스와 존 행콕은 그러한 사면의 혜택으로부터 제외된다. 그들의 죄는 극악무도하여 정당한 처벌 이외에는 어떠한 다른 고려의 여지도 없다."

요샛말로 애덤스와 행콕은 '찍힌' 셈이다! 성난 게이지 총독의 위협으로 두 사람은 또 한 번 위험한 결단을 내려야 했다. 두 사람은 서둘러 가장 충성스러운 추종자들을 비밀리에 소집했다('마스터마인드'가

---

동력을 얻기 시작했다).

회의를 소집하고 나서, 애덤스는 문을 잠그고 열쇠를 자신의 호주머니에 넣었다. 그는 참석자들에게 식민지 의회를 조직해야 하며, 이를 위한 결정을 내릴 때까지 아무도 방에서 나갈 수 없다고 말했다.

모두가 크게 술렁였다. 일부는 이런 과격한 행동이 가져올 결과를 두려워하며 저울질했다. 또 다른 일부는 왕권에 맞서는 이런 단호한 결정이 과연 현명한 것인지 의구심을 드러냈다. 방에 갇힌 사람 중 두려움에 굴복하지 않고, 실패의 가능성에는 눈도 돌리지 않는 두 사람이 있었다. 바로 행콕과 애덤스였다. 다른 사람들도 두 사람의 진심에 영향을 받아 1774년 9월 5일 필라델피아에서 첫 번째 대륙회의를 개최하기 위해 교신 위원회를 통해 준비 절차에 들어가는 데 동의했다.

이 날짜를 기억하라. 1776년 7월 4일보다 더 중요한 날짜다. 대륙회의를 개최하자는 이 결정을 내리지 않았다면 독립 선언문에 서명할 일도 없었다.

식민지 의회의 첫 대륙회의가 열리기 전, 미국의 다른 지역에서는 또 다른 지도자 한 명이 《영국령 아메리카의 권리에 대한 개요》의 출판을 두고 골머리를 앓고 있었다. 그는 버지니아주의 토머스 제퍼슨이었다. 그와 (영국 국왕이 임명한 버지니아주 총독) 던모어 경의 관계는 행콕, 애덤스와 게이지의 관계만큼이나 경직되어 있었다.

훗날 유명해진 《영국령 아메리카의 권리에 대한 개요》를 출판하고 얼마 뒤, 제퍼슨은 자신이 영국 정부에 대한 반역죄로 기소되었다는 통보를 받았다. 제퍼슨의 동료 패트릭 헨리는 위협에 자극받아 대담하게 자신의 생각을 밝혔다. 그는 다음과 같은 말로 자신의 발언을 마무리했는데 이는 영원히 인용될 고전이 되었다.

"이것이 반역이라면, 할 수 있는 데까지 해 보자."

식민지들의 운명을 엄중히 고심했던 사람들은 권력도, 권위도, 병력도, 돈도 없는 이런 사람들이었다. 첫 대륙회의가 열리고 2년 후인 1776년 6월 7일, 의장에게 발언을 요청한 리처드 헨리 리는 다음과 같은 발의로 좌중을 놀라게 했다.

"여러분, 나는 우리 식민지 연합이 자유롭고 독립적인 주로서 영국 국왕에 대한 충성의 의무로부터 벗어나, 대영제국과의 정치적 관계를 완전히 청산할 것을 제안합니다."

리의 충격적인 제안에 격렬한 논의가 벌어졌다. 논의가 길어지자 리는 인내심을 잃기 시작했다. 마침내 수일간 논쟁한 끝에 리는 다시 연단에 올라 또렷하고 힘 있는 목소리로 말했다.

"의장님, 우리는 이 문제를 수일 동안 논의했습니다. 우리가 따라야 할 길은 이것뿐입니다. 그렇다면 왜 더 지체해야 합니까? 왜 아직 망설입니까? 이 기쁜 날이 미합중국 공화국의 탄생일이 되게 합시다. 파괴하고 정복하기 위해서가 아니라, 평화와 법의 통치를 다시 세우기 위해 이 나라를 일어서게 합시다. 온 유럽이 우리를 주목하고 있습니다. 유럽은 우리에게 점점 심화하는 폭정에 맞서 시민들이 행복을 누리는, 살아있는 자유의 사례가 되기를 요구합니다."

리는 가족의 병세가 심각해져 동의가 표결에 부쳐지기 전에 버지니아주로 돌아갔다. 하지만 떠나기 전 그는 자신의 뜻을 친구 토머스 제퍼슨에게 위임했고, 제퍼슨은 그 뜻이 이루어질 때까지 싸우기로 약속했다. 그로부터 얼마 뒤, 식민지 의회 의장이었던 행콕은 제퍼슨을 독립 선언문의 초안 작성을 위한 위원회 위원장으로 임명했다.

위원회는 오랜 기간 심혈을 기울였다. 위원회가 작성한 문서가 식민지 의회의 승인을 거치고, 이후 필연적으로 닥칠 영국과의 전쟁에서 패배하면 문서에 서명한 이들은 죽음을 면할 수 없었다.

마침내 6월 28일 의회에서 초안이 발표되었다. 며칠 동안의 논의와 수정을 거쳐 선언문이 완성되었고, 1776년 7월 4일 제퍼슨은 의회 앞에서 역사상 종이에 기록된 것들 중 가장 중대한 결정문을 두려움 없이 낭독했다.

"인류의 역사에서 한 민족이 다른 민족과의 정치적 결속을 해소하고, 지구상의 나라들 가운데에서 자연법과 신의 섭리가 부여한 독립적이고 평등한 국가로서 자리를 찾는 것이 불가피할 때, 인류의 여론에 대한 적절한 존중은 독립해야만 하는 이유를 선언하는 것이다."

제퍼슨이 낭독을 마쳤다. 선언문은 표결에 부쳐져 승인되었고 쉰여섯 명이 선언문에 서명했다. 모두 자신의 목숨을 걸고 서명하기로 결정했으며, 그 결정으로 한 나라가 탄생했다. 인류에게 영원히 결정 내릴 특권을 부여할 운명을 지닌 나라였다. 인간은 독립 선언 당시와 같은 신념을 가지고 내린 결정을 통해서만이 개인적 문제를 해결하고, 스스로 높은 물질적·정신적 부의 경지에 도달할 수 있다. 이 점을 잊지 말자!

독립 선언에 이르게 한 일련의 사건들을 분석해 보면, 지금 세계에서 존경과 힘을 누리고 있는 이 나라가 쉰여섯 명으로 이루어진 '마스터마인드' 팀이 내린 결정으로부터 태어났음을 확신할 수 있다. 워싱턴이 이끈 군대의 승리를 보장한 것은 그들의 결정이었고, 그 결정의 정신이 워싱턴과 함께 싸운 모든 병사의 마음 안에서 실패를 인정하지 않는 영적인 힘으로 작용했음에 주목해야 한다.

또한 주목할 만한 (개인에게도 유익한) 사실은 이 나라에 자유를 준 힘은 개인이 자율적인 존재가 되기 위해 사용해야 할 바로 그 동일한 힘이라는 점이다. 그 힘은 이 책에 기술된 원칙들로 이루어져 있다. 독립 선언문과 관련된 이야기 속에서 최소한 여섯 개의 원칙을 어렵지 않게 찾아낼 수 있는데 바로 열망, 결단, 신념, 끈기, '마스터마인드', 조직적인 계획 수립이다.

이 성공 철학은 강렬한 열망이 뒷받침된 생각은 물리적 실체가 된다는 사실을 일관되게 제시하고 있다. 이 장을 마치기 전에 여러분에게 하고 싶은 말은 생각이 어떻게 이런 놀라운 변화를 일으키는지 그 방법이 이 이야기와 US 스틸의 창립 이야기 속에 완벽하게 기술되어 있다는 것이다.

그 방법의 비밀을 찾을 때, 기적을 찾으려고 하지 마라. 그렇게 해서는 찾을 수 없다. 여러분이 발견해야 할 것은 불변하는 자연의 법칙들뿐이다. 이 법칙들은 그것을 사용할 신념과 용기가 있는 사람이라면 누구나 이용할 수 있다. 한 국가에 자유를 부여하거나 부를 축적하는 데 사용될 수 있으며, 이를 이해하고 이용하는 데 필요한 시간을 제외하고 어떤 비용도 들지 않는다.

신속하고 확실하게 결정을 내리는 사람들은 자신들이 무엇을 원하는지 알고, 대개는 그것을 얻는다. 분야를 막론하고 지도자들은 빠르고 확고하게 결정한다. 그것이 그들이 지도자인 중요한 이유다. 세상은 자신이 어디로 가는지 알고 있음을 말과 행동으로 보여주는 사람에게 자리를 내주는 습성이 있다.

우유부단함은 보통 어린 시절에 나타나기 시작하는 습관이다. 명확한 목표 없이 초등학교, 고등학교, 대학교를 거치는 동안 이 습관은 영구화된다. 모든 교육체계의 중요한 약점은 확고한 결정을 내리는 습관을 가르치지도, 장려하지도 않는다는 점이다.

만약 대학이 진학 목표를 명확하게 밝히는 학생에게만 입학을 허용한다면 매우 유익할 것이다. 초등학교에 입학하는 모든 학생에게 결정하는 습관을 기르는 훈련을 의무적으로 실시하고, 이 분야에 대한 시험을 만족스럽게 통과해야만 상급 학년으로 진학시킨다면 더욱 유익할 것이다.

미흡한 학교 교육으로 인해 갖게 되는 우유부단함의 습관은 직업을 고른 뒤에도 계속 따라다닌다. 그것도 직업을 골랐을 때의 이야기지만 말이다. 대개는 학교를 갓 졸업하고 되는대로 취업을 한다. 아무 데나 처음 발견한 자리에 들어간다. 왜냐하면 결정하지 못하는 습관이 있기 때문이다. 오늘날 봉급생활자의 98퍼센트는 일자리를 계획하기 위한 확고한 결단력과 올바른 고용주를 선택할 지식이 없기 때문에 지금의 자리에 머무는 것이다.

확고한 결단을 내리기 위해서는 늘 용기가 필요하며, 때로는 아주 큰 용기가 필요하다. 독립 선언문에 서명한 쉰여섯 명은 선언문에 사인하기로 한 결정에 목숨을 걸었다. 이와는 달리 원하는 일자리를 얻고, 인생으로부터 원하는 대가를 받아내기 위해 목숨까지 걸 필요는 없다. 경제적 자유를 걸면 된다. 재정적 독립, 부, 바람직한 사업과 전문적 일자리는 이런 것들을 기대하고, 계획하고, 요구하기를 게을리하거나 거부하는 사람에게는 주어지지 않는다. 새뮤얼 애덤스가 식민지의 독립을 열망했던 것과 같은 정신으로 부를 열망하는 사람은 틀림없이 재산을 모을 것이다.

조직적인 계획 수립을 다룬 7장에서 여러분은 모든 유형의 개인 마케팅을 위한 완벽한 지침을 발견했을 것이다. 여러분이 선호하는 고용주와 열망하는 일자리를 고르는 방법에 관해 상세한 정보도 얻었을 것이다. 이런 정보들이 가치를 지니려면, 확고한 결단을 통해 그 정보들을 행동계획으로 체계화해야 한다.

# 9장

# 끈기

신념을 유발하는 데
꼭 필요한 지속적인 노력

끈기는 열망을 돈으로 바꾸는 과정에서 필수적인 요소다. 끈기의 기본은 의지력이다.

의지력과 열망은 잘 조합하면 무적의 한 쌍이 된다. 막대한 재산을 모으는 사람들은 종종 무자비한 냉혈한으로 오해를 받는다. 그들은 자신이 가진 의지력을 끈기와 결합해 확실히 목표를 달성하려는 열망을 뒷받침한다.

헨리 포드는 흔히 무자비하고 냉혹한 사람으로 오해를 받아왔다. 이런 오해는 모든 계획을 끈기로 밀어붙이는 그의 습관에서 나왔다.

대다수의 사람들은 반대에 부딪치거나 불운이 닥칠 기미만 보여도 쉽게 목표를 버리고 포기한다. 어려움을 무릅쓰고 목표를 끝까지 달성하는 사람은 소수에 불과하다. 이 소수가 포드가 되고, 카네기가 되고, 록펠러가 되고, 에디슨이 된다.

'끈기'라는 말에 영웅적인 함의는 없다. 하지만 탄소가 강철을 만들 듯, 끈기는 인간에게 중요한 자질이다.

재산을 쌓기 위해서는 일반적으로 성공 철학의 13가지 요소를 전부 활용해야 한다. 돈을 모으려는 사람은 이 원칙들을 이해하고, 끈기 있게 적용해야 한다.

이 책을 읽고 책이 전달하는 지식을 적용하고자 하는 사람이라면, 2장에 기술한 여섯 단계를 따라가면서 처음으로 자신의 끈기를 시험하게 될 것이다. 여러분이 이미 확실한 목표를 가진 2퍼센트에 속하지 않는다면, 지침을 읽고 나서도 다시 일상으로 돌아갈 뿐 결국 지침을 하나도 따르지 않을 수 있다.

나는 여기서 여러분을 시험해 보려고 한다. 끈기 부족은 실패의 주요 원인이기 때문이다. 나아가 수천 명의 경험이 증명하듯 끈기 부족은 대다수 사람들에게 공통적으로 나타나는 약점이다. 그러나 이 약점은 노력으로 극복할 수 있다. 끈기 부족을 얼마나 쉽게 극복하느냐는 열망이 얼마나 강하냐에 달려 있다.

모든 성취의 시작점은 열망이라는 사실을 계속 염두에 두어야 한다. 불이 작으면 열도 작듯이 약한 열망은 약한 결과를 가져온다. 스스로 끈기가 부족하다고 생각한다면, 열망의 불을 키워서 약점을 극복할 수 있다.

이 책을 끝까지 읽은 다음, 2장으로 돌아가 여섯 단계의 지침을 즉각 실행에 옮겨라. 얼마나 열정적으로 지침을 따르느냐가 여러분이 돈 모으기를 얼마나 진정으로 열망하는지 분명히 보여줄 것이다. 스



9장. 끈기 |

스로 무관심하다고 느낀다면, 아직 '돈에 대한 의식'을 획득하지 못한 것이다. 확실하게 재산을 모으려면 돈에 대한 의식을 가져야 한다.

물이 바다로 흘러가듯, 재산은 그것을 '끌어당길' 마음의 준비가 된 사람들에게 끌린다. 평범한 마음이 열망하는 대상을 끌어당기는 진동을 획득하기 위해 필요한 모든 자극이 이 책 안에 있다.

스스로 끈기가 부족하다고 생각한다면 '마스터마인드'의 힘을 다룬 10장에 수록된 지침들에 주의를 집중하라. 주변을 '마스터마인드' 팀으로 채우고 이 팀원들의 협동적인 노력을 통해 끈기를 기를 수 있다. 자기 암시와 잠재의식에 관한 장들에서도 끈기를 기르는 데 필요한 지침들을 추가로 찾을 수 있다. 이 장들에 나와 있는 지침들을 따르다 보면 여러분의 습관이 열망의 대상을 잠재의식에 명확하게 전달할 것이다. 그때부터 여러분은 더 이상 끈기 부족이라는 약점을 지니지 않을 것이다.

잠재의식은 깨어 있을 때나 잠들어 있을 때나 지속적으로 작동한다, 돌발적이고 지속적이지 못한 노력은 아무 소용이 없다. 의미 있는 결과를 얻으려면 모든 규칙을 적용하는 것이 습관으로 굳어져야 한다. 필요한 '돈에 관한 의식'을 기르는 데 다른 방법은 없다.

가난은 가난을 받아들이기 쉬운 마음을 가진 사람에게 끌려오고, 돈은 돈을 끌어들이도록 의도적으로 준비된 마음을 가진 사람에게 끌려온다. 이 모든 것은 동일한 법칙에 따라 일어난다. 마음을 온통 부에 대한 의식으로 채우지 않으면, 결국 빈곤 의식이 자연스럽게 마음을 지배하게 된다. 빈곤 의식은 조장하는 습관을 의식적으로 들이지 않아도 저절로 생겨난다. 반면, 부에 대한 의식은 타고나지 않았다면 반드시 의도적으로 만들어야 한다.

앞 문단의 진술이 담고 있는 의미를 온전히 이해한다면, 부를 축적하는 데 있어 끈기가 얼마나 중요한지 깨닫게 될 것이다. 끈기가 없다면 시작도 하기 전에 패배하게 될 것이다. 끈기를 가진 자만이 결국 승리한다.

한 번이라도 가위에 눌려 본 적이 있다면 끈기의 가치를 이해할 수 있을 것이다. 자다가 반쯤 잠에서 깼는데 뭔가에 눌린 듯한 기분이 든다. 몸을 뒤척일 수도, 근육 하나를 움직일 수도 없다. 스스로 근육의 통제력을 되찾아야만 한다는 것을 깨닫는다. 의지력으로 꾸준히 노력한 끝에, 마침내 한쪽 손가락을 움직이게 된다. 계속해서 손가락을 움직이다 보면, 그 통제력이 팔 전체로 확장되어 팔을 들 수 있다. 그와 같은 방식으로 다른 팔도 움직일 수 있게 된다. 이어서 한쪽 다리, 그 다음으로 다른 쪽 다리의 움직임도 되찾는다. 그리고 마지막으로, 한 번의 강력한 의지력을 발휘해 전신의 근육을 완전히 통제하며 가위눌림에서 풀려난다. 이 모든 과정은 오직 한 걸음씩, 끈질긴 반복을 통해 이루어진다.

정신적 무기력에서 벗어날 때도 이와 유사한 과정을 따라야 할지 모른다. 처음엔 느리게 시작해 점차 속도를 높여가며, 마침내 의지력을 완전히 통제하는 데 이르는 것이다. 처음에 아무리 느리게 나아가더라도 절대로 끈기를 잃지 마라. 끈기를 가지면 결국 성공은 뒤따르게 되어 있다.

---

'마스터마인드' 그룹을 주의 깊게 선택한다면 그 구성원 중 최소한 한 명은 당신의 끈기 함양에 실질적인 도움을 줄 것이다. 큰 부를 이룬 사람들 중에는 절박했기 때문에 돈을 모은 사람들도 있다. 그들은 상황에 몰릴 대로 몰려 끈기를 갖지 않으면 안 되었기에 결국 끈기를 습관으로 만들 수밖에 없었다.

끈기를 대신할 수 있는 것은 없다! 그 어떤 자질도 끈기를 대체할 수는 없다! 이 점을 기억하라. 시작이 어렵고 더디게 느껴질 때 이 말이 당신에게 큰 용기를 줄 것이다.

끈기를 습관으로 길러낸 사람은 마치 실패로부터 보호받는 보험에 든 것과도 같다. 얼마나 자주 좌절을 겪든, 결국에는 인생의 사다리 꼭대기에 도달한다. 때로는 보이지 않는 안내자가 있어서 온갖 낙담스러운 경험을 통해 사람을 시험하는 것처럼 느껴지기도 한다. 패배를 딛고 다시 일어나 계속해서 도전하는 사람은 결국 목적지에 도달한다. 그러면 세상은 외친다.

"브라보! 해낼 줄 알았어!"

숨겨진 안내자는 끈기의 시험을 통과하지 못한 이에게 위대한 성취를 허락하지 않는다. 그 시험을 견디지 못하는 사람은 결국 그 수준에 이르지 못한다.

시련을 '견뎌낼 수 있는' 사람은 그 끈기에 대해 풍성한 보상을 받는다. 그들은 자신이 추구하던 목표를 그대로 보상으로 받는다. 그러나 그것이 전부가 아니다! 그들은 물질적 보상보다 훨씬 중요한 것을 얻게 된다. 즉, 모든 실패는 그에 상응하는 혜택의 씨앗을 담고 있다는 사실을 알게 된다.

이 규칙에는 예외가 있다. 소수의 사람들은 끈기의 중요성을 경험으로 안다. 그들은 실패를 일시적인 것 이상으로 여기지 않고, 끈기 있게 열망을 적용한 끝에 마침내 실패를 승리로 바꾼 사람들이다. 우리는 인생이라는 무대의 바깥에서, 영영 다시 일어서지 못한 채 패배에 쓰러지는 수많은 사람들을 바라본다. 그러나 그 가운데 일부는 패배의 고통을 오히려 더 큰 노력을 위한 자극으로 삼는다. 이들은 다행히도 인생의 후퇴를 받아들일 줄 모른다. 그러나 우리가 보지 못하는, 대부분은 존재한다고 의심조차 하지 않는 조용하지만 저항할 수 없는 힘이 있다. 그 힘은 낙담 속에서도 싸움을 멈추지 않는 이들에게 다가와 구원의 손길을 내민다. 사람들은 이를 그저 끈기라 부르며 대수롭지 않게 여긴다. 그러나 분명한 진실이 하나 있다. 끈기를 갖추지 못한 자는 그 어떤 분야에서도 진정한 성공을 이룰 수 없다.

이 글을 쓰고 있는 지금, 나는 잠시 눈을 들어 불과 한 블록 남짓 떨어진 곳에 있는 위대하고 신비로운 '브로드웨이'를 바라본다. '죽은 희망들의 묘지', '기회의 현관'이라는 그곳으로 전 세계에서 수많은 사람들이 명성, 재산, 권력, 사랑 등 인간이 성공이라고 부르는 무엇이든 찾아 몰려든다. 그러나 아주 가끔 그들의 긴 행렬에서 누군가는 빛을 발하고, 세상은 브로드웨이를 정복한 또 한 사람의 이야기를 듣는다. 브로드웨이를 빠른 시간 안에 쉽게 정복할 수는 없다. 그곳은 재능을 인정하고, 천재성을 알아보며, 오직 포기를 거부했을 때만 금전적 보상으로 되돌려준다.

우리는 그가 브로드웨이 정복의 비밀을 발견했다는 사실을 알게 된다. 성공은 늘 끈기라는 한 단어와 떼려야 뗄 수 없이 붙어 있다!

그 비밀은 위대한 화이트웨이(브로드웨이)를 끈기로 정복한 패니 허스트의 투쟁 속에서 드러난다. 그녀는 1915년 뉴욕에 와서 글쓰기로 부를 얻고자 했다. 부는 빠르게 오지 않았지만, 결국 찾아왔다. 4년 동안 허스트는 뉴욕의 길거리를 몸소 체험하며 배웠다. 그녀는 낮에는 땀 흘려 일하고, 밤에는 희망을 꿈꿨다. 희망이 거의 보이지 않을 때도 "그래, 브로드웨이 네가 이겼어!"라고 말하지 않았다. 그녀는 대신 "좋아, 브로드웨이! 포기하는 사람도 있겠지만 난 아냐. 결국 네가 포기하게 만들 거니까."라고 말했다.

한 출판사(새터데이 이브닝 포스트)가 그녀에게 총 서른여섯 장의 거절 통지서를 보냈지만, 그녀는 결국 얼음을 깨고 이야기를 세상에 내놓았다. '평균적인' 작가라면, 다른 분야의 평균적인 사람처럼 첫 거절 통지를 받았을 때 이미 포기했을 것이다. 하지만 그녀는 4년 동안 출판사의 '거절'에 아랑곳하지 않고 계속 문을 두드렸다. 이기고 말겠다는 결심이 있었기 때문이다.

마침내 그녀의 끈기는 '보상'을 받았다. 마법은 깨졌고 보이지 않는 안내자는 패니 허스트를 시험했으며, 그녀는 끝내 그 시험을 견뎌냈다. 출판사들은 그녀를 뻔질나게 찾아왔다. 돈이 너무 빨리 들어와 세어 볼 겨를도 없었다. 그러던 중 영화 관계자들이 그녀를 발견했고, 이제 돈은 물밀듯이 쏟아져 들어왔다. 그녀의 최신 소설《위대한 웃음(Great Laughter)》의 영화 판권은 10만 달러에 팔렸는데, 이는 출판 전

원고에 지불된 최고가로 전해진다. 책 판매로 얻는 인세는 아마도 그 보다 훨씬 더 많을 것이다.

간단히 말해 끈기는 이런 성취를 이룰 수 있다. 패니 허스트도 예외 가 아니다. 남녀노소 누구든 큰 부를 쌓는 사람들은 반드시 먼저 끈기 를 갖추었음을 확신할 수 있다. 브로드웨이는 걸인에게는 커피 한 잔 과 샌드위치를 주지만, 큰돈을 노리는 자들에게는 끈기를 요구한다.

케이트 스미스가 이 글을 읽는다면 "아멘."이라고 할 것이다. 그녀 는 여러 해 동안 돈도 받지 못하고 노래했다. 아무 보수 없이 기회가 주어질 때마다 노래를 하며 정식 가수가 될 날만을 고대했다. 브로드 웨이는 그녀에게 말했다.

"할 수 있으면 원하는 걸 가져 봐."

그녀는 그 도전을 받아들였고, 어느 행복한 날 브로드웨이도 지쳐 말했다.

"넌 포기를 모르는구나. 원하는 값을 말하고, 진심으로 일해 봐."

스미스는 자신의 값을 말했다! 엄청난 액수였다. 한 주 치 급여가 대 부분의 사람들이 1년 동안 버는 액수보다 훨씬 높았다.

진실로, 끈기는 반드시 보상받는다!

여기에 큰 의미를 함축한 격려의 말이 있다. 케이트 스미스를 능가 하는 실력을 지닌 수천 명의 가수들이 오늘도 브로드웨이를 오르내리 며 '행운'을 찾고 있지만, 성공하지 못하고 있다. 수없이 많은 이들이 왔다가 사라졌다. 그들 중 많은 이들은 충분히 훌륭하게 노래했지만, 브로드웨이가 지쳐서 더는 밀어내지 않을 때까지 버티고 또 버틸 용기, 그 끈기를 갖추지 못했기에 결국 성공하지 못했다.

끈기는 결국 마음가짐이다. 그러므로 기를 수 있다. 모든 마음가짐이 그렇듯이 끈기도 확실한 요인들로부터 비롯된다. 끈기를 결정짓는 요인은 다음과 같다.

### 1. 분명한 목표

무엇을 원하는지 아는 것은 끈기를 함양하는 데 가장 중요한 첫 번째 요소다. 강력한 동기가 있다면 많은 어려움을 헤쳐 나갈 수 있다.

### 2. 열망

강한 열망의 대상이 있다면 지속적으로 끈기를 발휘하기가 상대적으로 쉬워진다.

### 3. 자신에 대한 믿음

계획대로 수행할 수 있다는 믿음이 있을 때 끈기 있게 밀고 나갈 수 있는 의욕이 생긴다(자신에 대한 믿음을 계발하는 방법은 자기 암시의 장에 기술되어 있다).

### 4. 확실한 계획

빈약하고 실행 가능성이 완전히 떨어지더라도 체계적인 계획이 있다면 끈기 있게 버틸 수 있다.

### 5. 정확한 지식

경험이나 관찰에 기반을 둔 탄탄한 계획이 있다는 것을 알면 끈기를 가질 수 있다. '지식'이 아닌 '추측'은 끈기를 망가뜨린다.

### 6. 협력

공감과 이해, 타인과의 조화로운 협력은 끈기를 북돋는다.

### 7. 의지력

분명한 목표를 달성하기 위한 계획 수립에 생각을 집중하는 습관은 끈기를 함양한다.

### 8. 습관

끈기는 습관에서 직접 비롯된다. 마음은 날마다 경험을 흡수하고, 다시 경험의 일부가 되어 경험을 통해 성장한다. 가장 무서운 적인 두려움은 용기 있는 행동을 반복해서 억지로 실천함으로써 효과적으로 치유할 수 있다. 이는 전쟁터에서 실전을 겪은 사람이라면 누구나 아는 사실이다.

끈기에 관한 장을 마무리하기 전에 자신을 돌아보고 구체적으로 어떤 부분에서 끈기가 부족한지 알아보자. 스스로를 용감하게 하나하나 평가하고, 여덟 가지 끈기의 요소 가운데 몇 가지가 결여되어 있는지 살펴보자. 자신에 대해 새롭게 아는 기회가 될 수도 있다.

### 끈기 부족의 징후들

눈에 띄는 성공을 방해하는 진정한 적은 무엇일까? 여러분은 이제 끈기가 약하다는 것을 나타내는 징후뿐 아니라, 잠재의식에 깊이 자리 잡은 원인을 발견하게 될 것이다. 아래의 목록을 면밀히 살펴보고 자신이 어떤 사람인지 정면으로 마주하기 바란다. 여러분이 누구인지, 무엇을 할 수 있는지 아는 계기가 될 것이다. 다음은 부를 쌓고자 하는 사람이 반드시 극복해야 하는 약점들이다.

1. 내가 정확히 무엇을 원하는지 인식하고 명확하게 정의할 수 없다.

2. 이유가 있어서 혹은 이유 없이 할 일을 미룬다(대개는 핑곗거리가 산더미다).

3. 전문 지식을 습득하는 데 흥미가 없다.

4. 문제에 정면으로 대처하지 않고, 매사에 결정을 미루고 남에게 '책임을 전가' 한다(역시 핑계를 댄다).

5. 문제 해결을 위해 확실한 계획을 세우는 대신 핑계를 대는 습관이 있다.

6. 자신의 성과에 안주한다. 이런 성향은 고칠 방법도, 희망도 없다.

7. 반대에 부딪치면 싸우기보다 늘 쉽게 타협하는데, 이것은 무관심한 성향을 드러낸다.

8. 자신의 실수에 대해 남 탓을 하고, 불리한 환경을 어쩔 수 없는 것으로 받아들인다.

9. 강하게 열망하지 않으며, 행동을 촉구할 동기를 찾으려고 하지

않는다.

**10.** 실패의 징후가 보이면 그만둘 준비가 되어 있고, 심지어 그만 두고 싶어 한다(여섯 가지 두려움 가운데 한 가지 이상을 가지고 있다).

**11.** 체계적인 계획이 없다. 글로 정리해 두지 않아서 분석할 수도 없다.

**12.** 아이디어를 실행에 옮기려고 하지 않고, 기회가 나타나도 잡으려고 하지 않는다.

**13.** 행동하려고 하지 않고 바라기만 한다.

**14.** 부를 지향하기보다는 빈곤과 타협하려는 습관이 있다. 무엇이 되고, 무엇을 하고, 무엇을 소유하려는 야심이 대체로 결여되어 있다.

**15.** 부를 얻을 지름길만 찾는다. 정당한 대가 없이 얻으려고만 한다. 대개 도박하는 습관이 있거나, 협상이나 거래에서 일방적으로 유리한 조건을 얻어내려고 애쓰는 경향이 있다.

**16.** 비난을 두려워한다. 다른 사람들의 반응을 신경 쓰느라 계획을 세우지도, 실천하지도 못한다. 비난에 대한 두려움은 최악의 약점이다. 주로 잠재의식 속에 존재하여 인지하지 못하기 때문이다(여섯 가지 기본적인 두려움 참조).


비난을 두려워하는 증상 몇 가지를 살펴보자. 대다수의 사람들은 친척, 친구, 일반 대중의 영향을 지나치게 묵과한 나머지 자신의 삶을 살지 못한다. 그들의 비난이 두렵기 때문이다.

많은 사람들이 잘못된 결혼을 하지만 결혼생활을 유지하며 일생을 불행하게 산다. 잘못을 바로잡았을 때 받게 될 비난이 두려워서다(이런 형태의 두려움은 회복할 수 없는 피해를 입힌다. 야망, 자신에 대한 믿음, 성취욕을 망가뜨리기 때문이다).

많은 사람들이 학교를 떠난 뒤에 뒤늦게나마 교육받기를 꺼린다. 비난을 받을까 봐 두렵기 때문이다.

셀 수 없이 많은 사람들이 의무라는 이름으로 친척들이 자신의 삶을 망치게 내버려둔다. 역시 비난이 두려워서다(의무는 어떤 경우에도 개인의 야망을 파괴하거나 자신의 삶을 온전히 살아갈 권리를 빼앗지 않는다).

사람들이 사업에서 위험을 감수하려 하지 않는 이유도 실패했을 때 받게 될 비난이 두렵기 때문이다. 이런 경우 비난에 대한 두려움이 성공에 대한 열망보다 더 크다고 볼 수 있다.

너무 많은 사람들이 높은 목표를 세우지 않으려고 하거나, 직업 선택을 주저한다. 친척과 '친구'라는 사람들로부터 "그렇게 높은 목표를 세우면 사람들이 미쳤다고 할 거야."라는 말을 들을까 봐 두려워서다.

앤드루 카네기로부터 20년을 투자해 성공 철학을 정리해 보지 않겠느냐는 제안을 받았을 때, 처음 떠오른 것은 사람들이 뭐라고 생각할지 모른다는 두려움이었다. 카네기의 제안으로 내게는 이전에 품었던 것과는 비교도 할 수 없는 목표가 생겼다. 그러나 내 마음은 순식간에 핑계와 변명거리를 찾기 시작했다. 모두 비난에 대한 타고난 두려움에 기인한 것이었다. 내 마음속 목소리가 내게 말했다.

"너는 못 해. 너무 거창하고, 많은 시간이 소요되는 일이잖아. 친척들이 뭐라고 생각하겠어? 생계는 어떻게 하려고? 성공 철학을 정리하다니. 아무도 그런 걸 한 적 없는데, 네가 무슨 권리로 그런 걸 하려고 해? 네가 뭐라고 그렇게 높은 목표를 세우는 거야? 네 보잘것없는 출신을 생각해. 네가 철학에 대해 뭘 알아. 사람들은 네가 미쳤다고 생각할 거야(정말 그랬다). 지금까지 아무도 그런 일을 하지 않은 이유가 뭐라고 생각해?"

더불어 수많은 다른 질문들이 내 마음속에 빗발쳤다. 마치 온 세계가 갑자기 나를 둘러싸고 카네기의 제안을 실행에 옮기려는 열망을 꺾으려고 조롱하는 것 같았다.

당시 나는 하마터면 야망이 나를 지배하기 전에 꺾어버릴 뻔했다. 이후 수천 명을 분석하고 나서 나는 깨달았다. 대부분의 아이디어는 태어나자마자 사멸하고 만다. 그것들이 살아 움직이려면 즉각적인 실행 계획이라는 숨결을 불어넣어야 한다. 아이디어를 돌봐야 할 때는 바로 그것이 태어났을 때다. 매 순간 버틸 때마다 생존할 가능성도 그만큼 커진다. 대부분의 아이디어가 구체적인 계획과 실행 단계에 이르지 못하고 사라지는 이유는 비판에 대한 두려움 때문이다.

많은 사람들은 물질적인 성공이 '갑작스러운 행운'의 결과라고 믿는다. 근거가 아주 없는 것은 아니지만, 운에만 전적으로 기대는 사람들은 거의 항상 실망한다. 성공을 확신하기 전에 선결해야 하는 또 다른 중요한 요소를 간과하기 때문이다.

코미디언 W. C. 필즈는 대공황 때 돈을 모두 잃었다. 수입도 직장도, 생계 수단(무대)도 사라졌다. 게다가 이미 예순이 넘어 스스로를 '노인'으로 취급할 나이였다. 무대가 너무나도 그리웠던 그는 새로운 분야(영화)에 돈을 받지 않고 출연하겠다고 제안했다. 하지만 설상가상으로 넘어져서 목을 다쳤다. 보통 사람 같았으면 포기하고 그만둘 만한 상황이었다. 하지만 필즈는 끈질겼다. 그는 계속하다 보면 조만간 '행운'이 찾아오리라 믿었고, 정말로 행운을 얻었지만 단순히 운이 좋아서였던 것은 아니었다.

마리 드레슬러는 예순 살 전후에 돈을 잃고, 직장도 없는 빈털터리가 되었다. 그녀 역시 '행운'을 좇았고 결국 손에 넣었다. 그녀의 끈기는 놀라운 성공을 안겨 주었다. 그것도 대부분의 남녀가 더는 무엇인가를 이루고자 하는 열망을 접고도 남을 늦은 시기에 얻은 승리였다.

에디 캔터는 1929년 주식 시장 붕괴로 돈을 잃었지만 끝까지 잃지 않았던 끈기와 용기, 더불어 뛰어난 혜안으로 다시 주 1만 달러의 수입을 회복했다! 사람은 끈기만 있다면 다른 자질이 조금 부족해도 성공할 수 있다.

누구든 마음 놓고 기대도 좋은 '행운'이 있다. 바로 스스로 만든 '행운'이다. 행운은 끈기를 통해 만들 수 있다. 그 시작점은 확실한 목표다.

여러분이 만나는 100명의 사람들에게 인생에서 가장 원하는 것이 무엇이냐고 물어보라. 아흔여덟 명은 대답하지 못할 것이다. 억지로 대답을 이끌어내면 안정이라고 대답하는 사람도 있겠지만, 많은 사람들이 돈이라고 대답할 것이다. 행복이라고 대답하는 사람들도 적게나

마 있을 것이고, 명예와 권력이라고 대답하는 사람도 있을 것이다. 그 밖에 사회적 인정, 편안한 삶을 원하는 사람, 노래를 잘하고 춤을 잘 추고 글을 잘 쓰는 것이라고 대답하는 사람도 있을 것이다. 하지만 아무도 자신의 소망을 정의하거나, 애매하게 표현한 소망을 이루기 위해 어떤 계획이 있는지 말하지는 못할 것이다. 부는 소망한다고 얻어지는 것이 아니다. 부는 분명한 계획을 세우고, 확실한 열망을 향해, 꾸준히 나아갈 때만 얻을 수 있다.

## 끈기를 기르는 법

끈기를 습관으로 만드는 간단한 네 단계를 소개하겠다. 지능이 특출 나게 높지 않아도, 교육을 많이 받지 않았어도, 약간의 시간과 노력만 있으면 실천할 수 있다.

1. 확실한 목표와 이를 뒷받침하는, 목표를 이루고야 말겠다는 뜨거운 열망

2. 분명한 계획과 지속적인 실천

3. 친척, 친구, 지인들의 부정적인 조언을 비롯해 모든 부정적이고 의욕을 꺾는 영향을 단호히 거부하는 마음

4. 목표를 향해 계획을 실천하도록 격려하는 사람들과의 우호적인 관계

이 네 단계는 어떤 분야에서든 성공하기 위해 꼭 필요하다. 성공 철학의 13가지 원칙을 아우르는 목표는 이 네 가지를 습관화하도록 만드는 것이다.

이 네 가지를 통해 우리는 다음과 같은 일을 할 수 있다.

- 자신의 경제적 운명을 통제할 수 있다.
- 자유롭고 독립적인 사고를 할 수 있다.
- 크든 작든 부를 이룰 수 있다.
- 힘, 명예, 세간의 인정을 얻을 수 있다.
- 행운을 보장받을 수 있다.
- 꿈을 물리적 현실로 바꿀 수 있다.
- 공포, 좌절, 무관심을 지배할 수 있다.

이 네 가지를 습관화함으로써 우리는 엄청난 보상을 받을 수 있다. 자신의 운명을 스스로 결정할 수 있고, 인생으로부터 원하는 대가를 받을 수 있다.

사실 여부를 확인할 길은 없지만, 감히 추측건대 한 남자에 대한 월리스 심프슨의 위대한 사랑은 우연도 갑작스러운 행운의 결과도 아니다. 그녀는 불타는 열망을 가지고, 목표를 향해 한 발 한 발 조심스럽게 나아갔다. 그녀의 첫 번째 의무는 사랑이었다. 세상에서 가장 위대한 것이 무엇인가? 예수는 사랑이라고 말했다. 인간이 만든 규칙도, 비판도, 시련도, 비방도 정략 '결혼'도 아닌 사랑 말이다.

그녀는 자신이 원하는 것이 무엇인지 영국 왕세자를 만나기 훨씬 전부터 알고 있었다. 그래서 두 번의 실패 후에도 용기를 갖고 찾기를 멈추지 않았다.

"자신에게 진실하라, 그러면 밤이 낮을 따르듯 그 누구에게도 거짓 될 수 없을 것이다."

그녀가 성공에 이른 과정은 느리고, 점진적이고, 끈질겼지만 확실했다! 그녀는 믿을 수 없을 정도로 긴 고난 끝에 승리했다. 여러분이 누구든, 월리스 심프슨이나 그녀 때문에 왕관을 포기한 왕에 대해 어떻게 생각하든, 그녀는 끈기를 실천한 놀라운 사례이자, 자기 결정권이 무엇인지 가르쳐 준 교사다. 그녀로부터 전 세계는 유익한 교훈을 얻을 수 있다.

월리스 심프슨은 자신이 무엇을 원하는지 알고 있었고, 그것을 얻기 위해 세계 최고의 제국을 흔들었다. 세상이 남성 중심적이고 성공할 기회를 공평하게 주지 않는다고 불평하는 여성들은 스스로를 위해 이 비범한 여성의 삶을 찬찬히 들여다봐야 한다. 이 여성은 남들이 '늙었다'고 할 만한 나이에 세계에서 가장 훌륭한 신랑감의 마음을 사로잡았다.

그렇다면 에드워드 국왕은 어떤가? 이 드라마틱한 사건에서 그가 맡은 역할을 보며 우리는 어떤 교훈을 얻을 수 있을 것인가? 그는 자신이 선택한 여성의 사랑을 위해 너무 많은 대가를 치렀던 것일까?

오직 국왕 한 사람만이 답할 수 있는 질문이다. 우리는 그저 추측할 뿐이다. 우리가 아는 것이라고는 그가 자신의 의지와는 상관없이 이 세상에 왔고, 자신이 요구하지도 않은 막대한 부를 처음부터 가지고 태어났다는 것이다. 사람들은 끈질기게 그에게 결혼을 종용했다. 유럽의 모든 정치가가 공주들과 귀족 여성들을 결혼 상대로 들이밀었다. 그는 장자였기 때문에 왕위를 물려받았지만, 왕이 되려고 애쓰지도 않았고 아마 열망하지도 않았을 것이다. 40년 넘게 그는 자유롭지 못했고, 자신의 삶을 자신의 뜻대로 살 수 없었으며 사생활도 거의 없었다. 마침내 그는 자신에게 맡겨진 의무를 받아들여 왕위에 올랐다.

어떤 이는 "온갖 축복을 타고났으니 에드워드 왕은 평화롭고 만족스러운 삶을 즐겨야 마땅했다."라고 말할 것이다.

하지만 진실을 들여다보면 에드워드 국왕이 왕관과 함께 물려받은 모든 특권, 돈, 명예, 권력의 뒤에는 사랑만이 채울 수 있는 공허함이 있었다.

그가 가장 열망했던 것은 사랑이었다. 윌리스 심프슨을 만나기 오래전부터 그는 사랑이라는 이 위대하고 보편적인 감정이 심장을 끌어당기고, 영혼의 문을 두드리고, 언젠가 드러나기를 간절히 외치고 있음을 느꼈음이 틀림없다.

그리고 이 거룩한 표현의 특권을 똑같이 갈망하는 동류의 영혼을 만났을 때 그는 그것을 알아보았고, 두려움도 변명도 없이 마음의 문을 열어 그 감정을 받아들였다. 세상의 모든 중상모략도 두 사람이 모든 것을 버린 채 찾아낸 사랑을 거룩하게 표현하고자 했던 이 국제적인 드라마의 아름다움을 훼손할 수는 없다.

남은 인생을 자신이 선택한 여성과 보내는 특권을 얻기 위해 세계에서 가장 강력한 제국의 왕위를 포기하기로 한 에드워드 국왕의 결정에는 용기가 필요했다. 그 결정에는 분명 큰 대가가 따랐다. 그러나 그 대가가 지나치게 컸다고 누가 감히 말할 수 있을까? "너희 중 죄 없는 자가 먼저 돌을 던지라."라고 말씀하신 그분이라면, 아마도 그렇게는 하지 않으셨을 것이다.

윈저 공이 된 에드워드 국왕이 사랑을 열망하고, 월리스 심프슨에 대한 사랑을 공표하고 그녀를 위해 왕위를 포기한 것을 두고 그를 비난하는 사람들에게 해 두고 싶은 말이 있다. 그는 사랑을 공표할 필요가 없었다. 수 세기 동안 유럽의 다른 왕들이 그랬던 것처럼 월리스 심프슨과의 관계를 비밀로 했다면, 왕위도 사랑하는 여인도 포기할 필요가 없었다. 그가 그런 선택을 했더라도 아무도 불평하지 않았을 것이다. 하지만 이 범상치 않은 남자는 그럴 수가 없었다. 그의 사랑은 순수했으며 깊고 진지했다. 사랑은 그가 무엇보다 열망하는 단 한 가지 대상이었기 때문에 그는 값을 치르고서라도 원하는 것을 가졌다.

지난 100년간 유럽에 에드워드 국왕처럼 인간적이고 정직한 통치자가 더 많았더라면 지금 탐욕, 증오, 욕망, 정치적 공모, 전쟁의 공포가 소용돌이치는 유럽은 다른 역사를 가지게 되었을 것이다. 미움이 아니라 사랑이 통치하는 대륙이 되었을 것이다.

스튜어트 오스틴 위어의 말을 빌려, 우리는 퇴위한 에드워드 왕과 월리스 심프슨을 위해 잔을 들어 건배를 올린다.

---

"침묵 속에 간직된 생각이야말로 가장 달콤한 것임을 아는 자는 복되도다."

"가장 어두운 밑바닥에서도 사랑의 찬란한 형상을 볼 수 있는 사람은 복되도다. 그는 그것을 보고 노래하며, 이렇게 말할 수 있다. '입 밖에 낸 어떤 노래보다도, 내가 당신을 생각하며 마음속에 간직한 이 생각들이 훨씬 달콤하다.'"

이 말들을 통해 우리는 현대인들 가운데 누구보다도 심한 비난과 모욕을 받아야 했던 두 사람에게 경의를 표하고자 한다. 그들은 인생이 줄 수 있는 가장 위대한 보물을 발견했고, 그것을 당당히 자신의 것으로 삼았다(심프슨 부인은 이 해석을 읽고 동의했다).

대부분의 세상 사람들은 두 사람이 인생 최고의 보상을 발견할 때까지 보여 준 끈기에 박수를 보낼 것이다. 우리 모두는 이들의 본보기로부터 삶의 여정 속에서 진정으로 원하는 것을 찾아가는 방법을 배울 수 있을 것이다.

어떤 신통한 힘이 끈기 있는 이들에게 어려움을 정복할 능력을 주는 것일까? 끈기라는 자질이 우리의 마음속에 영적, 정신적, 화학적 작용을 일으켜 초자연적인 힘에 접근할 수 있게 하는 것일까? 전투에서 패하고, 온 세상이 상대편의 손을 들어 주는 와중에도 싸우기를 멈추지 않는 이에게 무한 지능이 편을 들어주는 것일까?

끈기 말고는 거의 아무것도 없는 상태에서 맨손으로 시작해 거대한 제국을 세운 헨리 포드 같은 사람들을 보고 있으면, 이런 종류의 질문들이 떠오른다. 교육이라고는 3개월밖에 받지 않고 세계 최고의 발명가가 된 에디슨은 끈기 하나로 축음기, 영사기, 백열등을 비롯해 수십 가지의 유용한 발명품을 만들어 냈다.

나는 오랜 기간에 걸쳐 에디슨과 포드를 분석하는 행복한 특권을 누렸고, 그들을 근거리에서 살펴볼 기회를 가졌다. 따라서 실제로 그들을 지켜본 경험을 바탕으로 말하는데, 그들이 이룬 놀라운 성취의 근원을 짐작하게 해 줄 만한 자질은 단 하나, 끈기밖에 없었다.

과거의 예언자들, 철학자들, '기적'을 행한 인물들 그리고 종교적 지도자들을 편견 없이 살펴보면, 결국 한 가지 결론에 이르게 된다. 그들의 위대한 성취는 다름 아닌 끈기, 노력의 집중 그리고 뚜렷한 목적의식에서 나왔다는 점이다.

가령 무함마드의 이국적이면서도 매력적인 이야기를 예로 들어 보자. 그의 인생을 분석하고, 그를 현대 산업과 금융계의 성공한 인물들과 비교해 보면 그들에게 한 가지 눈에 띄는 공통점이 있다는 사실을 알게 된다. 바로 끈기다!

끈기에 엄청난 잠재력을 부여하는 힘이 무엇인지에 관심이 있다면 무함마드의 전기, 그중에서도 에사드 베이가 쓴 것을 한번 읽어 보라. 〈헤럴드 트리뷴〉에 게재된 토머스 서그루의 짧은 서평은, 인류 문명이 아는 한 가장 경이로운 끈기의 힘을 보여 주는 이야기를 끝까지 읽는 독자들에게 어떤 특별한 감동이 기다리고 있는지를 미리 보여 주는 소중한 예고편이 될 것이다.

## 최후의 위대한 예언자 토머스 서그루

무함마드는 예언자였지만 그는 한 번도 기적을 행하지 않았다. 그는 신비주의자가 아니었다. 학교를 다닌 적도 없었다. 그는 마흔 살이 되어서야 예언자의 삶을 시작했다. 그가 스스로 신의 전달자임을 자처하고 진정한 신앙을 전하기 시작했을 때, 사람들은 그를 조롱하고 미치광이라고 낙인찍었다. 아이들은 발을 걸어 그를 넘어뜨렸고, 여자들은 그에게 오물을 던졌다. 그는 고향인 메카에서 추방당했고, 그를 따르던 사람들은 재산을 모두 몰수당한 채 그와 함께 사막으로 내쳐졌다. 10년간의 설교 끝에 그가 얻은 것은 추방과 빈곤과 조롱뿐이었다. 하지만 또다시 10년이 흐르기 전에 그는 아라비아 전역의 지배자이자 메카의 통치자, 새로운 세계의 종교 수장이 되었다. 그가 창시한 새로운 세계의 종교는 다뉴브강과 피레네산맥까지 휩쓸며, 그가 부여한 추진력을 다하기 전까지 크게 번성했다. 그가 부여한 추진력은 세 가지였다. 말이 지닌 힘, 기도가 발휘하는 능력 그리고 인간과 신 간의 깊은 유대감이었다.

그의 이력은 도저히 믿기 어려울 정도다. 무함마드는 메카의 명문가 출신이지만 경제적으로는 빈곤했다. 세계의 교차로인 카아바라는 신성한 돌이 있는 곳이며, 무역의 중심지인 메카는 위생 상태가 좋지 않아 아이들은 사막으로 보내져 베두인족의 손에 자랐다. 따라서 무함마드도 유목민 유모들의 모유를 먹고 튼튼하고 건강하게 자랐다. 그는 양을 치며 지냈고, 곧 부유한 과

부에게 고용되어 그녀 소유의 대상(캐러밴)을 이끄는 우두머리
가 되었다. 그는 동방 세계 전역을 여행하며 다양한 신념을 가
진 많은 사람들과 대화했고, 기독교가 여러 종파로 나뉘어 서로
싸우며 쇠퇴해 가는 모습을 지켜보았다. 스물여덟 살이 되던 해
에 그를 고용한 과부 카디자가 그에게 호의를 보여 두 사람은 결
혼하게 되었다. 카디자는 자신의 아버지가 결혼에 반대할 것을
알고, 아버지를 술에 취하게 한 뒤 축복을 받아냈다.

이후 12년 동안 무함마드는 부유하고 수완 좋은 상인으로 존경
받았다. 그러던 그는 사막을 떠돌기 시작했고, 어느 날 첫 번째
《코란》 구절을 가지고 돌아와 카디자에게 대천사 가브리엘이
나타나 자신이 신의 메신저가 될 것이라고 말했다고 전했다. 신
의 말을 드러낸 《코란》은 무함마드의 인생에서 그나마 가장 기
적에 가까운 사례였다. 그는 시인이 아니었고, 말에 재능도 없
었다. 그러나 그가 받아와 신자들에게 전한 《코란》의 구절들은
부족 내에서 제대로 된 시인의 그 어떤 시보다 아름다웠다. 이
것은 아랍인들에게 기적이었다. 시인이 그들에게 말하는 재능
은 최고의 재능이었고, 그는 절대적 권위를 누렸다. 게다가 《코
란》은 모든 사람이 신 앞에 평등하며, 세계는 민주적인 하나의
이슬람 국가가 되어야 한다고 말했다. 이런 정치적 이단성과 더
불어 카바의 궁정에 있는 360개의 우상을 파괴하려고 했던 열
망 때문에 그는 쫓겨났다. 사막의 부족들은 우상을 숭배하기 위
해 메카에 모였고, 이는 무역으로 이어졌다. 따라서 한때 무함

마드가 속했던 메카의 상인들은 그를 공격했다. 그는 사막으로 물러나 세계에 대한 지배권을 요구했다.

이슬람이 떠오르기 시작했다. 사막에서 꺼지지 않는 불꽃이 타올랐다. 그것은 하나가 되어 싸우다가 용감하게 죽음을 맞을 준비가 된 민주적인 군대였다. 무함마드는 유대인들과 기독교인들에게 함께하자고 초대했다. 새로운 종교를 만들고자 한 것이 아니었기 때문이다. 그는 하나의 신을 믿는 모든 이에게 하나의 신앙 안에서 연합하자고 호소했다. 만약 유대인들과 기독교인들이 그의 초대를 받아들였더라면, 이슬람은 전 세계를 정복했을 것이다. 그러나 그들은 그렇게 하지 않았다. 그들은 심지어 무함마드가 제안한 인도적인 전쟁 방식조차 받아들이려 하지 않았다. 무함마드의 군대가 예루살렘에 입성했을 때, 신앙을 이유로 죽임을 당한 사람은 단 한 명도 없었다. 수 세기 뒤 십자군들이 예루살렘에 들어왔을 때, 무슬림은 남자, 여자, 어린아이 할 것 없이 몰살당했다. 하지만 기독교인들은 무슬림으로부터 한 가지 아이디어만은 받아들였다. 바로 배움의 장소인 대학이었다.

# 10장

부를 향한 아홉 번째 단계

추진력

'마스터마인드'의 힘

*Napoleon Hill*

# *Think and Grow Rich*

## *Power of The Master Mind*

돈 모으기에 성공하려면 힘이 필수적이다.

계획은 행동으로 옮길 충분한 힘이 없으면 무력하고 무용하다. 이 장에서는 개인이 어떻게 힘을 얻고 이용하는지 그 방법을 기술하겠다.

힘은 '체계화되어 지적으로 분배된 지식'이라고 정의할 수 있다. 여기서 힘은 개인이 열망을 돈으로 전환하기에 충분한 조직화된 노력을 가리킨다. 조직화된 노력은 조화를 이루는 분위기 속에서 두 사람 이상이 뚜렷한 목표를 향해 힘을 조율하며 일할 때 창출된다.

힘은 돈을 쌓는 데 필요하다. 힘은 쌓인 돈을 계속 유지하는 데 필수적이다!

어떻게 하면 힘을 얻을 수 있는지 그 방법을 알아보자. 힘이 '체계화된 지식'이라면 지식의 근원을 살펴보자.

### 1. 무한 지성

무한 지성과 접촉하는 절차는 다른 장에 기술되어 있는데, 창조적 상상력의 도움이 필요하다.

### 2. 축적된 경험

인간의 축적된 경험(혹은 축적된 경험 가운데 정리되고 기록된 부분)은 잘 갖추어진 공공 도서관에서 찾을 수 있다. 공립학교와 대학에서는 이 축적된 경험 가운데 중요한 부분을 분류하고 정리해 가르친다.

### 3. 실험과 연구

과학을 비롯해 사실상 모든 분야에서 인간은 매일매일 새로운 사실을 모으고 분류하고 체계적으로 정리한다. 인간은 '축적된 경험'을 통해 확보할 수 없는 지식이 필요할 때 이 원천에 의존한다. 여기에서도 창조적 상상력이 자주 사용된다.


지식은 위의 원천으로부터 획득할 수 있다. 지식을 체계적으로 정리해 확실한 계획을 세우고 그 계획을 행동으로 표현함으로써 지식을 힘으로 전환할 수 있다. 지식의 세 가지 주요 원천을 살펴보면, 개인이 혼자만의 노력으로 지식을 모으고 확실한 계획을 통해 행동으로 전환하기는 매우 힘들다는 사실을 알 수 있다. 계획이 포괄적이고 규모가 크다면, 계획에 힘이라는 필수적인 요소를 불어넣기 전에 반드시 다른 이들의 협력을 이끌어내야 한다.

## '마스터마인드'를 통해 힘을 얻는다

'마스터마인드'는 '분명한 목표를 달성하기 위해 두 사람 이상이 조화롭게 지식과 노력을 조율하는 것'으로 정의할 수 있다.

어떤 개인도 '마스터마인드'를 이용하지 않고는 큰 힘을 가질 수 없다. 바로 앞 장에서 열망을 돈으로 전환하기 위해 계획을 세우는 방법을 소개했다. 끈기를 가지고 이 방법을 지혜롭게 실천하고 신중하게 '마스터마인드' 팀원을 선정한다면, 인식하지 못하는 사이에 목표를 이미 반은 달성한 것이나 마찬가지다.

제대로 고른 '마스터마인드' 팀을 통해 얻게 되는 가용한 힘의 '보이지 않는' 잠재성을 이해하도록, 이제부터 '마스터마인드' 원칙의 두 가지 측면을 설명하겠다. 하나는 경제적인 측면이고 다른 하나는 심리적인 측면이다. 경제적인 측면은 뚜렷하다. 완전한 조화 속에서 아낌없는 도움을 기꺼이 제공하려는 사람들의 조언과 지도 그리고 협력으로 자신을 둘러싸는 사람이라면, 누구나 경제적 이점을 만들어낼수 있다. 이러한 형태의 협력적인 동맹은 거의 모든 큰 부의 기반이 되어 왔다. 이 위대한 진실을 얼마나 이해하느냐가 여러분의 재정 상태를 결정할 수 있다.

'마스터마인드'의 심리적인 측면은 훨씬 추상적이고 이해하기 힘들다. 왜냐하면 이것은 인류 전체가 잘 모르는 영적인 힘과 연관되어 있기 때문이다. 다음 문장에서 중요한 힌트를 얻을 수 있을 것이다.

"두 사람이 마음을 모을 때마다 보이지 않고 만질 수 없는 제3의 힘이 반드시 생겨나며, 이는 마치 또 하나의 마음과도 같다."

명심하라. 우주에서 알려진 요소는 단 두 가지, 물질과 에너지뿐이다. 물질은 분자, 원자, 전자라는 단위들로 분해될 수 있다. 물질의 단위들은 고립하고, 분리하고, 분석할 수 있다.

마찬가지로 에너지의 단위도 있다.

인간의 마음은 일종의 에너지이고, 그중 일부는 영적인 성격을 띤다. 두 사람의 마음이 조화의 정신 속에 조율되면 각 마음 에너지의 영적 단위들이 친밀성을 형성하고, 이것은 다시 '마스터마인드'의 '심리적'인 측면을 형성한다.

내가 '마스터마인드' 원칙 혹은 '마스터마인드'의 경제적 측면에 처음 주목하게 된 것은 25년여 전 앤드루 카네기 덕분이었다. 이 원칙을 발견함으로써 내 일생의 과업이 결정되었다.

카네기의 '마스터마인드' 팀은 대략 쉰 명으로 구성되어 있고, 카네기는 강철의 제조와 마케팅이라는 확실한 목표를 위해 이 사람들을 주변에 배치했다. 그는 자신의 전 재산이 이 팀을 통해 쌓은 힘으로부터 나왔다고 말했다.

큰 부를 쌓은 사람이라면 누구나 그리고 보통의 부를 쌓은 사람들 가운데 다수가 그들이 의식했든 그렇지 않았든 간에 '마스터마인드' 원칙을 채택했다.

## 다른 그 어떤 원칙으로도 큰 힘을 쌓을 수 없다!

에너지는 자연이 가진 보편적인 구성 요소이며, 자연은 이 에너지로 인간과 동식물을 비롯한 우주의 모든 물질적인 것을 창조한다. 자연은 에너지를 물질로 변화시키고, 그 과정은 오직 자연 자신만이 안다.

자연의 구성 요소들을 인간도 사용할 수 있는데, 이것은 생각에 관여하는 에너지의 형태로 인간에게도 주어진다. 인간의 뇌는 전기 배터리에 비유할 수 있다. 뇌는 물질의 모든 원자에 스며들어 전 우주를 채우는 에테르로부터 에너지를 흡수한다.

잘 알려진 대로, 여러 개의 배터리는 하나의 배터리보다 더 많은 에너지를 공급한다. 또한 개별 배터리는 포함하고 있는 셀의 개수와 용량에 비례해 에너지를 공급한다.

뇌도 비슷한 방식으로 기능한다. 따라서 어떤 뇌는 다른 뇌들보다 더 효율적으로 작용하고, 여러 개의 뇌를 조화롭게 조율하면(연결하면) 한 개의 뇌보다 더 많은 생각 에너지를 공급한다.

이 비유를 통해 분명해지는 사실은 지성 있는 사람들로 주변을 둘러싸는 이들이 행사하는 힘의 비밀이 바로 '마스터마인드' 원칙에 있다는 것이다.

여기서 한 가지 더, '마스터마인드' 원칙의 심리적 측면을 이해하는 데 더 가까이 다가갈 수 있게 해 주는 사실을 유추할 수 있다. 여러 개의 뇌들이 조율되어 조화 속에서 기능할 때, 여기서 창출된 에너지를 그룹 내의 개별 뇌들이 사용할 수 있다는 점이다.

헨리 포드가 가난, 문맹, 무지라는 약점을 안고 사업을 시작했다는 것은 널리 알려진 사실이다. 또, 10년이라는 믿을 수 없이 짧은 시간 내에 포드가 이 세 가지 약점을 극복하고, 25년 안에 미국에서 가장 부유한 사람 가운데 하나가 되었다는 이야기도 유명하다. 여기에 포드가 가장 급속하게 두각을 나타낸 것은 그가 에디슨과 개인적으로 친구가 된 뒤부터였다는 사실까지 고려하면, 한 사람의 마음이 다른 사람의 마음에 영향을 미칠 때 얼마나 큰 성과를 이루어 낼 수 있는지 깨닫게 될 것이다. 한 걸음 더 나아가서, 포드의 가장 뛰어난 성공은 그가 하비 파이어스톤, 존 버로스, 루서 버뱅크(모두 두뇌 역량이 뛰어난 사람들이다) 등과 친분을 맺은 뒤 시작되었다는 사실을 생각하면, 사람들의 마음이 우호적인 동맹을 맺을 때 힘이 창출된다는 증거를 발견할 수 있을 것이다.

헨리 포드가 재계와 업계에서 가장 박식한 인물 중 한 명임은 두말할 필요가 없다. 그가 얼마나 부유한지는 따로 논의가 불필요하다. 이미 언급한 몇 명을 비롯해 포드의 절친한 친구들을 분석해 보면, 다음 문장의 의미가 이해될 것이다.

"인간은 공감과 조화의 정신 안에서 교류하는 대상으로부터 성품, 습관, 생각하는 힘을 받아들여 닮아간다."

헨리 포드는 위대한 지성들과 손잡음으로써 가난, 문맹, 무지를 극복했으며, 그들의 사유의 진동을 자신의 정신 속에 흡수했다. 에디슨, 버뱅크, 버로스, 파이어스톤과의 교류를 통해 포드는 자신의 뇌 역량에 이들 네 사람의 지능, 경험, 지식, 정신력을 더했다. 더 나아가 그는 이 책에 기술된 방법을 통해 '마스터마인드' 원칙을 활용했다.

 10장. 추진력 |

여러분도 이 원칙을 이용할 수 있다.

우리는 이미 마하트마 간디에 대해 언급한 바 있다. 간디에 관해 들은 적이 있는 사람들은 대부분 그를 격식을 차리지 않은 복장으로 돌아다니며 영국 정부를 곤란하게 만든 왜소한 체구의 기인 정도로 생각할 것이다. 사실 간디는 기인이 아니다. 그는 (그의 추종자의 수와 그들이 간디에 대해 갖는 믿음을 생각하면) 현존하는 가장 영향력 있는 사람이다. 아니, 그는 지금까지 살았던 사람 중 가장 힘 있는 사람이다. 그의 힘은 수동적이지만, 실존한다.

그가 어떤 방법으로 그런 엄청난 힘을 획득했는지 공부해 보자. 몇 개의 단어만으로 설명할 수 있을 것이다. 그는 2억 명이 넘는 사람들로 하여금 확실한 목표를 향해 몸과 마음을 조화롭게 조율하도록 유도함으로써 힘을 얻었다.

간단히 말해, 간디는 기적을 이루었다. 강제력을 동원하지 않고 2억 명의 사람들이 무기한으로 조화롭게 힘을 합치도록 유도한 것은 기적이기 때문이다. 동의하기 힘들다면 아무나 두 사람을 설득해 잠시라도 조화롭게 협력하도록 유도해 보라.

기업을 경영하는 사람이라면, 고용인들이 조금이라도 조화로운 분위기에서 협력하게 만드는 일이 얼마나 어려운지 이해할 것이다.

힘을 획득하는 주요 원천 가운데 첫째는 여러분이 이미 본 것처럼 무한 지성이다. 두 사람 이상이 확실한 목표를 향해 조화롭게 협력할 때, 그 두 사람은 무한 지성이라는 위대한 보편적 창고로부터 직접 힘을 흡수할 수 있는 위치에 놓이게 된다. 이것이야말로 가장 큰 힘의 원천이다. 천재들은 이 원천에서 힘을 얻는다. 모든 위대한 지도자도 (의식하든 그렇지 않든) 이 원천에서 힘을 얻는다. 힘을 축적하는 데 꼭 필요한 지식의 또 다른 두 원천은 인간의 오감보다 미덥지 못하다. 감각은 늘 신뢰할 수 있는 대상이 아니다. 무한 지성은 실수하지 않는다.

이어지는 장들에서는 무한 지성과 쉽게 접촉할 수 있는 방법들을 충분히 기술할 것이다. 종교적인 방식은 아니다. 이 책에서 설명한 어떠한 기본 원칙도, 누군가의 종교적 신념이나 관습을 직접적으로든 간접적으로든 침해하려는 의도를 담고 있다고 해석해서는 안 된다. 이 책은 오직 독자들로 하여금 돈에 대한 열망이라는 확고한 목표를 돈으로 전환하도록 돕는 데 그 목적이 있다.

읽는 동안 생각하고 명상하라. 곧 전체 주제가 펼쳐질 것이며, 여러분은 그것을 보다 넓은 시야로 바라보게 될 것이다. 지금은 단지 개별 장들의 세부에 주목하는 단계다.

돈은 쉽게 마음을 열지 않는 이성처럼 조심스럽고 파악하기 어렵다. 사랑하는 이의 마음을 얻으려고 결심한 사람처럼 구애하고 설득해야 한다. 우연처럼 보일지 모르지만, 돈을 끌어당기는 힘은 사람의 마음을 얻을 때 사용하는 힘과 크게 다르지 않다. 그 힘이 돈을 끌어당기기 위해 제대로 작동하려면 신념, 열망, 끈기가 더해져야 한다. 거기에는 분명한 계획이 필요하고, 그 계획은 반드시 실행으로 옮겨야 한다.

'큰돈'으로 불릴 만큼 많은 돈이 들어올 때는 마치 물이 아래로 흐르듯, 돈을 모으는 사람을 향해 쉽게 흘러 들어온다. 세상에는 거대한 보이지 않는 힘의 흐름이 존재한다. 이 힘은 강에 비견될 수 있지만 강과 달리 두 방향으로 흐른다. 부를 향한 흐름을 탄 사람들은 앞으로, 위로 흘러가고, 불행히도 반대쪽 흐름을 탄 (미처 빠져나오지 못한) 사람들은 고통과 빈곤을 향해 아래로 흘러간다.

큰 재산을 모은 사람들은 모두 삶에 이런 흐름이 존재한다는 사실을 인지하고 있다. 이 흐름은 결국 한 사람의 사고의 흐름이다. 긍정적인 사고의 감정은 부를 향한 흐름을 만든다. 반면 부정적인 감정은 빈곤으로 가는 흐름을 만든다.

이러한 인식은 돈을 모으려는 목적으로 이 책을 읽고 있는 사람에게 엄청나게 중요하다.

만일 여러분이 빈곤으로 향하는 힘의 흐름을 타고 있다면 이 책이 노의 역할을 할 것이다. 노를 저어 반대편 흐름으로 갈아타라. 적용하고 사용해야만 쓸모가 있다. 그저 읽고, 어느 쪽이 좋은지 판단만 해서는 어떤 도움도 받을 수 없다.

어떤 사람들은 긍정적 흐름과 부정적 흐름 사이에서 갈아타는 경험을 한다. 1929년 월가의 붕괴로 수백만 명이 긍정적인 흐름에서 부정적인 흐름으로 휩쓸려 갔다. 이 수백만 명은 긍정적 흐름으로 돌아가려고 지금도 애쓰고 있으며 그중 일부는 필사적으로 두려움과 싸우고 있다. 이 책은 특히 이 수백만 명을 염두에 두고 쓰였다.

가난과 부는 종종 서로 뒤바뀐다. 주식 시장 붕괴를 통해 전 세계인은 이러한 진실을 배웠다. 물론 이 교훈을 오랫동안 기억하지는 않을 것이다. 가난은 대부분의 경우 자발적으로 부의 자리를 대신한다. 부가 가난의 자리를 대신하는 경우 그러한 변화는 대개 잘 짜인 계획을 신중하게 실행함으로써 일어난다. 가난은 계획 없이도 이루어진다. 가난해지는 데는 도움이 필요 없다. 가난은 대담하고 무자비하기 때문이다. 부는 내성적이고 소극적이다. 부는 '끌어당겨야' 한다.

누구나 부를 소망한다. 하지만 부를 향한 확실한 계획과 뜨거운 열망만이 부를 쌓는 믿을 만한 방식임을 아는 것은 소수뿐이다.

# 11장

**부를 향한 열 번째 단계**

## 성 에너지

강력한 용기와 창의력의 근간

*Napoleon Hill*

# *Think and Grow Rich*

## *The Mystery of Sex Transmutation*

'전환하다'라는 의미의 영어 단어 'transmute'는 간단히 말해 하나의 요소, 한 가지 형태의 에너지를 다른 요소, 다른 형태의 에너지로 바꾸는 것을 의미한다.

성적 감정은 하나의 마음 상태를 만들어낸다.

성이라는 주제에 대한 무지로 인해 사람들은 이러한 마음 상태를 대개 육체적인 것과 연관 지어 생각한다. 또한, 성에 대한 지식을 습득하는 과정에서 하게 되는 부적절한 경험은 성을 육체적인 것으로만 바라보게 하는 원인이 되었다.

성적 감정은 그 이면에 다음의 세 가지 건설적인 잠재성을 가지고 있다.

1. 인류를 영속시킨다.

2. 건강을 유지시킨다(치유의 측면에서 다른 어떤 것과도 비교할 수 없다).

3. 전환(transmutation)을 통해 평범한 사람을 천재로 만든다.

성적 전환은 단순하고 이해하기 쉬운 개념이다. 이는 마음속의 생각을 육체적 표현에 대한 것에서 다른 형태의 사고로 바꾸는 것을 뜻한다.

성적 욕망은 인간이 지닌 강렬한 열망 중 하나다. 성적 욕망에 이끌릴 때, 인간은 평소와는 차원이 다른 상상력, 용기, 의지력, 끈기, 창의력을 발휘한다. 성적 접촉의 열망은 생명이나 명예를 잃을 위험까지도 감수할 만큼 강력하다. 이 동기 부여의 힘을 잘 다스려 다른 방향으로 전환하면, 뛰어난 상상력과 용기 등 본래의 속성들을 간직한 채 부의 축적은 물론 문학, 예술 등 모든 직업과 전문 분야에서 강력한 창조적 에너지로 활용할 수 있다.

성 에너지를 전환하려면 강한 의지력을 발휘해야 하지만, 그에 상응하는 보상이 따른다. 성적 표현의 욕망은 인간이 타고난 자연스러운 본능이다. 감추거나 제거할 수 없으며 그래서도 안 된다. 인간의 육체와 마음과 정신을 풍요롭게 하는 형태로 성적 욕망을 표현할 수 있는 기회가 주어져야 한다. 성 에너지의 전환을 통해 적절히 표출할 수



11장. 성 에너지

있는 기회가 주어지지 않으면, 성적 욕망은 온전히 육체적인 경로를
통해 배출되려 한다.

이는 마치 강에 댐을 쌓아 물의 흐름을 일시적으로 통제할 수는 있
지만, 결국엔 새로운 출구를 찾는 것과 같다. 성적 감정도 마찬가지다.
일시적으로 감추고 억제할 수는 있지만, 그 본래의 속성 때문에 끊임
없이 표출할 수단을 찾게 된다. 따라서 성 에너지를 창조적인 노력으
로 전환하지 않으면 덜 가치 있는 방식으로 표출될 것이다.

창조적인 노력을 통해 성적 감정을 표출하는 방법을 발견하는 것은
다행스러운 일이다. 그러한 발견을 통해 인간은 천재의 경지로 올라
갈 수 있기 때문이다.

다음은 과학적 연구를 통해 밝혀진 중요한 사실들이다.

1. 최고의 성과를 거둔 사람들은 대개 성 에너지가 매우 강하며, 성
적 전환의 기술을 습득한 사람들이다.
2. 막대한 부를 이루고 문학, 예술, 산업, 건축 등의 분야에서 뛰어
난 성공을 인정받은 남성들의 상당수는 여성의 영향을 강력한 동기
요인으로 삼았다.

이 놀라운 사실들은 2000년이 넘는 세월에 걸친 전기와 역사 기록
을 연구한 끝에 밝혀졌다. 위대한 업적을 이룬 남녀의 삶과 관련해 증

거가 남아 있는 곳마다, 그들이 고도로 발달한 성 에너지를 지니고 있었다는 사실이 매우 분명하게 드러났다.

성적 감정은 그 어떤 것으로도 '거스를 수 없는 힘'이다. 이를 막아 낼 수 있는 장벽 같은 것은 존재하지 않는다. 성적 감정에 이끌린 사람은 강력한 행동력을 발휘한다. 이 진실을 이해하면 성적 전환이 한 사람을 천재로 만들 수 있다는 말의 의미를 이해할 것이다.

성적 감정은 창조적 능력의 비밀을 간직하고 있다.

인간을 비롯한 동물의 생식선을 파괴하면 행동의 주된 원천이 사라진다. 그 증거는 거세된 동물에게 어떤 일이 일어나는지 관찰해 보면 알 수 있다. 성적으로 개조된 황소는 암소처럼 온순해진다. 성적 개조는 수컷으로부터 모든 투지를 제거하며, 암컷의 경우에도 마찬가지다.

## 마음을 자극하는 열 가지 요소

인간의 마음은 자극에 반응해 열정, 창조적 상상력, 강력한 열망 등 높은 진동의 상태로 '고조'될 수 있다. 인간의 마음이 가장 쉽게 반응하는 자극에는 다음과 같은 것들이 있다.

1. 성적 표현의 열망
2. 사랑
3. 명예, 권력, 재정적 이득, 돈에 대한 뜨거운 열망

**4.** 음악

**5.** 동성 간이나 이성 간의 우정

**6.** 정신적 또는 세속적 발전을 위한 두 사람 이상의 조화로운 '마스 터마인드' 동맹

**7.** 박해받은 사람들이 경험하는 것과 같은 고통스러운 경험의 공유

**8.** 자기 암시

**9.** 두려움

**10.** 마약과 술

성적 표현의 열망은 마음의 진동을 가장 효과적으로 '고양하고' 육체적 행동의 '바퀴'를 굴러가게 하는 자극 가운데 최상위에 위치한다. 이 자극 중 여덟 가지는 자연스럽고 건설적인 반면, 두 가지는 파괴적이다. 이 목록은 마음을 자극하는 주요 원천들을 비교 연구하는 데 도움을 주기 위해서 제시되었다. 이 연구를 통해 성적 감정이 그 어떤 마음의 자극과도 비교할 수 없을 만큼 가장 강력한 힘을 지녔다는 것을 쉽게 알 수 있다.

이 비교는 성적 전환이 한 사람을 천재로 만들 수 있다는 주장을 증명하는 근거로서 꼭 필요하다. 그렇다면 천재란 어떤 사람일까.

어떤 아는 체하기 좋아하는 사람이 천재란 "머리가 길고, 괴상한 음식을 먹고, 혼자 살고, 재담꾼의 놀림거리가 되는 사람"이라고 정의했

다. 더 나은 정의는 "사고의 진동을 높이는 방법을 발견함으로써, 일반적인 진동으로는 접할 수 없는 지식의 원천과의 소통이 가능한 사람"이다.

생각하는 사람은 이 정의에 의문을 품을 것이다. 첫 번째 질문은 "평범한 사고의 진동을 통해서는 접근할 수 없는 지식의 원천과 어떻게 소통할 수 있는가?"일 것이다.

두 번째 질문은 "천재들만 접근할 수 있다고 알려진 지식의 원천이 존재하는가? 그렇다면 그 원천은 무엇이고, 정확히 어떻게 접근할 수 있는가?"일 것이다.

이 책에서는 이러한 몇 가지 중요한 주장들의 타당성을 증명할 것이다. 적어도 독자 여러분이 실험을 통해 스스로 그 타당성을 입증할 수 있도록 증거를 제시하는 것으로, 이 질문들에 대한 대답을 대신하겠다.

### '천재성'은 육감을 통해 개발된다

'육감'이 실제로 존재한다는 사실은 이미 충분히 입증되었다. 육감은 '창조적 상상력'이다. 창조적 상상력은 대다수의 사람들이 평생 단 한 번도 사용하지 않는 능력이며, 설령 사용한다고 해도 우연에 의한 것이 대부분이다. 소수만이 의도와 사전에 계획한 목적으로 창조적 상상력을 사용한다. 자발적으로 그 기능을 이해하고 사용하는 사람들이 바로 천재들이다.

창조적 상상력은 인간의 유한한 지성을 무한 지성과 연결한다. 종



11장. 성 에너지

교적 계시나 발명 분야에서 새로운 원리를 발견하는 것은 모두 창조적 상상력을 통해 일어난다.

소위 말하는 '직감'을 통해 머릿속에 아이디어나 개념이 번뜩일 때, 그 원천은 다음과 같다.

**1.** 무한 지성

**2.** 잠재의식(오감을 통해 뇌에 축적된 모든 감각 인상과 생각 동력의 저장소)

**3.** 의식적인 사고에서 나온 다른 사람의 생각, 아이디어, 개념의 이미지

**4.** 다른 사람의 잠재의식 창고

이것들이야말로 '영감으로 얻은' 아이디어나 직감의 유일한 원천이다.

창조적 상상력이 최고조에 달하는 순간은 마음이 (자극을 통해) 매우 빠르게 진동할 때다. 즉, 마음이 평소의 일반적인 사고를 할 때보다 높은 진동 속도로 작동할 때를 말한다.

두뇌가 앞서 열거한 열 가지 자극 중 하나 이상에 의해 자극을 받으면, 개인은 일상적인 사고의 지평을 훌쩍 넘어선다. 사업이나 직업상의 일상적인 문제를 해결할 때와 같은 낮은 차원의 상태에서는 접근

할 수 없는 거리감, 범위, 깊이를 지닌 사고를 떠올릴 수 있게 된다.

개인은 마치 비행기를 탄 것처럼 높이 올라가 지평선 너머를 바라볼 수 있게 된다. 나아가 의식주 문제와 씨름하는 동안 시야를 제한하던 모든 제약에서 벗어나 자유로워진다. 비행기를 타면 물리적으로 시야를 가리던 언덕과 골짜기가 사라지듯, 그의 사고는 업무와 관련된 통상적인 생각들이 사라진 세계에 머물게 된다.

이처럼 생각의 비행기에 탑승하는 동안에는 마음의 창조적인 능력을 마음껏 펼칠 수 있다. 육감이 거침없이 발휘되어 평소에는 감지하지 못했던 아이디어들에 민감하게 반응한다. '육감'은 천재와 평범한 개인을 구분하는 기준점이다.

창조적인 능력은 개인의 잠재의식이 외부로부터 기인한 진동에 더 즉각적으로 민감하게 반응한다. 창조적인 능력을 사용하면 할수록 개인은 이 능력에 더욱 의존하게 되고, 생각 동력을 요구하게 된다. 창조적인 능력은 오직 사용함으로써 함양되고 계발된다.

인간의 소위 '양심'이라는 것도 전적으로 육감의 능력을 통해 작동한다.

위대한 예술가, 작가, 음악가, 시인들이 위대해질 수 있었던 이유는 그들이 창조적 상상력이라는 능력을 통해, 내면에서 들려오는 '고요하고 작은 목소리'에 의지하는 습관을 획득했기 때문이다. '뛰어난' 상상력을 지닌 사람들에게는 잘 알려진 사실인데, 그들에게 떠오르는 최상의 아이디어는 이른바 '직감'을 통해 온 것들이다.

어느 웅변가는 눈을 감고 창조적 상상력에만 전적으로 의지하기 시작한 후에야 비로소 위대함을 획득한다. 사람들이 그에게 왜 연설의 클라이맥스 직전에 눈을 감느냐고 묻자, 그는 "그래야만 내 안에서 나오는 아이디어를 통해 말할 수 있기 때문이다."라고 대답했다.

미국에서 가장 성공했고 이름이 알려진 금융인 중 한 사람은 중요한 결정을 내리기 전 2분에서 3분 정도 눈을 감는 버릇이 있다.

왜 그렇게 하느냐고 묻자, 그는 "눈을 감고 있으면 우월한 지성의 원천을 끌어낼 수 있기 때문"이라고 대답했다.

메릴랜드주 셰비체이스의 고 엘머 R. 게이츠는 창조적 능력을 계발하고 활용하는 과정에서, 다수의 기본적인 특허를 포함해 200개가 넘는 유용한 특허를 창출했다. 그의 방식은 천재의 반열에 오르기를 열망하는 사람에게 매우 의미 있고 흥미롭다. 게이츠 자신이 천재의 범주의 속한다는 데는 의문의 여지가 없다. 비록 상대적으로 덜 알려졌지만, 그는 세계적으로 위대한 과학자 가운데 한 사람이다.

게이츠는 자신의 연구소 안에 소위 '개인 소통의 방'이라는 장소를 마련해 두고 있었다. 그 방은 방음 처리가 되어 있었고 모든 빛을 차단할 수 있게 만들어져 있었다. 방 안의 작은 탁자에는 늘 메모지 한 묶음이 놓여 있으며, 탁자 앞 벽에는 전기 조명 장치를 조절하는 버튼이 달려 있었다. 게이츠는 창조적 상상력을 통해 그에게 주어지는 힘을 불러내고 싶어질 때면 이 방에 가서 탁자 앞에 앉아 불을 끄고, 그가 하고 있는 발명과 관련해 이미 알고 있는 사실들에 정신을 집중했다. 그렇게 해서 아직 알지 못하는 사실들과 관련된 아이디어가 마음속에 '번쩍' 떠오를 때까지 그대로 앉아 있었다.

한 번은 아이디어들이 너무 거침없이 떠오르는 바람에 거의 세 시간 동안 받아 적어야 했다. 사고의 흐름이 멈추었을 때 그는 자신의 메모를 검토한 결과, 그것들이 과학계에서 알려진 기존 데이터 가운데 그 유례를 찾을 수 없는 원리들을 세밀하게 기술하고 있다는 것을 발견했다.

게다가 그가 고민하던 문제의 해답이 질서 정연하게 제시되어 있었다. 이런 방식으로 게이츠는 200개가 넘는 특허를 완성했다. 모두 '덜 익은' 두뇌들이 시작만 해놓고 완성하지 못한 것들이었다. 이 이야기가 사실이라는 증거는 미국 특허청에 있다.

게이츠는 개인과 기업들을 위해 '아이디어를 구상하는' 것으로 생계를 유지했다. 몇 시간씩 '앉아서 아이디어를 구상하는' 대가로 미국의 대기업들이 그에게 큰돈을 지불했다.

때로는 이성적 사유도 잘못을 저지른다. 축적된 지식에 이끌려 사유하기 때문이다. '경험'을 통해 축적하는 지식이 모두 옳은 것은 아니다. 창조적인 능력을 통해 얻는 아이디어가 더욱 믿을 만하다. 이성적 사고 능력으로는 접근할 수 없는, 훨씬 신뢰할 수 있는 근원으로부터 오기 때문이다.

천재와 평범한 '괴짜' 발명가 사이의 주요한 차이는, 천재는 자신의 창조적 상상력을 통해 작업하는 반면 괴짜는 이 능력에 대해 아무것도 모른다는 점에서 찾을 수 있다. (에디슨과 게이츠 같은) 과학 발명가들은 합성적 상상력과 창조적 상상력을 모두 사용한다.

예를 들어, 과학 발명가 또는 '천재'는 우선 합성적 능력(이성적 사고



11장. 성 에너지 |

능력)을 사용해 알려진 아이디어들이나 경험을 통해 축적된 원칙들을 체계화하고 결합한다. 만약 이 축적된 지식들이 자신의 발명을 완성하는 데 불충분하다면, 창조적 능력을 통해 접근할 수 있는 지식을 끌어낸다. 구체적인 방법은 개인마다 다르지만 천재의 발명 절차는 다음과 같다.

1. 마음이 평소보다 높은 주파수로 진동하도록 마음을 자극한다. 열 가지 마음 자극제 가운데 선택하거나, 자신이 선호하는 방법을 사용한다.

2. 이미 알고 있는 요소(이미 완성된 부분)에 집중하고, 아직 모르는 요소(완성되지 않은 부분)에 대해서는 마음속에 완전한 그림을 그린다. 그는 이 그림을 잠재의식이 받아들일 때까지 마음속에 간직한 채 유지한다. 그런 다음 모든 생각을 지워 마음을 비움으로써 이완한 상태에서 답이 '번뜩이는' 순간을 조용히 기다린다.

확실하고 즉각적인 답이 떠오를 때도 있고, 결과가 부정적일 때도 있는데 '육감'이나 창조적 능력이 발달한 정도에 따라 달라진다.

에디슨은 백열전구를 완성시켜 줄 해답을 창조적 상상력의 능력을 통해 받아들이기 전까지, 상상력의 합성적 기능을 활용해 만 번이 넘는 다양한 아이디어 조합을 실험했다. 축음기를 제작할 때도 비슷한 경험을 했다.

창조적 상상력이 존재한다는 믿을 만한 증거들은 수없이 많다. 이러한 증거는 교육을 많이 받지 않고도 자신의 분야에서 지도자가 된 사람들을 정확히 분석함으로써 얻을 수 있다. 링컨은 창조적 상상력을 발견하고 이용함으로써 위대함에 이른 지도자의 좋은 사례다. 그는 앤 러틀리지를 만난 뒤 경험한 사랑이 자극제가 되어 창조적 상상력을 발견하고 이용하기 시작했다. 이는 천재성의 근원을 연구하는 데 매우 중요한 사례다.

역사 속 위대한 지도자들의 업적을 살펴보면 여성들로부터 직접적인 영향을 받은 경우가 많다. 성적 욕망의 자극을 통해 그들의 창의적 능력이 눈을 뜬 것이다. 나폴레옹 보나파르트도 그런 사람 중 하나다. 첫 번째 아내 조세핀으로부터 영감을 받던 시기의 나폴레옹은 천하무적이었다. 하지만 '더 나은 판단력' 또는 이성적 사고 능력의 재촉을 받아 조세핀을 멀리하면서 그는 내리막길을 걷기 시작했다. 머지않아 그는 전쟁에서 패하고 세인트헬레나섬에 유배되었다.

이 밖에도 우리는 아내의 고무적인 영향 아래 위대한 성취의 정상에 올랐지만, 부와 권력을 얻고 우쭐해져 옛 아내를 버리고 새 아내를 맞이하며 결국 몰락의 길을 걷게 된 수많은 사람들을 알고 있다. 성적 영향력은 올바른 곳에서 비롯된 경우 단순히 이성이 만들어내는 어떤 임시방편보다 더 강력하며, 이 사실을 깨달은 사람이 나폴레옹만은 아니다.

인간의 마음은 자극에 반응한다.

그중에서도 가장 거대하고 강력한 자극이 성적 충동이다. 이 추진력은 잘 통제되고 전환될 경우, 인간을 더 높은 사고의 영역으로 끌어올려 낮은 차원에서 그들의 길을 가로막는 걱정과 사소한 짜증의 원인을 지배할 수 있게 해 준다.

불행히도 이런 깨달음을 얻은 것은 천재들뿐이었다. 다른 많은 사람들은 성적 충동의 경험을 받아들이기는 했지만, 그 안에 담긴 주요한 잠재력 중 하나를 발견하지 못했다. 이 사실이 천재는 소수인 반면 '그렇지 않은 사람'이 훨씬 많은 이유를 설명해 준다.

특정 인물들의 전기에서 확인할 수 있는 사실들과 관련하여 기억을 환기하기 위해, 저마다 강한 성 에너지로 탁월한 성취를 이룬 인물들의 이름을 열거해 보겠다. 이들이 천재인 이유는 성 에너지를 다른 에너지로 잘 전환했기 때문이다.

조지 워싱턴, 나폴레옹 보나파르트, 윌리엄 셰익스피어, 에이브러햄 링컨, 랠프 월도 에머슨, 로버트 번스, 토머스 제퍼슨, 엘버트 허버드, 엘버트 H. 게리, 오스카 와일드, 우드로 윌슨, 존 H. 패터슨, 앤드루 잭슨, 엔리코 카루소.

여러분이 지닌 지식을 바탕으로 명단에 이름을 더 추가할 수 있을 것이다. 인류 역사상 눈에 띄는 성공을 거둔 사람들 가운데 잘 발달한 성 에너지에 이끌리지 않은 사람을 한 사람이라도 찾아보라.

현존하지 않는 사람들의 전기에 기대고 싶지 않다면, 여러분이 알고 있는 성공한 사람들 중 성적인 에너지가 강하지 않은 사람이 있는지 조사해 보라.

성 에너지는 모든 천재의 창조적 에너지다. 위대한 지도자, 건축가, 예술가들 중 성적인 추진력이 결여된 사람은 없었고 앞으로도 없을 것이다.

그렇다고 성 에너지가 강한 사람이 모두 천재라는 뜻은 아니다! 인간은 오직 자신의 마음을 자극함으로써 상상력의 창조적 기능을 통해 이용 가능한 힘들을 끌어올릴 때만 천재의 경지에 오를 수 있다. 진동을 '증가시킬' 수 있는 최고의 자극제는 성 에너지다. 단순히 이 에너지를 가지고 있는 것만으로는 천재가 될 수 없다. 성 에너지가 육체적 접촉의 열망으로부터 다른 형태의 열망으로 전환되어야만 천재의 반열에 오를 수 있다.

천재가 되기는커녕, 대다수의 사람들은 강한 성 에너지 때문에 자신을 망친다. 이 강력한 힘을 오해하고 오용함으로써 하등 동물과 다를 바 없는 존재가 되어 버린다.

## 왜 40살 이전에는 성공하기 힘들까

2만 5,000명이 넘는 사람들을 분석한 결과 마흔 살 이전에 눈에 띠는 성공을 거두는 사람은 드물고, 나아가 제대로 역량을 발휘하는 것은 쉰 살을 훌쩍 넘기고 나서라는 사실을 깨달았다. 너무 의외의 발견이라서 그 원인을 알아보기로 하고 이후 12년 넘게 조사를 진행했다.

조사 결과, 마흔 살에서 쉰 살 이전에 성공하기 힘든 주된 이유는 사람들이 성적인 감정의 육체적 발산에 지나치게 탐닉한 나머지 에너지를 낭비하는 경향이 있기 때문이라는 사실이 밝혀졌다. 대다수의 사



11장. 성 에너지  |

람들은 성적 충동에는 단순한 육체적 발산보다 더 중요한 다른 가능성이 있다는 사실을 배우지 못한다. 이 점을 깨닫는 사람들도 대부분 성 에너지가 가장 왕성한 시기에 수년을 낭비한 뒤 마흔~쉰 살이 되고 나서야 그 사실을 깨닫는다. 이 깨달음은 대개 뛰어난 성공으로 이어진다.

많은 사람들이 마흔 살까지, 때때로 마흔 살을 훌쩍 넘어서도 더 좋은 방향으로 전환했더라면 좋았을 에너지를 계속 허비한다. 그들의 더 섬세하고 강력한 감정들은 아무렇게나 사방으로 흩뿌려진다. 남성의 이러한 습관에서 "야생 귀리의 씨앗을 뿌린다(sowing his wild oats, 의미 없이 방탕한 생활을 하다)."라는 표현이 생겨났다.

성적 표출의 욕망은 가장 강력하고 저항하기 힘든 감정이다. 바로 이런 이유로 이 욕망은 절제되고 육체적 발산 이외의 행동으로 전환되었을 때 우리를 천재의 경지로 끌어올릴 수 있다.

미국의 가장 유능한 사업가 중 한 사람은 자신이 세운 계획 대부분이 아름다운 비서의 영향을 받은 것이었다고 솔직하게 고백했다. 그는 비서의 존재가 그로 하여금 다른 상황에서는 경험하지 못했을 높은 경지의 창조적 상상력을 발휘할 수 있게 했다고 인정했다.

미국에서 가장 성공한 사람들 중 하나는 대단히 매력적인 젊은 여성 덕분에 대부분의 성공을 이룰 수 있었다. 그녀는 12년 넘게 그에게 영감을 주었다. 누구나 그를 알지만, 그가 이룬 성취의 진정한 근원이 무엇인지 아는 사람은 많지 않다.

역사적으로 술과 약물 같은 인공적 자극제를 사용해 천재의 경지에 이른 사람들도 적지 않다. 에드거 앨런 포는 술에 취한 상태에서 인간이 이전에 감히 꿈꾸지 못한 꿈을 꾸면서 시 '갈가마귀'를 썼다. 제임스 휫컴 라일리는 알코올의 영향 아래 최고의 작품을 썼다. 어쩌면 그래서 그가 "현실과 꿈의 정돈된 어울림을, 강물 위의 방앗간을, 시냇물 위의 안개를" 보았는지도 모른다. 로버트 번스도 술에 취했을 때 "옛 시절을 위하여, 나의 친구여, 우리는 또다시 다정한 잔을 들리라, 옛 시절을 위하여"라는 최고의 작품을 썼다.

하지만 그런 많은 사람들이 결국 스스로를 망쳤다는 사실을 기억해야 한다. 우리는 자연이 마련해 둔 묘약으로 안전하게 마음을 자극해, 아무도 그 출처를 알 수 없는 섬세하고 보기 드문 사고들과 파동을 일치시킬 수 있다! 지금까지 자연의 자극제를 대신할 수 있는 만족스러운 대체재는 발견되지 않았다.

성적 욕망과 영적 충동 사이에 매우 밀접한 관계가 있다는 것은 심리학자들에게는 잘 알려진 사실이다. 이는 원시적 유형의 사람들 사이에서 흔히 볼 수 있는 종교 '부흥회'라는 이름의 열광적 집회 참여자들의 기이한 행동을 설명해 준다.

세상을 지배하고 문명사회의 운명을 결정하는 것은 모두 인간의 감정이다. 사람들은 이성보다 '느낌'에 의해 행동한다. 마음의 창의적 능력을 작동시키는 것은 전적으로 감정이다. 차가운 이성이 아니다. 인간의 가장 강력한 감정은 성적 감정이다. 마음을 자극하는 다른 자극제들도 있고 그중 일부는 이미 앞서 열거되었지만, 그중 어떤 것도, 심지어 모든 자극제를 다 합해도 성적 추진력에는 미치지 못한다.



11장. 성 에너지 |

생각의 진동을 일시적으로 또는 영구적으로 증가시키는 것은 무엇이든 마음의 자극제가 될 수 있다. 앞서 기술한 열 가지 주요 자극제들은 사람들이 가장 흔히 의지하는 것들이다. 이것들을 통해 우리는 무한 지성과 교감하거나, 자신의 잠재의식 또는 타인의 잠재의식의 저장소에 마음대로 들어갈 수 있다. 천재성이란 결국 이런 과정을 의미한다.

3만 명이 넘는 영업 사원들을 훈련하고 지도한 어느 강사는 놀라운 발견을 했다. 바로 성 에너지가 높을수록 영업 실적이 높다는 사실이다. 그 이유는 '사람을 끌어당기는 힘'이라는 것이 결국 성 에너지와 다르지 않기 때문이다. 성 에너지가 높은 사람들은 늘 강한 매력을 발산한다. 이 힘을 함양하고 그 본질을 이해하면 인간관계에 매우 유리하게 활용할 수 있으며, 다음과 같은 방법으로 이 에너지를 다른 사람들에게 전달할 수 있다.

### 1. 악수

손을 잡아 보면 매력이 있는지 없는지 즉각적으로 판단할 수 있다.

### 2. 목소리의 톤

사람을 끄는 매력 혹은 성 에너지는 목소리의 색을 결정하는 요소 혹은 목소리를 음악적이고 매력적으로 만드는 요소다.

### 3. 자세와 몸놀림

성 에너지가 높은 사람들은 움직임이 경쾌하고 우아하며 자연스럽다.

## 4. 생각의 진동

성 에너지가 높은 사람들은 성적 감정을 생각과 융합함으로써 주변 사람에게 영향을 미칠 수 있다.

## 5. 차림새

성 에너지가 높은 사람들은 대개 외모에 세심하게 주의를 기울인다. 그들은 자신의 성품, 체형, 피부에 맞는 스타일의 옷차림을 선택한다.


유능한 영업 매니저라면 영업 사원을 채용할 때 개인으로서의 매력을 첫 번째 요건으로 생각할 것이다. 성 에너지가 부족한 사람은 열정적이지도 않고, 자신의 열정으로 다른 사람을 변화시키지도 못한다. 무엇을 팔든 열정은 영업에서 가장 중요한 요소다.

성 에너지가 결여된 대중연설가, 강연가, 종교인, 변호사, 영업 사원은 다른 사람에게 미치는 영향력이라는 측면에서 완전히 '자격 미달'이다. 여기에 대다수의 사람들에게 영향을 주기 위해서는 그들의 감정에 호소하는 방법밖에 없다는 사실을 연관시켜 생각해 보면, 성 에너지가 영업 사원의 타고난 자질로서 얼마나 중요한 요소인지 이해할 것이다. 영업의 달인들이 달인의 경지에 오른 이유는 그들이 의식적이든 아니든 성 에너지를 영업적인 열정으로 전환했기 때문이다. 여기에서 여러분은 성적 전환이 실제로 무엇을 의미하는지 구체적으로 이해할 수 있을 것이다.

성에 대한 관심을 상품 판매를 위한 노력으로 전환하고, 성을 대할 때만큼 열정과 의지를 가지고 영업에 임할 줄 아는 영업 사원은 본인이 의식하든 그렇지 않든 성적 전환의 기술을 터득한 것이다. 성 에너지를 전환하는 영업 사원들은 자신이 무엇을 하고 있는지, 또 어떻게 그렇게 하고 있는지 모르는 경우가 대다수다.

성 에너지의 전환은 보통 이상의 의지력을 요한다. 처음에는 의지력을 끌어모으는 것이 어렵겠지만, 점차 전환할 수 있는 능력을 갖게 된다. 의지력이 필요한 만큼 노력한 것 이상의 보상이 따라온다.

대다수의 사람들이 성이라는 주제 전반에 대해 너무나도 무지한 것 같다. 성적 욕구는 그동안 크게 오해를 받아 왔다. 무지하고 심술궂은 사람들에게 너무나 오랫동안 중상모략과 조롱을 당해 왔기 때문에, 점잖은 사람들 사이에서는 성이라는 말 자체를 아예 잘 사용하지 않는다. 남성이든 여성이든 강한 성 에너지라는 축복—분명 축복이다—을 받았다고 알려진 사람들은 대개 요주의 인물 취급을 받는다. 축복받았다는 말 대신 저주받았다는 말을 듣는다.

수많은 사람들이 심지어 이 계몽된 시대에 성 에너지가 강한 것은 저주라는 잘못된 믿음 때문에 열등감을 가지고 살아간다. 내가 강한 성 에너지의 장점에 대해 이야기했다고 해서 난봉꾼들을 정당화하려 한다고 오해해서는 안 된다. 성적 감정은 지혜롭고 분별 있게 사용했을 때만 장점이 될 수 있다. 성은 잘못 사용될 수 있고, 실제로 잘못 사용되어 몸과 마음을 풍요롭게 하기는커녕 망치는 지경에 이르기도 한다. 이 힘을 더 잘 활용하는 것이 이 장의 핵심 과제다.

위대한 지도자들을 분석해 본 결과, 나는 사실상 그들 모두가 여성으로부터 영감을 받아 자신들의 업적을 이루었다는 사실을 깨달았다. 나는 이 사실이 매우 중요하다고 생각한다. 많은 경우 영감을 준 '이 여성들은' 대중에게 거의 알려진 바가 없는 겸손하고 헌신적인 아내들이었다. 영감의 근원이 아내가 아닌 '다른 여성'인 경우는 소수였다. 아마 여러분도 그런 사례들에 대해 아주 모르지는 않을 것이다.

성적 무절제는 무절제한 음주나 과식만큼이나 해롭다. 지금 우리가 살고 있는 시대, 전쟁과 함께 시작한 이 시대에 성적으로 무절제한 습관은 흔하다. 이 탐닉의 문화가 위대한 지도자 부족의 원인일지도 모르겠다. 그 누구도 창조적 상상력의 힘을 마구 허비하면서 활용할 수는 없다. 이 점에서 자연의 의도를 거스르는 유일한 존재가 인간이다. 다른 모든 동물은 자신의 성적 본능을 절제된 방식으로, 그리고 자연의 법칙과 조화를 이루는 목적 아래 충족시킨다. 다른 모든 동물은 정해진 '번식기'에만 성적 충동에 반응한다. 하지만 인간은 그렇지 않다.

지성인이라면 술과 약물에 의한 과도한 자극이 뇌를 비롯한 인체의 중요한 기관들을 망치는 일종의 무절제임을 안다. 하지만 성에 대한 지나친 탐닉이 약물이나 술만큼 창조적 노력에 파괴적이고 해로운 습관이라는 사실을 모르는 사람들이 있다.

성에 미치는 것은 약물에 미치는 것과 본질적으로 다르지 않다! 두 경우 모두 이성과 통제력이 제 기능을 못 한다. 지나친 성적 탐닉은 이

성과 의지력만을 파괴하는 것이 아니라 일시적 혹은 영구적 정신 질환을 일으킬 수 있다. 많은 경우 건강염려증(자신이 심각한 병에 걸렸다고 상상하고 불안해하는 증상)은 성의 진정한 기능에 대한 무지로 인해 자란 습관이 원인이다.

성 에너지의 전환에 대해 무지한 사람은 한편으로는 큰 불이익을 당하고, 다른 한편으로는 그만큼 큰 이득을 놓친다는 점을 알았을 것이다.

많은 사람들이 성에 대해 무지한 이유는 성이라는 주제가 수수께끼에 싸여 있고 어두운 침묵이 진실을 가리기 때문이다. 수수께끼와 침묵의 공모는 젊은이들에게 금지 심리와 같은 영향을 미친다. 그 결과 성에 대한 호기심이 증가하고, 이 '금지된' 주제에 대해 더 많은 지식을 얻으려 한다. 정치가들과 의사들은 체면이 서지 않겠지만, 젊은이들에게 성적인 주제와 정보에 대해 교육할 수 있는 전문 지식을 갖춘 사람들을 만나기는 쉽지 않다.

마흔 살 이전에 자신이 원하는 분야에서 높은 수준의 창의적 노력을 시작하는 사람은 드물다. 수천 명의 남녀를 세심하게 관찰하고 분석한 결과, 평균적으로 창조적 능력이 최고조에 달하는 시기는 마흔 살에서 예순 살 사이이다. 이는 마흔 살 이전에 뭔가를 이루지 못한 사람들, 나이 드는 것이 두려운 마흔 살 전후의 사람들에게 고무적인 정보일 것이다. 마흔 살에서 쉰 살은 대개 가장 생산적인 나이이다. 그러므로 이 나이가 다가오는 것을 공포와 전율이 아니라, 희망과 열렬한 기대로 맞이해야 할 것이다.

---

대부분의 사람들이 마흔 살이 넘어야 최고의 능력을 발휘하기 시작한다는 증거를 원한다면, 미국 사람이라면 누구나 알 만한 성공한 사람들의 기록을 살펴보면 된다. 헨리 포드는 마흔 살을 넘긴 후에야 성공의 '안정 궤도'에 올라섰다. 앤드루 카네기도 마흔 살을 훌쩍 넘기고 나서야 노력의 결실을 얻기 시작했다. 제임스 J. 힐은 마흔 살에 여전히 전신 키를 두드리고 있었다. 그의 엄청난 업적들은 마흔 살 이후에 이룬 것들이었다. 미국 산업과 금융계 인물들의 전기를 보면 마흔 살에서 예순 살이 가장 생산적인 나이라는 증거로 가득하다.

사람들은 서른 살에서 마흔 살 사이에 성적 전환의 기술을 배우기 시작한다. 보통 깨달음은 우연히 찾아오고, 당사자는 자신의 깨달음에 대해 전혀 의식하지 못한다. 그는 자신의 성취 능력이 서른다섯 살에서 마흔 살 사이에 증가했다고 느낄지 모르지만, 대부분의 경우 그런 변화의 원인에 대해 잘 알지 못한다. 즉, 대자연의 법칙에 의해 개인 안에 있는 사랑의 감정과 성이 조화를 이루는 시기가 서른 살에서 마흔 살이고, 그 결과 이 위대한 힘들을 행동을 위한 자극제로 활용할 수 있게 되는 것이다.

성만으로도 강력한 행동 자극제가 될 수 있지만, 성의 힘은 사이클론과 같아서 종종 제어가 되지 않는다. 사랑의 감정이 성적 감정과 조화를 이룰 때, 그 결과는 목적의 확고함, 침착성, 판단의 정확성, 균형 등으로 나타난다. 마흔 살이 되었는데도 이 말의 의미를 깨닫지 못하고, 자신의 경험으로 확인하지 못한다면 정말 불행한 사람이다.

오로지 성적 감정에만 사로잡혀 이성을 기쁘게 하려는 열망에 휘둘

　　11장. 성 에너지 |

리면, 위대한 성취를 이룰 수는 있지만 그 행동은 체계적이지 않고 뒤틀리며 완전히 파괴적일 수 있다. 단지 성적 동기만으로 이성의 마음에 들고자 하는 열망에 사로잡힌 사람은 훔치고, 속이고, 심지어 살인까지 저지를 수 있다. 하지만 사랑의 감정이 성적 감정과 융화되면 더 분별력 있고 균형 잡히며 이성적으로 행동하게 된다.

범죄학자들은 최악의 범죄자들도 여성이 주는 사랑의 영향을 받아 교화될 수 있다는 사실을 발견했다. 성적인 영향만으로 범죄자가 교화된 기록은 없다. 잘 알려진 사실이기는 하지만, 그 원인까지 아는 사람은 많지 않다. 교화가 이루어진다면 그것은 마음, 즉 감정을 통해서이지 머리, 즉 이성(理性)을 통해서가 아니다. 교화의 의미는 '마음의 변화'이지 '머리의 변화'가 아니다. 사람은 이성을 통해 바람직하지 않은 결과를 피하기 위해 자신의 행동을 일정 부분 바꿀 수 있다. 하지만 진정한 교화는 마음의 변화, 즉 변화하고자 하는 열망을 통해서 이루어진다.

사랑, 로맨스, 성은 모두 인간을 뛰어난 성취의 높이까지 끌어올릴 수 있는 감정들이다. 사랑은 안전밸브 역할을 하는 감정이며 균형, 침착성, 건설적인 노력 등을 보장한다. 이 세 감정이 결합하면 인간을 천재의 경지로 끌어올릴 수 있다. 하지만 사랑의 감정에 대해 거의 모르는 천재들도 있다. 그들 대다수는 파괴적인 행위에 연루되거나, 최소한 타인에 대한 공정과 정의와는 거리가 먼 행위를 할 수 있다. 문제가 되지 않는다면, 산업과 금융 분야에서 동료의 권리를 무자비하게 짓밟으며 성공한 천재들의 이름을 십여 개는 댈 수 있다. 그들은 양심이

---

라고는 없어 보인다. 독자들도 그들이 누군지 쉽게 떠올릴 수 있을 것이다.

감정은 마음의 상태다. 자연의 섭리에 따라 인간에게는 물질의 화학 작용과 비슷한 '마음의 화학 작용'이라는 것이 작동한다. 물질의 화학 작용으로 화학자는 적정량을 사용하면 전혀 해롭지 않은 요소들을 혼합해 치명적인 독을 만들 수 있다. 마찬가지로 서로 다른 감정들을 결합해 치명적인 독을 만들 수 있다. 성과 질투의 감정이 결합하면 한 사람을 미친 야수로 만들 수 있다.

인간의 마음속에 하나 이상의 파괴적인 감정이 존재할 때, 마음의 화학 작용을 거쳐 사람의 정의감과 공정성을 파괴할 수 있는 독이 만들어질 수 있다. 극단적인 경우 이런 감정들의 조합으로 이성이 파괴될 수도 있다.

성과 사랑과 로맨스를 계발하고, 통제하고, 사용하면서 천재가 만들어진다. 천재가 되는 과정을 간단히 기술하면 다음과 같다.

성과 사랑과 로맨스의 감정들이 마음속에서 지배적인 사고가 되도록 장려하고 모든 파괴적인 감정을 쫓아낸다. 마음은 습관의 산물이다. 마음은 자신에게 주입되는 지배적인 생각을 자양분 삼아 성장한다. 의지력을 통해 우리는 어떤 감정이든 존재하지 못하도록 막을 수도 있고, 존재하도록 장려할 수도 있다. 의지력으로 마음을 제어하는 일은 어렵지 않다. 제어는 끈기와 습관으로부터 나온다. 제어의 비밀은 전환의 과정을 이해하는 데 있다. 마음속에 부정적 감정이 존재할 때, 이 부정적 감정은 생각을 바꾸는 간단한 절차에 의해 긍정적 혹은 건설적 감정으로 전환될 수 있다.

천재가 되는 길은 스스로의 자발적인 노력뿐이다! 오로지 성 에너지의 추진력만으로 금융계 혹은 산업계에서 높은 성과를 얻을 수 있다. 하지만 수많은 역사적 증거들을 보면 그런 사람들은 대개 어떤 성격적 특성 때문에 재산을 유지하거나 즐기지 못한다. 분석하고 생각하고 숙고해 볼 이야기다. 왜냐하면 이것은 남성뿐 아니라 여성에게도 알아두면 유용할 수 있는 진실을 이야기하고 있기 때문이다. 이 진실을 몰랐기 때문에 수천 명의 사람들은 부를 지녔음에도 행복의 특권을 누리지 못했다.

사랑의 감정과 성적 감정은 못 알아볼 수가 없는 표시를 남긴다. 게다가 이 표시는 너무 잘 보여서 원하면 누구나 볼 수 있다. 오로지 성적 열망에 의해 정염의 폭풍에 휩싸인 사람은 눈빛과 표정으로 온 세상에 그 사실을 숨김없이 알린다. 사랑의 감정이 성적 감정과 결합하면 표정이 부드러워지고, 달라지고, 아름다워진다. 전문가의 분석도 필요 없다. 눈으로 확인할 수 있다.

사랑의 감정은 인간이 지닌 예술적이고 미적인 본성을 이끌어내고 계발한다. 사랑은 사람의 영혼에 자국을 남긴다. 시간이 흐르고 상황이 바뀌어 불타오르던 사랑이 가라앉은 뒤에도 사랑의 흔적은 사라지지 않는다.

사랑의 추억 역시 사라지지 않는다. 자극의 근원이 오래전에 지워진 뒤에도 추억은 남아서 인도하고 감화시킨다. 새로울 것도 없다. 진정한 사랑에 마음이 움직였던 사람이라면 누구나 알고 있다. 사랑이

인간의 마음에 지워지지 않는 흔적을 남긴다는 사실을. 사랑의 효과
는 지속된다. 사랑은 본질적으로 영적이기 때문이다. 사랑의 힘으로
높은 성취의 경지에 오르지 못하는 사람은 희망이 없다. 살아 있는 것
같아도 죽은 사람이다.

사랑의 추억만으로도 인간을 높은 창조적 노력의 경지로 끌어올리
기에 충분하다. 사랑의 주된 힘은 불이 스스로 타서 사라지듯 소모되
어 사라질지 모른다. 그러나 그것은 지나간 자리마다 지워지지 않는
흔적을 남긴다. 떠나간 사랑은 인간에게 더 큰 사랑을 맞을 준비를 시
킨다.

때때로 과거로 돌아가 지나간 사랑의 아름다운 추억으로 마음을 정
화하라. 지금의 걱정과 고민이 덜 힘들게 느껴질 것이다. 인생의 불편
한 현실로부터 돌파구가 생길 것이다. 그리고 어쩌면 잠시 환상의 세
계에 몸을 맡기는 동안 삶의 재정적·정신적 상태를 통째로 바꿀 수
있는 아이디어나 계획이 떠오를지도 모른다.

'사랑을 잃어버렸기 때문에' 스스로 불행하다고 믿는다면 그런 생
각은 버려라. 진정으로 사랑했다면 결코 전부를 잃을 수 없다. 사랑은
엉뚱하고 괴팍하다. 사랑의 본성은 짧고 덧없다. 자기 마음대로 찾아
왔다가 말도 없이 가 버린다. 사랑이 곁에 있는 동안 받아들이고 즐겨
라. 하지만 떠나가는 사랑을 걱정하며 시간을 보내지 마라. 걱정한다
고 사랑이 돌아오지는 않는다.

사랑은 한 번뿐이라는 생각도 버려라. 사랑은 수도 없이 오고 간다.
하지만 어떤 두 사랑도 같은 방법으로 영향을 미치지 않는다. 대개 다

　　　　　　　　　　　　

른 모든 사랑보다 더 깊은 흔적을 남기는 사랑이 있게 마련이지만, 사랑이 떠났다고 분노하고 냉소하지만 않는다면 사랑의 경험은 모두 좋은 것을 남긴다.

사랑에 대해 실망해서는 안 된다. 사랑의 감정과 성적 감정의 차이를 이해한다면 실망하지 않을 것이다. 둘의 주된 차이는 사랑은 영적이고 성은 생물학적이라는 것이다. 영적인 힘으로 인간의 마음을 어루만지는 경험은 무지나 질투가 개입되지 않는 한 결코 해로울 수 없다.

사랑은 의심할 여지 없이 인생 최고의 경험이다. 사랑은 우리를 무한 지성과 교감하게 한다. 사랑이 로맨스와 성적 감정과 결합하면, 우리는 창조적 노력의 사다리를 타고 높이 올라갈 수 있다. 사랑과 성과 로맨스는 영원한 삼각형을 이루며 천재들로 하여금 성취를 이루게 한다. 자연이 천재를 만드는 데 이 세 가지 외에 다른 힘은 필요 없다.

사랑이라는 감정에는 다양한 측면, 색채와 음영이 있다. 부모님이나 아이들에 대한 사랑은 연인에 대한 사랑과는 분명히 다르다. 연인에 대한 사랑에는 성적 감정이 섞여 있지만, 다른 종류의 사랑은 그렇지 않다.

진정한 우정의 대상에게 느끼는 사랑은 연인, 부모, 자녀에 대해 느끼는 사랑과 다르지만 그것 역시 사랑이다.

또한, 자연의 피조물에 대한 사랑같이 생명이 없는 것들을 향한 사랑의 감정도 있다. 하지만 다양한 종류의 사랑 가운데 가장 강렬하고 뜨거운 사랑은 사랑과 성이 결합했을 때 경험할 수 있다. 결혼은 사랑과 성이 적절한 균형을 이루어 영원한 친밀감을 형성해야 한다. 그렇지 못한 결혼은 행복할 수 없으며 오래가기도 어렵다. 사랑만으로 행복한 결혼이 될 수 없듯이 섹스만으로 결혼이 행복할 수 없다. 이 두 아름다운 감정이 조화롭게 결합될 때, 결혼은 인간이 지상에서 경험할 수 있는 가장 영적인 정신 상태를 이끌어낼 수 있다.

그렇게 결합한 사랑과 성에 로맨스의 감정이 더해지면, 인간의 유한한 마음과 무한 지성 간의 장벽이 사라지게 된다.

그렇게 천재가 탄생한다!

이는 성적 감정과 연관된 흔한 이야기들과는 다르다. 이 감정에 대한 이러한 해석은 그것을 평범함에서 끌어올려 신의 손안에 있는 도공의 진흙처럼 만들며, 신은 그것으로 아름답고 영감을 주는 모든 것을 빚어내신다. 이 해석을 올바르게 이해하면 수많은 결혼 속에 존재하는 혼란을 조화로 이끌 수 있다. 부부 간의 불화는 종종 잔소리의 형태로 나타나는데, 이는 대개 성에 대한 지식 부족에서 비롯된다. 사랑과 로맨스 그리고 성적 감정과 기능에 대한 올바른 이해가 자리한 곳에서는 부부 사이에 불화가 존재하지 않는다.

사랑과 성, 로맨스의 진정한 관계를 이해하는 아내가 있는 남편은 진정 행운아다. 이 신성한 삼위일체에 의해 마음이 움직일 때 어떠한 일도 고되지 않으며, 가장 보잘것없는 노력조차 사랑의 수고가 된다.

"아내는 남편을 일으킬 수도, 무너뜨릴 수도 있다."라는 말은 오래된 격언이지만, 그 진정한 의미는 자주 간과된다. 남편을 '일으키느냐' '무너뜨리느냐'는 아내가 사랑과 성, 로맨스라는 감정의 본질을 올바르게 이해하느냐 아니냐에 달려 있다.



11장. 성 에너지

남성은 생물학적으로 일부다처의 본성을 타고나지만, 자신의 성향과 전혀 맞지 않는 여인과 결혼한 경우가 아니라면 남성에게 아내만큼 강력한 영향을 미치는 여성은 없다. 남편이 자신에게서 흥미를 잃고 다른 여성에게 관심을 갖는데도 아내가 이를 방치한다면, 이는 대개 성, 사랑, 로맨스라는 주제에 대한 아내의 무지와 무관심 때문이다. 물론 이 주장은 남편과 아내 사이에 한때 진정한 사랑이 존재했다는 전제를 바탕으로 한다. 아내가 남편에게 흥미를 잃도록 내버려두는 남성에게도 이 사실은 똑같이 해당한다.

부부는 종종 온갖 사소한 문제로 다툰다. 정확히 분석해 보면, 다툼이 일어난 진짜 원인은 종종 이 주제에 대한 무관심이나 무지에서 찾을 수 있다.

남성의 가장 큰 원동력은 여성을 기쁘게 하려는 열망이다! 문명이 동트기 전 선사시대의 남성들이 남보다 뛰어난 사냥꾼이 되려 했던 이유는 여성의 눈에 위대하게 보이고 싶어서였다. 이 점에서 남성의 본성은 변하지 않았다. 오늘날의 '사냥꾼'들은 야생동물의 가죽 대신 좋은 옷, 자동차, 부를 갖다줌으로써 여성의 환심을 사고 싶은 열망을 드러낸다. 여성을 기쁘게 하려는 남성의 열망은 문명이 동트기 전과 다르지 않다. 달라진 점이 있다면 기쁘게 하는 방식뿐이다. 남성들이 큰 부를 쌓고, 권력과 명예를 가지고자 하는 이유는 여성을 기쁘게 하려는 열망을 충족시키기 위해서다.

그들의 삶에서 여성이 사라진다면, 대다수의 남성들에게 큰 부는 무의미해진다. 남성을 일으키기도 하고 무너뜨리기도 하는 여성의 권력은 여성을 기쁘게 하려는 남성의 타고난 열망에서 나온다.

남성의 본성을 잘 이해하고 솜씨 좋게 이를 이용하는 여성은 다른 여성과의 경쟁을 두려워할 필요가 없다. 남성은 다른 남성들 앞에서는 불굴의 의지력을 가진 '거인'이지만, 자신이 선택한 여성에게는 쉽게 조종당한다.

대부분의 남성은 자신이 좋아하는 여성에게 쉽게 영향받는다는 사실을 인정하지 않는다. 강자로 인정받고 싶은 남성의 타고난 본능 때문이다. 나아가 현명한 여성은 이러한 '남성의 속성'을 인지하고 그것을 문제 삼지 않는다.

어떤 남성들은 자신이 아내, 연인, 어머니, 자매 등으로부터 영향을 받는다는 사실을 알고 있지만, 굳이 그 영향으로부터 벗어나려고 하지 않는다. 그들은 남성을 변화시키는 올바른 여성의 영향력 없이는 행복해지거나 완전해질 수 없다는 사실을 잘 알 정도로 영리하기 때문이다. 이 중요한 사실을 모르는 남성은 자신을 성공으로 이끄는 가장 중요한 힘을 빼앗기게 된다.

 

# 12장

**부를 향한 열한 번째 단계**

## 잠재의식

연결 고리

*Napoleon Hill*

# Think and Grow Rich

## The Subconscious

잠재의식은 의식의 한 영역이다. 오감을 통해 객관적인 마음에 도달한 모든 생각 동력을 분류하고 기록한다. 마치 캐비닛에서 서류를 꺼내듯 잠재의식에서 생각을 불러낸다.

잠재의식은 모든 종류의 감각 인상이나 생각을 정리하고 보관한다. 잠재의식 안에는 여러분이 물리적 혹은 금전적 등가물로 변화시키고자 하는 계획, 생각, 의도가 무엇이든 자발적으로 심을 수 있다. 잠재의식은 신념과 같은 감정적 느낌과 결합한 지배적 열망에 우선적으로 작용한다.

이 점을 열망의 장에서 본 6가지 단계들과 계획 수립 및 실행의 장에서 본 지시 사항들과 연관 지어 생각해 보면 지금 하고 있는 이야기의 중요성을 이해할 것이다.

잠재의식은 밤낮으로 일하며 우리가 모르는 절차와 방법을 통해 무한 지성의 힘을 끌어낸다. 그리고 이 힘을 이용해 자발적으로 열망을 물리적 형태로 전환하고 이 과정에서 가장 실용적인 매체를 이용한다.

우리는 잠재의식을 완전히 제어하지는 못한다. 하지만 구체적인 형태로 전환하고 싶은 계획, 열망, 의도 등을 자발적으로 잠재의식에 전달할 수 있다. 자기 암시를 다룬 4장에서 잠재의식의 사용에 관한 설명 부분을 다시 읽어라.

잠재의식이 인간의 한정된 마음과 무한 지성을 연결하는 고리 역할을 한다는 증거는 많다. 잠재의식이라는 중재자를 통해 우리는 무한 지성의 힘을 마음대로 끌어다 쓸 수 있다. 잠재의식만이 정신적 동력들을 영적인 동력으로 전환할 수 있고, 잠재의식을 통해서만이 기도의 응답을 받을 수 있다.

잠재의식과 연결된 창의적 노력은 헤아릴 수 없이 엄청난 가능성으로 우리를 경이롭게 만든다.

잠재의식에 관해 논의할 때마다 나는 늘 나 자신이 작고 보잘것없는 존재가 되는 것 같다. 아마도 이 주제에 관한 인간 지식의 양이 한심할 정도로 제한되어 있기 때문일 것이다. 잠재의식이 인간의 사고하는 마음과 무한 지성 간의 소통을 매개한다는 바로 그 사실을 떠올리는 것만으로도 우리의 이성은 무력해진다.

여러분이 잠재의식의 존재를 현실로 받아들이고 열망을 물리적 혹은 금전적 형태로 전환하는 잠재의식의 가능성을 이해하면, 열망을 다룬 2장에서 지시한 내용들의 중요성을 완전히 이해할 것이다. 또, 내가 왜 그렇게 열망을 명확하게 글로 써서 정리하라고 되풀이해서

 

잔소리했는지도 이해할 것이다. 또한, 왜 끈기 있게 지시 사항들을 이행해야 하는지도 이해할 것이다.

13가지 원칙들은 자극제다. 이 자극제를 통해 여러분은 스스로의 잠재의식에 도달하고 그것에 영향을 미칠 수 있다. 첫 시도에서 그렇게 하지 못했다고 의기소침해질 필요는 없다. 명심하라. 우리는 습관을 통해서만 잠재의식을 움직일 수 있다. 어떻게 해야 하는지는 신념을 다룬 3장에서 설명했다. 여러분은 아직 신념에 숙달되지 않았다. 인내심을 가져라.

3장 '신념'과 4장 '자기 암시'에서 했던 이야기들이 여기서 많이 반복될 것이다. 여러분의 잠재의식에 도움을 주기 위해서다. 여러분이 잠재의식에 영향을 미치려고 노력하건 말건 잠재의식은 자발적으로 작동한다. 즉, 공포와 빈곤 같은 부정적인 생각들은 모두 잠재의식에 자극제로 작용하므로, 이 자극들을 스스로 통제하고 잠재의식에 더 바람직한 자양분을 주어야 한다.

잠재의식은 한시도 쉬지 않는다! 여러분이 잠재의식에 부지런히 열망을 심어주지 않으면, 잠재의식은 손에 닿는 대로 아무것이나 집어먹는다. 생각 동력은 긍정적이든 부정적이든 끊임없이 잠재의식에 도달한다고 이미 설명했고, 생각 동력의 네 가지 근원에 대해서도 성 에너지 전환을 다룬 11장에서 언급했다.

지금으로서는 우리가 수많은 종류의 생각 동력 가운데에서 매일매일 살아가고 있고, 이 생각 동력들이 여러분이 모르는 사이에 잠재의식에 영향을 미친다는 점을 기억하는 것으로 충분하다. 생각 동력 중에는 긍정적인 것도 있고, 부정적인 것도 있다. 여러분은 지금 부정적인 생각 동력들이 흘러 들어오는 것을 막고, 열망이라는 긍정적 동력들이 잠재의식에 자발적으로 영향을 미치는 것을 도우려 하고 있다.

그렇게 하면 여러분은 잠재의식의 문을 여는 열쇠를 갖게 된다. 나아가 그 문을 자유자재로 여닫을 수 있게 되어 어떠한 부정적인 생각도 잠재의식에 영향을 미칠 수 없게 된다.

인간이 창조하는 것은 무엇이든 생각 동력의 형태로 시작한다. 인간은 생각으로 품지 않으면 그 어떤 것도 창조할 수 없다. 생각 동력은 상상력의 도움을 받아 계획이 된다. 우리의 제어를 받을 때 상상력은 계획을 수립하거나 목표를 세우는 데 사용될 수 있고, 이 계획과 목표가 선택한 분야에서 우리를 성공으로 이끈다.

물리적 형태로 전환되기 위해 자발적으로 잠재의식에 뿌리내리는 모든 생각 동력은 우리의 상상을 거쳐 신념과 결합해야 한다. 잠재의식에 입력되기 위해 신념은 계획 또는 목표와 '결합'하는데 이것은 상상력을 통해서만 가능하다.

여기서 여러분은 잠재의식의 자발적인 사용을 위해서는 모든 원칙이 조율되고 적용되어야 한다는 사실을 알 수 있을 것이다.

엘라 휠러 윌콕스는 잠재의식의 힘을 이해했다는 증거로 다음과 같이 썼다.


하나의 생각이 어떤 일을 할지 당신은 알 수 없습니다.
미움을 불러오든 사랑을 불러오든



12장. 잠재의식

생각은 실체이며, 그 가벼운 날개는

전서구보다 빠르기 때문입니다.

그들은 우주의 법칙을 따릅니다.

하나하나의 생각은 같은 종류의 생각을 만들어내고,

당신의 마음에서 흘러 나간 것을

빠른 속도로 되돌려줍니다.


시인은 이해했다. 사람의 마음에서 나간 생각은 그 사람의 잠재의식에 깊이 뿌리내려 그곳에서 자석, 패턴 또는 청사진의 역할을 함으로써 잠재의식이 그 생각들을 물리적 형태로 만드는 데 영향을 미친다는 사실을. 생각은 진실로 실체다. 모든 물질적인 것들은 생각이라는 에너지의 형태로 시작되기 때문이다.

잠재의식은 오로지 마음의 이성적인 부분으로부터 비롯된 생각 동력보다는 느낌이나 감정과 결합한 생각 동력에 더 영향을 받는다. 감정과 결합한 생각만이 잠재의식을 작동하게 만든다는 이론을 뒷받침하는 많은 증거가 있다. 감정이나 느낌이 대다수의 사람들을 지배한다는 것은 잘 알려진 사실이다. 잠재의식이 감정과 잘 결합된 생각 동력에 더 빨리 반응하고 더 쉽게 영향을 받는다는 것이 사실이라면, 중요한 감정들에 익숙해지는 것이 반드시 필요하다. 인간의 주요 감정에는 일곱 가지 긍정적인 감정과 일곱 가지 부정적인 감정이 있다. 부정적인 감정들은 자발적으로 생각 동력에 주입되어 잠재의식으로의 통과를 보장받는다. 긍정적인 감정은 자기 암시의 원리를 통해, 개인이 자신의 잠재의식에 전달하고자 하는 생각 동력 속에 주입해야 한다(이 부분에 대해서는 자기 암시를 다룬 4장에서 설명했다).

이 감정 혹은 느낌 동력들은 빵 반죽 속 이스트에 비유할 수 있다. 감정은 생각 동력을 수동적 상태에서 능동적 상태로 바꾸어 놓는 작용의 요소들이기 때문이다. 따라서 감정과 잘 배합된 생각 동력들은 단지 '차가운 이성'에서 비롯된 생각 동력들보다 훨씬 쉽게 행동으로 이어진다.

여러분은 잠재의식이라는 '내부의 청중'을 감화하고 제어하여, 돈에 대한 열망을 돈으로 바꾸려 하고 있다. 따라서 이 '내부의 청중'에게 다가가는 방법을 이해해야 한다. 우선 같은 언어를 사용해야 한다. 그렇지 않으면 잠재의식은 귀 기울이지 않는다. 잠재의식은 감정이나 느낌의 언어를 가장 잘 이해한다. 그러니 이제부터 살펴볼 일곱 가지 주요 긍정적 감정과 일곱 가지 주요 부정적 감정 가운데 부정적 감정은 피하고, 긍정적인 감정을 적극적으로 이용해 잠재의식에 다가가라.

**| 일곱 가지 주요 긍정적 감정 |**

**1.** 열망의 감정

**2.** 믿음의 감정

**3.** 사랑의 감정

**4.** 성의 감정

**5.** 열정의 감정

**6.** 로맨스의 감정

**7.** 희망의 감정

　다른 긍정적인 감정들도 있지만, 이 일곱 가지가 가장 강력하고, 창조적 노력에 가장 흔히 사용되는 감정들이다. 이 일곱 감정을 몸에 익히면 (오직 사용을 통해서만 익힐 수 있다) 다른 긍정적인 감정들도 필요할 때마다 불러낼 수 있다. 이와 관련하여 여러분의 마음을 긍정적 감정으로 채움으로써 '돈에 대한 의식'을 함양하는 것이 이 책의 목표라는 점을 기억하자. 마음을 부정적인 감정으로 채우는 사람은 돈에 대한 의식을 가질 수 없다.

**| 일곱 가지 주요 부정적 감정 |**

**1.** 두려움의 감정

**2.** 질투의 감정

**3.** 증오의 감정

**4.** 복수의 감정

**5.** 탐욕의 감정

**6.** 미신의 감정

**7.** 분노의 감정

긍정적 감정과 부정적 감정이 동시에 마음을 지배할 수는 없다. 둘 중 한쪽이 마음을 지배한다. 긍정적인 감정이 마음을 지배하게 하는 것은 여러분의 책임이다. 습관의 법칙이 도움이 될 것이다. 긍정적 감정을 적용하고 이용하는 습관을 형성하라! 결국에는 긍정적 감정이 마음을 완벽하게 지배해 부정적 감정은 들어올 수 없게 될 것이다.

이러한 지시 사항들을 글자 그대로 꾸준히 따르면 잠재의식을 제어할 수 있다. 의식 속에 부정적 감정이 단 하나만 있어도 잠재의식으로부터 건설적인 도움을 받을 수 없다.

관찰력이 좋은 독자라면 알아챘겠지만 대다수의 사람들은 다른 모든 시도가 실패한 뒤에야 기도에 의지한다! 또는 의례적이거나 말뿐인 기도에 그친다. 대부분의 사람들이 다른 시도에서 실패한 뒤에야 기도한다는 점은 사실이다. 따라서 기도하러 가는 사람들의 마음은 공포와 의심으로 가득 차 있고, 잠재의식은 이런 부정적인 감정에 반응해 이들을 무한 지성에 전달한다. 마찬가지로 무한 지성도 이 감정들을 받아들여 반응한다.

뭔가를 바라면서 기도하지만, 동시에 바라는 것을 얻지 못할까 봐 혹은 무한 지성이 반응하지 않을까 봐 두려워한다면 기도는 쓸모없는 것이 된다.

때로는 기도의 결과로 바라던 것이 실현되기도 한다. 기도를 해서 바라는 것을 얻었던 경험이 있다면, 기도하는 동안 여러분의 마음이 실제로 어떤 상태였는지 기억해 보라. 그러면 이 책에서 말하는 이론이 단순히 이론에 그치지 않는다는 사실을 깨닫게 될 것이다.

언젠가 이 나라의 학교와 교육기관들이 '기도의 과학'을 가르치는 날이 올 것이다. 그렇게 되면 기도도 과학이 된다. 그런 날이 오면 (인류가 준비되고 요구할 때 그런 날이 올 것이다) 아무도 두려운 마음으로 보편적 정신에 다가가지 않을 것이다. 공포라는 감정이 존재하지 않을 것이기 때문이다. 무지, 미신, 잘못된 가르침은 사라지고 인간은 무한 지성의 자녀라는 참된 지위에 오를 것이다. 지금까지 소수의 사람들만이 그런 축복을 얻었다.

나의 예언이 터무니없다고 믿는다면 인류의 역사를 돌아보라. 번개가 신이 분노한 증거라고 믿으며 두려워한 지 채 100년도 지나지 않았다. 이제 신념이라는 힘 덕분에 인간은 번개를 제어하고 이용해 산업의 바퀴를 돌리게 되었다. 그보다 더 최근까지 인간은 행성들 사이의 공간이 단지 아무것도 없는 죽음의 공간이라고 생각했다. 역시 신념의 힘 덕분에 이제 사람들은 행성들 사이의 공간이 텅 빈, 죽어 있는 공간이 아니라, 사실은 매우 활기찬 공간이고, 아마도 생각의 진동을 제외하고는 알려진 가장 높은 형태의 진동이라는 사실을 알게 되었다. 나아가 인간은 이 살아 있고 고동치며 진동하는 에너지가 모든 물질의 원자 속에 스며들어 우주의 모든 빈틈을 채우며, 모든 인간의 뇌를 서로 연결해 준다는 사실을 알게 되었다.

그렇다면 이 동일한 에너지가 모든 인간의 뇌를 무한 지성과도 연결해 준다고 믿는 것이 타당하지 않을까?

유한한 인간의 마음과 무한 지성 사이에는 톨게이트가 없다. 둘 사이의 소통에는 비용이 들지 않는다. 인내, 신념, 끈기, 이해, 소통하고 싶다는 진실한 열망만이 필요할 뿐이다. 게다가 무한 지성에 다가가는 것은 인간 자신만이 할 수 있다. 돈을 주고 남에게 맡기는 기도는 아무 가치가 없다. 무한 지성은 대리인을 통하지 않는다. 직접 하지 않으면 소통할 수 없다.

기도문을 죽을 때까지 읽고 또 읽어도 아무 소용이 없다. 생각은 변형을 거쳐야 무한 지성에 전달될 수 있고, 그러한 변형은 잠재의식을 통해서만 일어난다.

무한 지성과 소통하는 방법은 소리의 진동이 라디오를 통해 전달되는 방법과 유사하다. 라디오의 작동 원리를 이해한다면, 소리가 에테르를 통해 전달되려면 인간의 귀로는 감지할 수 없는 주파수로 변환되어야 한다는 사실을 알 것이다. 라디오 방송국은 주파수를 수백만 배 늘려 인간의 음성을 변환하거나 조정한다. 그렇게 해야 소리의 진동이 에테르를 통과할 수 있기 때문이다. 이 변환이 일어나야만, 에테르는 (원래 소리의 진동이었던) 에너지를 '포착'해 라디오 수신국으로 전달하고, 수신 장치는 그 에너지를 원래 진동 수준으로 낮춰 소리로 인식할 수 있다.

잠재의식은 중개자의 역할을 한다. 개인의 기도를 무한 지성이 인식할 수 있는 형태로 변환하고 그 메시지를 전달한 뒤, 기도가 지향하는 대상을 얻기 위한 구체적인 계획이나 아이디어의 형태로 응답을 되돌려준다. 이 원리를 이해한다면 왜 단순히 기도문을 따라 읽는 기도가 인간의 마음과 무한 지성 간에 소통의 수단이 될 수 없는지 알 수 있다.

여러분의 기도가 무한 지성에 도달하기 전에(나의 이론일 뿐이다), 그것은 아마도 원래 생각의 진동에서 영적인 진동의 형태로 변환될 것이다. 신념은 생각에 영적 성질을 부여할 수 있다고 알려진 유일한 매개체다. 신념과 두려움은 서로 어울릴 수 없는 동반자이며, 한쪽이 존재하는 곳에 다른 쪽은 존재할 수 없다.

# 13장

**부를 향한 열두 번째 단계**

두뇌

생각의 송수신국

　20여 년 전, 나는 고 알렉산더 그레이엄 벨, 엘머 R. 게이츠와 함께 일하면서 모든 인간의 뇌는 생각의 진동을 전달하고 받는 송수신기라는 생각을 했다.

　에테르를 매개체로, 라디오 방송의 원리와 비슷한 방식으로 인간의 뇌는 다른 뇌들이 방출하는 생각의 진동을 포착할 수 있다.

　위 문장을, 상상력을 다룬 6장에서 기술한 창조적 상상력에 대한 설명 부분과 비교해 생각해 보자. 창조적 상상력은 두뇌의 '수신 장치'로 다른 사람들의 뇌가 방출하는 생각들을 받아들인다. 이는 의식적이고 이성적인 마음과 생각을 자극하는 네 가지 원천 사이를 연결해 주는 소통의 매개체다.

　자극을 받거나 혹은 높은 주파수의 진동으로 '증폭'되면, 마음은 외부 원천으로부터 도달하는 생각의 진동에 더 민감하게 반응한다. 이

'증폭' 절차는 긍정적 혹은 부정적 감정을 통해 일어난다. 감정을 통해 생각의 진동은 증폭된다.

진동수가 극도로 높은 진동만이 에테르에 의해 포착되어 뇌에서 뇌로 전달된다. 생각은 매우 높은 진동수로 여행하는 에너지다. 주요 감정에 의해 수정되고 증폭된 생각은 일반적인 생각보다 아주 높은 주파수로 진동한다. 사람 뇌의 송수신 장치를 거쳐 하나의 뇌에서 다른 뇌로 전달되는 생각은 이런 유형이다.

인간의 감정 가운데 가장 강렬하고 추진력이 강한 것은 성적 감정이다. 성적 감정에 의해 자극된 뇌는 차분한 감정일 때나 감정이 없을 때보다 훨씬 빠르게 진동한다.

성 에너지가 전환되면 생각의 진동 속도가 크게 증가해 창조적 상상력이 에테르로부터 포착한 아이디어를 매우 잘 받아들이게 된다. 한편, 빠른 속도로 진동하는 뇌는 에테르를 매개로 다른 뇌가 발산하는 생각과 아이디어를 끌어들일 뿐 아니라, 자신의 생각에 '감정'을 불어넣는다. 이것은 잠재의식이 생각을 포착하고 반응하는 데 반드시 필요하다. 즉, 느낌 혹은 감정은 방송의 원리를 이용해 생각과 결합하고 잠재의식으로 전달된다.

잠재의식은 뇌의'송신국'이다. 잠재의식을 통해 생각의 진동이 송출된다. 창조적 상상력은 '수신 장치'다. 생각의 진동을 에테르로부터 포착한다.

그렇다면 이제 자기 암시를 살펴보자. 자기 암시는 '방송국'이 작동하게 만드는 매개체다.

자기 암시를 다룬 4장에서 열망이 돈으로 전환되는 방식에 대해 확실히 알았을 것이다.

우리 마음의 '방송국'이 작동하는 절차는 비교적 간단하다. 딱 세 가지만 기억하고 적용하면 된다. 잠재의식, 창조적 상상력, 자기 암시다. 이 세 가지를 행동으로 전환하는 자극제에 대해서는 이미 기술했다. 그 절차는 열망으로부터 시작한다.

## 최고의 힘은 '무형'의 힘이다

대공황으로 인해 세계는 보이지 않는 무형의 힘을 이해하기 시작했다. 지난 시절 동안 인간은 물리적 감각에 지나치게 의존해 왔으며, 인간의 지식은 보고, 만지고, 무게를 재고, 측정할 수 있는 물리적 대상에 국한되어 있었다.

지금 우리는 그 어느 때보다 경이로운 시대에 들어서고 있다. 이 시대는 우리 주변 세계의 보이지 않는 힘에 대해 우리에게 뭔가를 가르쳐 준다. 아마도 우리는 이 시대를 살아가면서 거울 속에 보이는 육체적 자아보다 더 강력한 '또 다른 자아'가 존재한다는 사실을 배우게 될 것이다.

사람들은 때때로 눈에 보이지 않는 것들, 오감으로 인지할 수 없는 것들에 대해 가볍게 이야기하곤 한다. 그럴 때마다 우리는 스스로가 보이지 않는 무형의 힘에 의해 통제되고 있음을 기억해야 한다.

인류 전체의 힘을 모아도 바다의 출렁이는 파도 속에 담긴 보이지 않는 힘을 감당하거나 통제할 수 없다. 인간은 이 작은 지구를 공중에

떠 있게 만들고, 인간이 그 위에서 떨어지지 않게 붙들고 있는 중력이라는 보이지 않는 힘을 통제하기는커녕 이해할 능력조차 없다. 인간은 뇌우를 몰고 오는 보이지 않는 힘에 완전히 굴복하며 보이지 않는 전기의 힘 앞에 무력하다. 아니, 인간은 전기가 무엇이고 어디에서 오는지 그 존재 이유가 무엇인지조차 알지 못한다.

보이지 않는 무형의 존재들과 관련한 인간의 무지는 여기서 끝나지 않는다. 인간은 지구의 흙 속에 감추어진 무형의 힘(그리고 지성)을 이해하지 못한다. 먹는 음식 한 조각, 입는 옷 한 벌, 주머니에 지닌 돈 한 푼을 제공해 주는 힘이 무엇인지 알지 못한다.

## 드라마틱한 뇌 이야기

끝으로 무엇보다 중요한 것은 인간은 스스로 자부하는 문화와 교육에도 불구하고, (무형의 힘 중에서도 가장 위대한) 생각의 보이지 않는 힘에 대해 거의 혹은 전혀 이해하지 못한다는 점이다. 인간은 물리적 두뇌와 사고의 힘이 물질적 실체로 전환되는 뇌의 복잡하고 광대한 네트워크에 대해 거의 알지 못한다. 그러나 이제 이 주제에 대한 깨달음을 얻게 될 시대에 접어들고 있다. 이미 과학자들은 뇌라고 불리는 이 어마어마한 존재에 관심을 쏟기 시작했다. 그들의 연구가 아직은 기초적인 수준에 머물고 있지만 뇌의 중앙 제어판, 즉 뇌세포를 서로 연결하는 회선의 수가 1 뒤에 0이 1,500만 개 붙는 수와 같다는 사실을 알 만큼의 지식은 가지고 있다.

시카고 대학의 C. 저드슨 헤릭 박사는 "숫자가 너무 어마어마해서,

천문학에서 다루는 수억 광년이 짧게 느껴질 정도다."라고 말했다. 그는 또 "인간의 대뇌피질에는 100억 개에서 140억 개의 뇌세포가 있으며, 이 뇌세포들은 일정한 패턴에 따라 배열되어 있다. 아무렇게나 배열되어 있는 것이 아니라 일정한 순서가 있다. 최근 개발된 전기 생리학적 방법은 매우 정밀하게 위치가 특정된 세포나 섬유에 미세 전극을 부착하여 활동 전류를 추출하고, 이를 진공관을 이용해 증폭시킨 다음, 전위차를 100만 분의 1볼트 단위까지 기록한다."라고 말했다.

단지 육체의 성장과 유지에 수반되는 물리적 기능만을 수행하기 위해서 이렇게 복잡한 네트워크 장치가 존재한다는 사실이 믿기 어렵다. 뇌가 수십억 개의 뇌세포가 서로 소통할 수 있는 매개체를 제공한다면, 동일한 시스템이 다른 무형의 힘들과의 소통 수단을 제공한다고 해도 이상할 것은 없지 않을까?

이 책의 집필을 마치고 출판사에 원고를 보내기 직전에, 정신 현상 분야에 권위가 있는 훌륭한 대학 한 곳과 뛰어난 연구자 한 사람이 체계적인 연구를 진행 중이라는 사실을 〈뉴욕타임스〉의 사설을 통해 알게 되었다. 그런데 이 연구에서 도출한 결론이 이 장과 다음 장의 내용과 비슷하다. 사설은 듀크 대학의 라인 박사와 그 동료들이 수행한 '텔레파시란 무엇인가?'라는 주제의 연구를 짤막하게 분석했다.


"한 달 전 우리는 같은 지면에 듀크 대학의 라인 교수 팀이 '텔레파시'와 '투시력'의 존재를 규명하는 10만 번 이상의 실험으로부터 얻은 놀라운 성과의 일부를 인용하였다. 〈하퍼스 매거진〉

은 두 건의 기사에서 이 성과들을 다루었는데, 두 번째 기사의 저자 E. H. 라이트는 이 '초감각적' 지각들의 정확한 성격에 대해 새롭게 알게 된 사실과 이로부터 합리적으로 추론할 수 있는 부분들을 간단하게 요약했다.

라인 박사의 실험 결과로 인해, 일부 과학자들에게는 텔레파시와 투시가 실제로 존재할 가능성이 매우 높아 보이기 시작했다. 다양한 실험 참가자들에게 특수한 카드 묶음에 포함된 카드를 눈이나 다른 어떠한 감각 기관을 사용하지 않고 가능한 한 많이 맞히도록 했다. 20여 명의 참가자가 매우 높은 정확도로 지속적으로 카드를 맞혔는데, 그 성과가 단순한 운이나 우연에 의한 것일 가능성은 수백만 분의 일에 불과했다.

그들은 어떻게 카드를 맞힐 수 있었을까? 그들에게 특별한 능력이 존재한다고 가정할 때, 그 능력은 감각적인 것은 아닌 것 같았다. 그런 능력을 담당하는 것으로 알려진 기관은 존재하지 않는다. 이 실험은 같은 방 안에서 수행했을 때와 마찬가지로, 수백 마일 떨어진 거리에서도 동일한 효과를 나타냈다. E. H. 라이트의 의견에 따르면, 이러한 사실들은 텔레파시나 투시를 방사선이라는 물리적 이론으로 설명하려는 시도를 무색하게 만든다. 지금까지 알려진 모든 형태의 복사 에너지는 전달되는 거리가 멀어질수록 그 세기가 거리의 제곱에 반비례하여 약해진다. 텔레파시와 투시는 그렇지 않다. 그러나 다른 정신 능력들과 마찬가지로, 물리적 조건에 의해 그 효과가 달라질 수는 있다. 널리 퍼진 통념과는 달리 실험 참가자들이 잠들었거나 반쯤 잠든 상태에서는 이러한 능력이 향상되지 않는다. 오히려 완전히 깨어 있고 정신이 가장 또렷할 때 가장 잘 발휘된다. 라인은 마약이 실험 참가자의 점수를 예외 없이 낮추는 반면, 자극제는 언제나 점수를 높인다는 사실을 발견했다. 가장 신뢰할 만한 실험 참가자조차도 최선을 다하려는 의지가 없으면 좋은 점수를 내지 못하는 것으로 보였다.

라이트가 자신 있게 내놓은 한 가지 결론은 텔레파시와 투시가 사실은 같은 재능이라는 사실이다. 즉, 뒤집어 놓은 카드의 앞면을 ‘볼 수 있는’ 능력은 다른 사람의 마음속에만 있는 생각을 ‘읽을 수 있는’ 능력과 정확히 같은 능력으로 보인다. 이러한 믿음에는 몇 가지 근거가 있다. 예를 들어 지금까지의 사례에서 보면, 두 가지 능력 중 어느 하나를 지닌 사람은 예외 없이 둘 다 가지고 있는 것으로 나타났다. 지금까지 관찰한 모든 사람에게서 이 두 능력은 거의 동일한 강도로 나타났으며 칸막이나 벽, 거리 같은 물리적 장벽은 어느 능력에도 전혀 영향을 미치지 않았다. 라이트는 이 같은 결론에서 한발 더 나아가, 단순한 ‘직감’에 불과하다면서도 예지몽, 재난을 예지하는 감각 등 기타 초감각적 경험들이 역시 같은 능력의 일종일 수 있다는 가능성을 제기한다. 독자들이 굳이 이 결론을 받아들일 필요는 없지만, 라인 박사가 쌓아 올린 증거들은 여전히 인상적이다.”

라인 박사는 마음이 이른바 초감각적 경험에 반응하는 조건에 관해서도 발표했다. 이와 관련해 다음과 같이 덧붙일 수 있게 되어 영광스럽게 생각한다. 나와 나의 동료들은 다음 장에서 설명할 '육감'이 실질적으로 작동할 수 있도록 마음을 자극할 이상적인 조건을 발견했다고 확신한다.

내가 말하는 조건이란 나와 내 직원 두 사람 사이의 긴밀한 협력 관계를 의미한다. 우리는 실험과 연습을 통해 (다음 장에서 기술한 '보이지 않는 자문단' 원칙을 적용함으로써) 우리의 마음을 자극하는 방법을 발견했고, 우리 세 사람의 마음을 하나로 융합하는 과정을 통해 고객들이 제시하는 다양한 개인적 문제들의 해결책을 찾았다.

절차는 매우 간단하다. 세 사람이 회의 책상에 둘러앉아서 우리가 다루고 있는 문제의 본질을 분명하게 이야기한 다음 토의를 시작한다. 세 사람이 각자 마음에 떠오르는 생각을 이야기한다. 이런 식으로 마음을 자극하는 방식이 놀라운 점은 각각의 참여자가 자신의 경험한 범위를 명백히 넘어서서 알지 못하는 지식의 원천과 소통하게 된다는 것이다.

여러분이 '마스터마인드'에 관해 다룬 10장에서 기술한 원칙을 이해한다면, 여기서 말하는 원탁 토의 과정이 '마스터마인드' 원칙을 현실에 적용한 것임을 알아차릴 것이다.

이처럼 세 사람이 정해진 주제에 대해 서로 화합하며 의견을 나눔으로써 마음을 자극하는 방식은 '마스터마인드'의 가장 단순하면서도 실용적인 적용 사례를 보여 준다.

비슷한 계획을 채택하고 따름으로써 성공 철학을 공부하는 사람은 누구든 이 책의 도입부에 짧게 기술한 카네기의 유명한 성공 공식을 자기 것으로 만들게 될 것이다. 만일 지금 이 내용이 잘 와닿지 않는다면, 이 페이지를 표시해 두었다가 마지막 장까지 모두 읽은 다음 다시 돌아와 읽어 보기 바란다.

대공황은 겉보기와는 달리 축복이었다. 세계를 새로운 출발선으로 되돌려 놓았고, 그 결과 모든 사람에게 새로운 기회를 부여했기 때문이다.

# 14장

**부를 향한 열세 번째 단계**

## 육감

지혜의 신전으로 들어가는 문

　‘열세 번째’ 원칙은 이른바 육감이라 불리며, 이를 매개로 무한 지성은 개인의 의식적인 노력이나 요구 없이도 자발적으로 소통할 수 있고, 실제로 그렇게 소통한다.

　육감은 성공 철학의 정점이다. 육감을 이해하고 완전히 자기 것으로 만들어 적용하기 위해서는 우선 다른 열두 가지 원칙에 통달해야 한다.

　육감은 잠재의식 가운데 창조적 상상력이라고 불리는 부분이다. 아이디어, 계획, 사고가 마음속에 번쩍 떠오르는 통로이자 ‘수신 장치’이기도 하다. 이런 ‘번뜩임’을 흔히 ‘직감’ 혹은 ‘영감’이라고 부른다.

　육감은 말로 설명할 수가 없다! 성공 철학의 다른 원칙들을 터득하지 못한 사람에게 육감을 설명할 수는 없다. 그런 사람은 육감에 견주어 판단할 만한 지식도 경험도 없기 때문이다. 육감을 이해할 수 있는 방법은 오로지 내면으로부터 마음을 계발하는 명상밖에 없다. 육감은 아마도 인간의 한정된 마음과 무한 지성이 접촉하는 매개체일 것이다. 바로 이러한 이유로 육감은 정신적 요소와 영적 요소가 뒤섞인 형태라고 할 수 있다. 육감은 또한 인간의 마음이 보편적 정신과 만나는 지점이라고 여겨진다.

이 책에 기술된 원칙들을 모두 습득하고 나면 그전에는 믿을 수 없었던 것, 가령 다음과 같은 말들을 믿을 수 있게 된다.

육감의 도움을 받으면 임박한 위험을 제때 피하고, 기회를 미리 알고 잡을 수 있다.

육감을 계발하면 우리를 돕고 우리의 뜻을 따르는 '수호천사'가 나타나 언제나 지혜의 전당으로 통하는 문을 열어 줄 것이다.

이 말이 진실인지 아닌지는 이 책에 담긴 지침들을 따르거나 그것과 유사한 방법을 실천해 보지 않고는 영원히 알 수 없다.

나는 '기적'을 믿는 사람도, 옹호하는 사람도 아니다. 자연은 확립된 법칙에서 벗어나지 않는다는 진리를 이해할 만큼 자연을 잘 알기 때문이다. 자연의 법칙 가운데에는 너무나 믿기 힘들어 '기적'처럼 보이는 결과를 만들어내는 것도 있다. 육감은 내가 경험했던 것들 중 가장 기적에 가깝지만, 그렇게 보이는 이유는 이 원리가 작동하는 방식을 내가 이해하지 못하기 때문이다.

내가 확실히 아는 것은 만물의 원자에 스며들어 있고, 인간이 인식할 수 있는 모든 에너지 단위를 아우르는 하나의 힘, 제1 원인, 혹은 지성이 존재한다는 사실이다. 이 무한 지성은 도토리를 참나무로 자라게 하고, 중력 법칙에 따라 물이 아래로 흐르게 하며, 밤이 낮으로, 겨울이 여름으로 이어지게 하면서 각각이 자신의 자리를 지키며 서로 조화를 이루게 한다. 이 지성은 성공 철학의 원리들을 통해 인간의 욕망을 구체적이고 물질적인 형태로 전환하는 데 도움을 주도록 유도될 수 있다. 내가 이 지식을 갖고 있는 것은 직접 실험해 보았고 체험해 보았기 때문이다.

여러분은 이전 장들을 하나하나 거쳐 여기 마지막 원칙까지 왔다. 앞서 기술한 원칙들을 완전히 습득했다면, 이제는 이 장에서 주장하는 엄청난 사실을 의심 없이 받아들일 준비가 되어 있을 것이다. 다른 원칙들을 완전히 습득하지 못했다면 이 장에서 주장하는 것들이 사실인지 허구인지 확실하게 판단할 수 없을 것이다.

나는 '영웅 숭배'의 시절을 지나왔고 그러는 동안 내가 가장 흠모하는 사람들을 모방하려 한다는 사실을 스스로 깨달았다. 그리고 내가 신념을 가지고 나의 우상들을 모방하려고 했기 때문에 그 일에 성공할 수 있는 커다란 능력을 갖게 되었다는 것을 깨달았다.

영웅 숭배에 심취하는 나이를 지났음에도, 나는 한 번도 영웅 숭배의 습관을 완전히 벗은 적이 없다. 내 경험에 따르면 진정으로 위대해지는 것 다음으로 가장 좋은 일은 가능한 한 위대한 인물의 감정과 행동을 닮아 가며 그들을 본받는 것이다.

출판을 위해 글을 쓰거나 대중 앞에서 연설을 시도하기 오래전부터, 나는 나에게 깊은 인상을 준 아홉 명의 인물들을 본받으려 노력하며 내 성격을 새롭게 다듬는 습관을 실천해 왔다. 그 아홉 명은 에머슨, 페인, 에디슨, 다윈, 링컨, 버뱅크, 나폴레옹, 포드, 카네기였다.

나는 이 사람들을 나의 '보이지 않는 자문단'이라고 부르며, 긴 세월 동안 밤마다 그들과 상상 속에서 회의를 열었다.

매일 밤에 잠들기 직전, 눈을 감고 이 아홉 명이 나와 함께 회의 테이블에 둘러앉아 있는 상상을 했다. 나는 내가 위대하다고 생각한 사람들과 자리를 함께할 기회를 가졌을 뿐 아니라, 스스로 의장이 되어 그들을 주도했다.

내가 밤마다 회의를 통해 마음껏 상상에 빠진 데는 명확한 목적이 있었다. 내 상상 속 자문들의 성격을 모두 합쳐 나 자신의 성격을 새롭게 바꾸기 위해서였다. 그렇게 하면서 어린 나이에 깨달은 것은 무지와 미신의 환경에서 태어난 약점을 극복해야 한다는 것이었다. 나는 여기에 기술한 방식을 통해 자발적으로 다시 태어나는 임무를 스스로에게 부여했다.


## 자기 암시로 성격을 구축하다

성실한 심리학과 학생으로서 나는 지배적 사고와 열망이 인간을 형성한다는 사실을 당연히 알고 있었다. 또한, 마음 깊이 자리 잡은 모든 열망은 그것이 현실로 바뀌는 통로가 될 외적 표현을 갈구하게 만든다는 사실을 알고 있었다. 나는 자기 암시가 사실상 성격을 형성하는 강력하고도 유일한 요소이자 원칙이라는 것을 알고 있었다.

이렇듯 마음의 작동 원리에 대한 지식을 보유한 덕분에 나는 나 자신의 성격을 재구축하는 데 필요한 장비를 잘 갖춘 셈이었다. 상상 속

회의에서 나는 각 자문들에게 내가 원하는 지식을 제공해 줄 것을 소리 내어 분명히 요구했다.

"에머슨 씨, 나는 당신으로부터 당신의 삶을 남다르게 만든 대자연에 대한 경이로운 이해를 얻고 싶습니다. 당신이 자연의 법칙을 이해하고 스스로 그 법칙에 적응할 수 있게 해 준 자질을 내 잠재의식에 깊은 인상으로 남겨 주십시오. 나는 이 목표를 이루기 위해 활용 가능한 모든 지식의 원천에 도달하고 그것을 끌어 쓸 수 있도록, 당신이 나를 도와줄 것을 요청합니다."

"버뱅크 씨, 당신은 자연의 법칙을 조화롭게 다루어 선인장을 가시 없는 식용 식물로 만들었지요. 당신의 그 지식을 내게 전수해 주십시오. 또한, 이전에는 풀이 한 포기밖에 자라지 않던 땅에서 두 포기의 풀이 자라게 하고, 꽃들의 색채를 더 찬란하고 조화롭게 어우러지게 한 그 지식을 내가 공유할 수 있게 해 주십시오. 세상에서 오직 당신만이 백합에 황금을 입히는 데 성공했기 때문입니다."

"나폴레옹 씨, 사람들에게 영감을 주고, 더 크고 단호한 행동의 의지를 불러일으켰던 당신의 놀라운 능력을 닮고 싶습니다. 또한, 나는 패배를 승리로 바꾸고 실로 엄청난 장애물들을 극복할 수 있었던 당신의 불굴의 신념을 본받고 싶습니다. 운명의 황제, 기회의 왕, 숙명의 사나이인 당신에게 경의를 표합니다!"

"페인 씨, 나는 당신을 그토록 돋보이게 했던 사상의 자유와 신념을 표현하는 데 필요한 용기와 명료함을 당신으로부터 얻고 싶습니다."

"다윈 씨, 나는 자연과학의 영역에서 모범이 되었던 당신의 놀라운 인내심과 편견 없는 인과 관계 탐구 능력을 본받고 싶습니다."

"링컨 씨, 나는 당신의 특별한 점이었던 강한 정의감, 지칠 줄 모르는 끈기, 유머감각, 인간에 대한 이해, 관용을 나의 성품 속에 심고 싶습니다."

"카네기 씨, 나는 이미 당신 덕분에 내 인생의 사명을 선택했고, 그로 인해 큰 행복과 마음의 평화를 누리고 있습니다. 이제 당신이 위대한 기업을 건설하는 데 효과적으로 활용했던 조직적 노력의 원리를 철저히 배우고 싶습니다."

"포드 씨, 당신은 내 작업에 꼭 필요한 많은 자료를 제공해 준 사람들 가운데 가장 큰 도움을 준 인물 중 한 사람이었습니다. 나는 당신으로 하여금 빈곤을 극복하고 인간의 노력을 조직화·단일화·단순화할 수 있게 만들었던 끈기, 결단력, 침착성, 자신감을 본받아 당신의 발자취를 따르려는 사람들에게 도움이 되고 싶습니다."

"에디슨 씨, 나는 당신을 나와 가장 가까운 자리인 내 오른편에 앉혔습니다. 성공과 실패의 원인에 관한 나의 연구에 개인적인 도움을 받았기 때문입니다. 나는 당신이 자연의 비밀을 밝히는 데 발휘했던 경이로운 신념의 정신과 패배 속에서도 마침내 승리를 이끌어낸 끊임없는 노력의 정신을 본받고자 합니다."

내가 상상 속 회의 참석자들에게 말을 거는 방식은 주어진 순간에 가장 본받고 싶은 특성이 무엇이냐에 따라 그때그때 달라진다. 나는 그들의 삶의 기록을 면밀히 살펴보았다. 수개월간 밤마다 회의를 연 끝에 이 상상 속 인물들이 실제처럼 보이게 되었다는 사실에 깜짝 놀랐다.

각각의 인물이 개성을 갖게 되었다는 사실도 놀라웠다. 가령, 링컨은 항상 늦게 와서 주변을 엄숙한 걸음걸이로 돌아다니는 습관이 있었다. 그는 올 때마다 뒷짐을 지고 매우 천천히 걸었고, 가끔은 지나가다 말고 내 어깨에 잠깐씩 손을 얹기도 했다. 그는 늘 심각한 표정이었고 좀처럼 웃지 않았다. 분열된 국가에 대한 걱정이 그의 마음을 무겁게 했기 때문이다.

다른 사람들은 그렇지 않았다. 버뱅크와 페인은 자주 재치 있는 입담을 자랑했는데 어떤 때는 다른 사람들을 놀리려고 일부러 그러는 것 같기도 했다. 어느 날 밤, 페인이 나에게 '이성의 시대'라는 주제로 내가 다니던 교회에서 강의를 하는 것이 어떻겠느냐고 제안했다. 다른 사람들은 그 말에 박장대소했다. 그런데 나폴레옹만 웃지 않았다! 그는 입꼬리를 아래로 내리며 큰 소리로 신음했고 그 소리에 모두 놀라 그를 바라보았다. 그에게 교회란 단지 국가 권력의 하수인에 불과했으며, 개혁의 대상이 아니라 대중의 집단행동을 유도하기 위해 편리한 도구로 활용해야 할 존재일 뿐이었다.

또 한 번은 버뱅크가 지각을 했다. 그는 몹시 흥분한 상태로 모든 종류의 나무에서 사과가 열리게 하는 실험을 하느라 늦었다고 말했다. 그러자 페인이 모든 남녀 간의 문제가 사과에서 비롯된 걸 모르느냐며 나무랐다. 그러자 다윈이 재미있다는 듯이 조용히 웃으면서 페인에게 사과를 따러 숲에 들어갈 때 작은 뱀들을 조심하라며, 작은 뱀들은 큰 뱀으로 진화하는 습성이 있다고 말했다. 에머슨이 이 말을 듣고,

"뱀이 없으면 사과도 없지."라고 거들자, 나폴레옹도 "사과가 없으면, 국가도 없다!"라고 한마디했다.

링컨은 회의가 끝나고 항상 가장 늦게 자리를 뜨는 습관이 있었다. 한번은 탁자 끝에 몸을 기울이고 팔짱을 낀 채 오랫동안 그 자세로 꼼짝하지 않았다. 나는 그를 방해하지 않고 가만히 내버려두었다. 마침내 그가 천천히 고개를 들고 일어나 문으로 다가가더니, 되돌아서 내게로 다가와 내 어깨에 손을 얹고 말했다.

"삶의 목적을 굳건히 지켜 나가려면 많은 용기가 필요할 거야. 그러나 기억하게. 시련이 닥쳐올 때, 보통 사람들에게는 상식이라는 무기가 있다는 진리를. 역경은 그 상식을 더욱 단련시켜 준다네."

어느 날 저녁에는 에디슨이 다른 사람들보다 가장 먼저 도착했다. 그는 원래 에머슨이 주로 앉는 내 왼쪽에 앉더니 말했다.

"당신은 언젠가 생명의 비밀이 밝혀지는 순간을 목격하게 될 운명입니다. 그때가 되면 알게 될 겁니다. 생명이란 엄청난 에너지 혹은 개체의 무리로 이루어져 있고, 그 하나하나의 개체는 인간이 스스로를 지적이라고 생각하는 만큼 지능을 지니고 있다는 사실을. 이 생명의 단위들은 마치 벌집처럼 무리를 이루어 함께 존재하다가, 조화가 깨지는 순간 흩어지고 해체됩니다.

이 생명의 단위들도 인간처럼 의견 차이를 보이며 종종 서로 싸우기도 합니다. 당신이 지금 진행하고 있는 이 모임들은 당신에게 큰 도움이 될 것입니다. 이 모임들은 과거에 당신의 자문위원단을 도왔던 것과 같은 생명의 단위들을 불러와 당신을 도와줄 것입니다. 이 단위들은 영원하며 결코 죽지 않습니다! 당신 자신의 생각과 욕망이 자석처럼 작용하여 생명의 위대한 바닷속에서 이 생명 단위들을 끌어당깁니다. 그리고 끌려오는 것은 오직 우호적인 단위들, 곧 당신의 욕망의 본성과 조화를 이루는 것들뿐입니다."

다른 자문단원들이 방으로 들어오기 시작했다. 에디슨은 일어나 천천히 자기 자리로 돌아갔다. 당시 에디슨은 아직 생존해 있었다. 상상 속 그의 말에 큰 감명을 받은 나는 그를 만나러 가서 나의 경험에 대해 이야기했다. 그는 활짝 웃으며, "당신의 꿈은 당신이 상상하는 것 이상으로 현실적입니다."라고 말했다. 그는 자신의 말에 더는 설명을 덧붙이지 않았다.

나는 상상 속 모임이 현실처럼 너무 생생해지자 두려워져 몇 달동안 모임을 중단했다. 너무나 기묘한 경험이어서 계속했다가는 이 모임이 순수한 상상 속 경험이라는 자각마저 사라질까 봐 두려웠다.

그렇게 모임을 중단하고 6개월이 지난 어느 날, 나는 한밤중에 잠에서 깼다. 아니, 잠에서 깼다고 생각한 건지도 모른다. 침대 옆에 링컨이 서 있었다. 그는 말했다.

"이제 곧 세계가 자네의 도움을 필요로 할 걸세. 세상은 혼돈의 시기를 지날 것이고, 사람들은 신념을 잃고 공황 상태에 빠질 거야. 하던 대로 꿋꿋하게 밀고 나가 철학을 완성하게. 그것이 자네의 사명일세. 자네가 어떤 이유에서든 임무를 게을리한다면 자네는 원초적 상태로 떨어질 것이며, 수천 년에 걸쳐 지나온 과정을 다시 거슬러 올라가야 할 것이네."

다음 날 아침, 나는 내가 본 것이 꿈이었는지 현실이었는지 알 수가 없었다. 지금도 여전히 내가 경험한 것이 무엇이었는지 알아낼 방법은 없지만, 한 가지 분명한 것은 꿈이었든 아니었든 그 기억이 너무나 생생해서 그다음 날 밤 다시 모임을 재개했다는 것이다.

재개된 모임에서 나의 자문단이 모두 방에 들어와 각자 회의 테이블의 익숙한 자리에 가서 섰다. 링컨은 잔을 들어 "여러분, 다시 돌아온 친구를 위해 건배합시다."라고 말했다.

이후 나는 자문단 구성원을 추가하기 시작했고, 이제 자문단은 50명을 넘어섰다. 그중에는 예수, 성 바오로, 갈릴레오, 코페르니쿠스, 아리스토텔레스, 플라톤, 소크라테스, 호머, 볼테르, 브루노, 스피노자, 드러몬드, 칸트, 쇼펜하우어, 뉴턴, 공자, 엘버트 허버드, 브란, 잉거솔, 윌슨, 윌리엄 제임스 등이 있다.

내가 용기를 내어 이 이야기를 하는 것은 이번이 처음이다. 지금까지는 이 주제에 대해 말하지 않았다. 입장을 바꾸어 생각한대도, 나의 이 이상한 경험을 말한다면 오해를 받을 것을 알았기 때문이다. 내가 이 경험을 책에 실을 정도로 대담해진 것은 이제 예전만큼 '남들의 말'에 신경 쓰지 않게 되었기 때문이다. 성숙해져서 좋은 점 중 하나는 나를 이해하지 못하는 사람들이 뭐라 생각하고 말하든 신경 쓰지 않고 정직해질 용기를 가질 수 있다는 것이다.

오해받지 않도록 여기서 분명히 이야기해 두고 싶다. 나는 아직도 나의 자문단 모임이 순전히 상상의 산물이라고 생각한다. 하지만 비록 자문단의 구성원들이 허구였고, 모임이 단지 내 상상 속에만 존재한 것이었다고 해도 그들은 나를 찬란한 모험의 길로 이끌었고, 진정한 위대함에 대한 감탄을 다시 불러일으켰으며, 창조적 시도를 격려해 주었고, 진실한 생각을 거리낌없이 표현할 용기를 북돋아 주었다.

뇌의 세포 구조 어딘가에는 흔히 '직감'이라고 부르는 생각 파동을 수신하는 기관이 있다. 지금까지 과학은 이 육감을 수신하는 장치가 어디에 있는지 밝혀내지 못했지만, 그건 중요하지 않다. 중요한 것은 인간이 물리적 감각 이외의 원천으로부터 정확한 지식을 받아들인다는 사실 그 자체이다. 그런 지식은 일반적으로 마음이 특별한 자극의 영향 아래에 있을 때 받아들여진다. 감정을 불러일으키고, 심장이 평소보다 빨리 뛰는 비상 상황이 육감을 작동하게 만든다. 운전을 하다가 사고를 당할 뻔한 사람은 그런 상황에서 종종 육감이 작용해 간발의 차이로 사고를 모면할 수 있었다는 사실을 알 것이다.

이런 사실들을 미리 전제해 두는 이유는 이제부터 이야기할 사실들을 뒷받침하기 위해서다. '보이지 않는 자문단'과 만나는 동안 나는 육감을 통해 들어오는 아이디어, 생각, 지식에 대해 굉장히 민감해진 상태였다. 나는 진심으로 이야기할 수 있다. 내가 '영감'을 통해 아이디어, 사실, 지식을 전달받을 수 있었던 것은 전적으로 내 '보이지 않는 자문단'의 도움 덕택이다.

나는 수십 번이나 비상 상황에 맞닥뜨렸고, 그중 일부는 생명을 위협할 정도로 심각했다. 그런 상황에서 무사히 빠져나올 수 있었던 것은 '보이지 않는 자문단'의 영향 덕분이었다.

상상 속 인물들과 회의를 한 애초의 목적은 단지 자기 암시의 원칙을 통해 나의 잠재의식에 인상을 남김으로써 내가 원하는 특정한 성품을 함양하는 것이었다. 그러나 최근 수년간 나의 실험은 완전히 다른 방향으로 가고 있다. 요즘 나는 나와 내 의뢰인들이 당면한 여러 가지 문제들을 가지고 내 상상 속 자문단을 만난다. 물론 이런 형태의 자문에 전적으로 의존하지는 않지만, 종종 놀라운 결과를 얻는 것은 사실이다.

이 장이 대다수의 사람들에게 익숙하지 않은 주제를 다루고 있다는 것을 물론 눈치챘을 것이다. 육감은 큰 부를 쌓는 것이 목표인 사람에게는 매우 흥미로우면서도 크게 도움이 되는 주제지만, 그렇게까지 목표가 크지 않은 사람들이라면 굳이 관심을 갖지 않아도 좋다.

헨리 포드가 육감을 이해하고 실제로 이용한다는 데는 의심할 여지가 없다. 그가 운영하는 사업과 재정 규모를 생각하면 육감을 이해하고 이용하는 것이 반드시 필요하다. 토머스 에디슨은 새로 발명품을 개발할 때 육감을 이해하고 사용했다. 특히 축음기와 영사기의 경우처럼, 인간의 경험이나 축적된 지식으로부터 자문을 얻을 수 없는 기본 특허가 걸린 발명의 경우 육감의 도움을 얻었다.

나폴레옹, 비스마르크, 잔 다르크, 예수, 부처, 공자, 무함마드 등 거의 모든 위대한 지도자들은 육감을 이해했고, 아마도 거의 쉴 새 없이 육감의 도움을 받았을 것이다. 그들이 이룬 위대함의 큰 부분은 이 원칙에 대한 그들의 지식으로 이루어져 있었다.

육감은 마음대로 썼다 벗었다 할 수 있는 것이 아니다. 이 위대한 힘을 사용할 수 있는 능력은 이 책에 기술된 다른 원칙들을 적용하는 동안 천천히 생긴다. 마흔 살 이전에 육감을 이용할 수 있을 정도로 지식을 갖추는 경우는 거의 없다. 오히려 쉰 살을 훌쩍 넘기고 나서야 이 지식을 얻게 되는 경우가 일반적이다. 육감과 밀접하게 관련된 영적인 능력들이 사용할 수 있을 만큼 무르익기 위해서는 여러 해에 걸친 명상과 자기 성찰, 진지한 사유를 통하는 방법밖에 없기 때문이다.

여러분이 누구이고 이 책을 읽는 목적이 무엇이든 간에, 이 장에 기술된 원칙을 이해하지 않고도 이 책이 주는 혜택을 누릴 수 있다. 특히 여러분의 주된 목표가 돈을 모으거나, 다른 물질적 대상을 얻는 데 있다면 더욱 그렇다.

육감에 관한 장을 이 책에 포함한 이유는 완벽한 성공 철학을 전수함으로써 독자들이 인생에서 원하는 것을 얻도록 올바른 길잡이가 되어 주기 위해서다. 모든 성취의 출발점은 열망이다. 결승점은 자신에 대한 이해, 자연의 법칙에 대한 이해, 행복에 대한 깨달음과 이해로 이끄는 특별한 종류의 지식을 얻는 것이다.

이러한 종류의 '이해'를 온전히 달성하려면 육감과 친숙해지고 그 원리를 활용할 줄 알아야 한다. 이러한 이유로 육감의 원칙이 성공 철학의 일부로 포함되었으며, 이는 단순히 돈 이상의 가치를 추구하는 사람들에게 도움을 주기 위한 것이다

이 장을 모두 읽었다면 읽는 동안 스스로가 한층 고양된 정신적 자극 상태에 이르렀음을 알아차렸을 것이다. 아주 좋다! 한 달 뒤에 다시 돌아와 한 번 더 읽어라. 마음이 한층 더 높은 자극에 도달할 것이다. 이 경험을 때때로 반복하라. 그때마다 얼마나 많이 혹은 적게 배우는

지 전혀 신경 쓰지 마라. 그러다 보면 어느 순간 스스로가 낙담을 떨쳐 내고, 두려움을 다스리며, 미루는 습관을 극복하고, 자유롭게 상상력을 발휘할 수 있는 힘을 갖게 되었음을 발견하게 될 것이다. 그때는 진정으로 위대한 사상가, 지도자, 예술가, 음악가, 작가, 정치가를 움직였던, 정체를 알 수 없는 '어떤 것'의 손길을 느끼게 될 것이다. 여러분은 열망을 물리적 혹은 금전적 형태로 바꿀 수 있는 위치에 오른 것이다. 그때가 되면, 자신의 열망을 물질적 또는 금전적 성과로 바꾸는 것이 처음 맞닥뜨리는 저항 앞에서 주저앉아 포기하는 것만큼이나 쉽다는 사실을 깨닫게 될 것이다.

## 신념 vs 두려움

이전 장들에서는 자기 암시, 열망, 잠재의식을 통해 신념을 키우는 방법에 관해 이야기했다. 다음 장에서는 두려움을 극복하는 방법에 대해 자세히 이야기하겠다.

낙담, 소심함, 미루는 습관, 무관심, 우유부단함의 원인이며 야망, 자립, 자기 주도, 자기 통제, 열정의 결핍을 야기하는 여섯 가지 두려움에 대해 완벽하게 다루어 볼 것이다.

이 여섯 가지 적들에 대해 탐구하는 동안 스스로를 속속들이 살펴보라. 적이 여러분의 잠재의식 속에만 존재할 경우에는 그들의 존재를 파악하기가 몹시 어렵다.

'여섯 가지 두려움의 망령들'을 분석하며, 그들이 마음속에만 존재하는 망령에 불과하다는 사실을 잊지 마라.



14장. 육감 |

또한, 비록 제어되지 않은 상상력의 산물이지만 그 망령들로 인해 사람들이 스스로 마음을 해친다는 점에서 이들이 살아서 땅 위를 걸어 다니는 존재들만큼이나 위험하다는 사실을 명심하라.

1929년 수백만 명의 마음을 병들게 했던 빈곤에 대한 두려움이라는 망령은 너무나 현실적이어서 이 나라 역사상 최악의 불황을 야기했다. 나아가 이 망령은 지금도 우리 중 일부를 극심한 공포에 빠뜨리고 있다.

# 15장

결말

여섯 가지 두려움을 떨쳐 내는 법

이 마지막 장을 읽어 나가면서 스스로를 분석하라. 얼마나 많은 '망령'들이 우리의 앞길을 가로막고 있는지 보라.

성공 철학을 읽고 효과를 보려면 마음의 준비가 되어 있어야 한다. 마음의 준비는 어렵지 않다. 먼저 물리쳐야 하는 세 가지 적에 대해 공부하고, 분석하고, 이해해야 한다. 세 가지 적은 우유부단, 의심, 두려움이다. 이 세 가지 중 하나라도 마음에 남아 있으면 육감을 결코 제대로 발휘할 수 없다. 이 불청객들은 서로 긴밀하게 연결되어 있어서 어느 한 가지를 찾으면 나머지 둘도 가까운 곳에서 찾아낼 수 있다.

우유부단은 두려움의 묘목이다! 이 점을 염두에 두고 읽어라. 우유부단이 구체화되면 의심이 되고 이 두 가지가 결합하면 두려움이 된다. '결합'의 과정은 대개 느리다. 그것이 이 불청객들이 위험한 이유 중 하나다. 이들은 우리가 그 존재를 의식하지 못하는 사이에 싹을 틔

우고 자란다.

이 장에서는 성공 철학 전체를 행동에 옮기기에 앞서 달성해야 하는 목표를 기술하겠다. 또한, 최근 수많은 사람들을 빈곤층으로 전락시킨 상황을 분석하고 부를 쌓고자 하는 모든 사람이 반드시 이해해야 하는 진리를 이야기하겠다. 쌓고자 하는 부가 돈의 형태든, 돈보다 훨씬 가치 있는 마음의 상태든 상관없다. 이 장의 목표는 여섯 가지 기본적인 두려움의 원인과 치료법에 이목을 집중하는 것이다. 적을 제압하기 위해서는 우선 적의 이름, 습성, 거주 장소를 알아야 한다. 읽으면서 스스로를 세심하게 분석해 보고 만약 두려움을 발견한다면, 여섯 가지 중 어떤 두려움이 여러분에게 붙어 있는지 판단해 보라.

이 교묘한 적들의 습성에 현혹되지 마라. 때때로 이들은 잠재의식 속에 숨어 있어서, 잡아내기가 힘들고, 없애기는 더 힘들다.

**여섯 가지 기본적인 두려움**

두려움에는 기본적으로 여섯 가지 종류가 있고, 이 중 몇 가지를 살면서 한 번은 경험하게 된다. 대부분의 경우 여섯 가지를 모두 겪지 않는 것만으로도 운이 좋은 셈이다. 여섯 가지를 가장 흔한 순서대로 나열하면 다음과 같다.


**1.** 빈곤에 대한 두려움

**2.** 비판에 대한 두려움

**3.** 질병에 대한 두려움

(위 세 가지는 대부분 걱정의 밑바닥에 자리 잡고 있다.)

**4.** 실연에 대한 두려움

**5.** 노화에 대한 두려움

**6.** 죽음에 대한 두려움


나머지 두려움은 중요하지 않다. 모두 이 여섯 가지 중 하나로 분류할 수 있다. 마치 세상을 저주하듯 두려움은 주기적으로 확산된다. 거의 6년간 계속된 대공황기에는 빈곤에 대한 공포가 만연했다. 세계대전 중에는 죽음에 대한 공포가 유행처럼 번졌다. 전쟁이 끝난 뒤에는 질병에 대한 두려움이 찾아왔고, 이 두려움은 전 세계로 확산된 전염병으로 인해 현실이 되었다.

두려움은 마음의 상태에 불과하다. 마음의 상태는 통제하고 원하는 방향으로 이끌 수 있다. 알다시피 의사는 일반인보다 질병의 공격을 덜 받는다. 질병을 두려워하지 않기 때문이다. 의사들은 두려움이나 주저 없이 천연두 같은 전염성 질병에 걸린 사람 수백 명과 매일 접촉하면서도 감염되지 않는다. 질병에 대한 그들의 면역력은 전부는 아니더라도 대체로 두려움이 전혀 없다는 데 기인한다.

인간이 뭔가를 창조하기 위해서는 먼저 생각 동력의 형태를 마음에 품어야 한다. 다음에 올 말이 진짜 중요하다. 인간의 생각 동력은 자발적인 생각이건 아니건 즉각 상응하는 물리적 실체로 바뀌기 시작한다. 단순히 우연에 의해 포착된 생각 동력(다른 마음이 방출한 생각)도 의도와 계획을 가지고 만들어진 생각 동력만큼이나 확실하게 한 사람의 재정적·사업적·직업적·사회적 운명을 좌우할 수 있다.

왜 어떤 사람은 '운이 좋아서' 성공하고 다른 사람은 능력, 교육, 경험, 지능이 비슷하거나 더 월등한데도 불행한 것일까? 모든 인간에게는 자신의 마음을 완벽하게 통제할 수 있는 능력이 있다. 이 통제력을 이용해 다른 사람의 뇌에서 나와 돌아다니는 모든 사고 동력에 마음을 열 수도 있고, 마음의 문을 꼭 닫은 채 자신이 선택한 사고 동력만 받아들일 수도 있다.

인간은 단 한 가지에 대해서만 절대적인 통제력을 갖는데 그것은 바로 생각이다. 여기에 인간이 창조하는 모든 것은 생각의 형태로 시작된다는 사실을 함께 고려한다면, 우리는 두려움을 지배하는 원칙에 매우 가깝게 다가서게 된다. 만약 정말로 모든 생각이 그것에 상응하는 물리적 형태로 구현되려는 경향이 있다면(모든 합리적 의심의 여지에도 불구하고 이것은 사실이다), 두려움과 빈곤의 사고 동력은 용기와 재정적 이득으로 전환될 수 없다.

미국인들은 1929년 주식 시장 붕괴 이후 빈곤에 대해 생각하기 시작했다. 그리고 이러한 대중의 생각은 그 물리적 형태, 즉 '대공황'으로 구체화되었다. 벌어져야 할 일이 벌어진 것이다. 그것이 대자연의 법칙이다.

## 빈곤에 대한 두려움

빈곤과 부 사이에 타협은 없다. 빈곤으로 가는 길과 부로 가는 길은 서로 반대 방향이다. 부를 원한다면 빈곤으로 이끄는 어떠한 상황도 받아들여서는 안 된다(여기서 '부'는 가장 광범위한 의미로 쓰였으며, 재정적, 영적, 정신적, 물질적 자산을 의미한다). 우리를 부로 이끄는 길의 출발점은 열망이다. 1장에서 열망을 제대로 사용하는 법에 대해 모두 설명했다. 두려움에 관한 이번 장에서는 열망을 실용적으로 활용하기 위해 마음을 어떻게 준비해야 하는지 모든 것을 알려 주겠다.

이제 여러분이 이 철학을 얼마나 자기 것으로 만들었는지 알아볼 도전의 시간이 찾아왔다. 여러분이 예언자가 되어 미래가 여러분을 위해 무엇을 가져다줄지 정확히 예측해 보자. 만약 이 장을 읽은 뒤에도 기꺼이 빈곤을 받아들일 생각이라면, 가난해질 각오도 하는 것이 좋다. 피할 수 없는 결정이다.

부를 요구한다면 스스로 만족하기 위해 어떤 형태로 얼마나 많은 부가 필요한지 결정하라. 여러분은 부로 향하는 길을 알고 있다. 지도도 있으니 따라가기만 하면 된다. 출발하지 않고 미룬다면, 혹은 목적지에 도착하기 전에 멈춘다면 그것은 다른 누구도 아닌 여러분 자신의 잘못이다. 책임은 여러분이 지는 거다. 이제 와서 인생의 부를 요구하지 않거나 거부한다면, 여러분은 어떤 변명으로도 책임에서 자유로울 수 없다. 왜냐하면 책임을 받아들이는 데 요구되는 것은 단 한 가지, 그것도 여러분이 통제할 수 있는 단 한 가지인 마음가짐이기 때문이다. 마음가짐은 스스로 취하는 것이다. 돈으로 살 수 있는 것이 아니라 창조하는 것이다.

가난에 대한 두려움도 마음가짐일 뿐이다! 하지만 성취의 기회를 망가뜨리기에는 그것만으로도 충분하다. 이 사실은 대공황 때 뼈저리게 드러났다.

빈곤의 두려움은 이성의 힘을 마비시키고, 상상력을 파괴하고, 자립심을 말살하고, 열정을 약화하고, 주도적으로 나설 수 없게 만든다. 목표를 흐릿하게 하고, 할 일을 미루게 만들고, 자제력을 무력화한다. 인간으로서의 매력을 앗아가고, 정확한 판단을 불가능하게 만들고, 노력을 집중할 수 없게 만든다. 인내를 압도하고, 의지력을 무로 만들어버리고, 야망을 부서뜨리고, 기억력을 흐리게 하고, 생각할 수 있는 온갖 형태의 실패를 야기한다. 사랑을 죽이고, 좋은 감정들을 짓누르고, 우정을 멀어지게 만들고, 수많은 형태의 재앙을 불러들이고, 불면과 고통과 불행으로 이끈다. 마음이 열망할 수 있는 것은 무엇이든 넘쳐나고 명확한 목표만 있으면 무엇이든 바랄 수 있는 세상에 살고 있지만, 두려움 앞에서는 이 모든 것이 무의미해진다.

빈곤에 대한 두려움은 분명 여섯 가지 기본적인 두려움 가운데 가장 파괴적이다. 빈곤의 두려움이 이렇듯 가장 위에 위치하는 이유는 가장 극복하기 어렵기 때문이다. 이 두려움의 기원에 대한 진실을 밝히기 위해서는 상당한 용기가 필요하며, 일단 그 진실이 밝혀진 뒤 이를 받아들이는 데는 그보다 더 큰 용기가 요구된다. 가난에 대한 두려움은 동족을 경제적으로 착취하려는 인간의 유전적 경향에서 비롯된 것이다. 인간보다 하등한 거의 모든 동물은 본능에 따라 움직이지만,

그들의 '생각'하는 능력에는 한계가 있기 때문에 서로 육체적으로 착취한다. 이와 달리 뛰어난 직관력과 사고력, 이성을 지닌 인간은 동족을 잡아먹지는 않는 대신 경제적으로 '포식'함으로써 더 큰 만족을 얻는다. 인간은 대단히 탐욕스럽기 때문에 동족으로부터 보호하기 위해 생각할 수 있는 모든 법이 제정되었다.

우리가 살고 있는 이 시대는 우리가 아는 그 어떤 시대보다도 돈에 대한 인간의 광기가 유난히 두드러지는 시대인 것 같다. 두둑한 은행 잔고를 보여 주지 못하는 사람은 티끌보다 못한 취급을 받는다. 돈만 있으면—그 돈의 출처가 어떠하든—그가 '왕'이고 '거물'이다. 법 위에 군림하고 정치를 주무르며 산업을 지배한다, 세상은 그가 지나갈 때 머리를 조아린다.

가난만큼 인간을 고되고 치욕스럽게 만드는 것이 있을까! 가난을 경험해 본 사람만이 이 말의 의미를 진정으로 이해한다.

인간이 빈곤을 두려워하는 것은 놀라운 일이 아니다. 오랜 시간에 걸친 유전적 경험을 통해, 인간은 돈과 재산이 얽힌 문제에서 일부 인간들을 신뢰할 수 없다는 것을 확실히 학습했다. 다소 신랄한 지적이지만 가장 뼈아픈 부분은 이것이 사실이라는 점이다.

결혼의 동기는 대부분 혼인 계약 당사자 가운데 한쪽 또는 양쪽이 소유한 재산이다. 따라서 이혼 법정이 늘 붐비는 것도 놀랄 일이 아니다.

부를 소유하고자 하는 인간의 욕망이 너무 강한 나머지 인간은 가용한 모든 수단을 동원해 부를 거머쥐려고 한다. 가능하면 합법적인 수단을 쓰지만, 필요하거나 편리하다면 다른 수단도 마다하지 않는다.

---

자기 분석은 인정하고 싶지 않은 약점까지 드러낼지 모른다. 하지만 삶에서 평범과 빈곤 이상을 요구하는 사람이라면 누구나 이런 형태의 분석이 꼭 필요하다. 스스로를 하나하나 뜯어볼 때 여러분은 재판장인 동시에 배심원이고, 검사인 동시에 변호사이며, 또한 원고인 동시에 피고로서 재판 대에 올라와 있다는 것을 명심하라. 사실을 있는 그대로 받아들여라. 스스로에게 명확하게 질문하고 직접적인 대답을 요구하라. 분석이 끝나면 스스로에 대해 더 많이 알게 될 것이다. 자기 분석을 하며 스스로 공정할 자신이 없다면 여러분을 잘 아는 누군가가 보는 앞에서 스스로에게 질문하고 답하라. 여러분이 추구하는 것은 진실이다. 일시적으로 불편하고 다소 비싼 대가를 치르더라도 포기하지 마라!

대부분의 사람들은 무엇이 가장 두려우냐는 질문을 받으면 "아무것도 두렵지 않다,"라고 대답할 것이다. 이는 정확한 대답이 아니다. 왜냐하면 대부분의 사람들은 자신이 어떤 형태로든 두려움에 의해 정신적으로나 육체적으로 얽매이고, 제약당하고, 짓눌리고 있다는 사실을 깨닫지 못하기 때문이다. 공포라는 감정은 매우 교묘하고 깊게 스며들어 있어서, 우리는 공포에 짓눌려 살아가면서도 그 존재를 절대로 알아차리지 못한다. 용기 있는 분석만이 이 보편적인 적의 정체를 드러낸다. 스스로를 분석할 때는 성격의 내면을 깊이 들여다보고, 다음과 같은 증상이 있는지 확인하라.

**| 빈곤에 대한 두려움의 증상 |**

**– 무관심**

흔히 야망이 없고, 가난을 기꺼이 참고, 인생이 제시하는 보상을 아무런 저항 없이 받아들인다. 육체적·정신적으로 게으르고, 스스로 나서서 하려는 의지가 없으며 상상력, 열정, 자제력이 결여되어 있다.

**– 우유부단**

스스로 생각하지 않고 습관적으로 남에게 판단을 맡긴다. 어느 한 쪽으로 결단을 내리지 못한다.

**– 의심**

자신의 실패를 은폐·해명·사과하기 위해 변명하거나 핑계를 댄다. 때때로 성공한 사람을 질투하거나 비난한다.

**– 걱정**

주로 다른 사람을 향한 비난, 소득을 초과하는 소비, 외모에 대한 소홀, 얼굴을 찌푸리거나 찡그리는 모습 등으로 나타난다. 술을 자제하지 못하고, 약물을 사용하기도 한다. 초조해하고, 침착하지 못하며, 다른 사람의 시선을 과하게 의식하거나, 타인에게 의존하려 한다.

**– 소심함**

모든 상황에서 부정적인 측면을 찾으려 하고, 성공할 방법에 집중하기보다 실패할 가능성에 대해 생각하고 이야기하는 습관이 있다.

파멸로 이끄는 길을 누구보다 잘 알면서 실패를 피할 방법을 찾으려고 하지 않는다. '때가 오기를' 기다리느라 아이디어와 계획을 실행에 옮기지 않다가, 결국 기다림이 습관으로 굳어져 버린다. 실패한 사람만 기억하고 성공한 사람은 잊어버린다. 도넛의 구멍만 보고 정작 도넛 자체는 간과한다. 이런 비관적인 태도는 소화 불량, 배설 장애, 자가 중독, 구취, 불쾌한 성격으로 이어진다.

**– 미루기**

작년에 했어야 할 일을 내일로 미루는 습관이 있다. 일해야 할 시간을 핑계와 변명거리를 생각하느라 보낸다. 이 증상은 소심함, 의심, 걱정의 증상과 밀접하게 연관되어 있다. 책임을 피할 수 있을 때는 기꺼이 외면하고, 정면으로 맞서 싸우기보다는 타협하려고 한다. 어려움이 닥치면 타협하려고만 하고, 그것을 발전의 계기로 삼으려 하지 않는다. 삶에서 번영, 풍요, 부, 만족, 행복을 요구하고 얻으려고 하기보다는, 하찮은 푼돈에 만족하며 거래하려 든다. 다리를 불태워 후퇴를 불가능하게 만드는 대신 실패를 대비한 계획을 세운다. 자신감, 명확한 목표, 자제력, 주도성, 열정, 야망, 절약 정신과 이성적 판단 능력이 부족하거나 완전히 결여되어 있다. 부를 요구하는 대신 가난을 예상한다. 부를 요구하고 획득하는 사람들이 아니라 가난을 받아들이는 사람들과 어울린다.

## 돈이 곧 힘이다!

어떤 사람들은 내게 "왜 돈에 관한 책을 썼나요? 왜 돈만으로 부를 측정하려 하나요?"라고 물을 것이다. 어떤 사람들은 돈보다 더 바람직한 형태의 부가 있다고 믿는다. 그들의 믿음은 옳다. 세상에는 돈으로 측정할 수 없는 부가 있다. 하지만 "돈만 있다면, 원하는 건 뭐든지 가질 수 있다."라고 말하는 사람들도 세상에는 수없이 많다.

내가 돈 버는 법에 관한 책을 쓴 가장 큰 이유는 최근에 한 사건이 수많은 사람들을 가난에 대한 두려움으로 마비시켰기 때문이다. 이런 종류의 공포가 사람들에게 어떤 영향을 미치는지는 〈뉴욕 월드 텔레그램〉의 웨스트브루크 페글러가 잘 묘사한 바 있다.

"돈은 단지 조개껍데기, 쇠붙이, 종잇조각일 뿐이다. 그리고 세상에는 돈으로 살 수 없는 마음과 영혼의 보물도 있다."

하지만 막상 무일푼이 되면 대부분의 사람들이 이 사실을 마음에 새기고 긍정적인 마음을 유지하기가 어렵다. 노숙자 신세가 되어 일자리를 구할 수 없을 때 한 사람의 영혼에 어떤 일이 일어나는지는 축 늘어진 어깨, 모자를 쓴 모양, 걸음걸이와 시선에서 관찰할 수 있다. 정상적인 일자리가 있는 사람들 틈에서 자신의 성격, 지능, 역량이 그들보다 뛰어나다는 걸 안다고 해도 열등감에서 벗어날 수 없다.

반면 일자리가 있는 사람들은 심지어 그 사람의 친구들조차 우월감을 느끼고 어쩌면 일자리가 없는 사람을 무의식적으로 동정할지 모른다. 일자리가 없는 사람은 잠깐 동안은 돈을 빌릴 수 있겠지만, 그 돈은 익숙한 것들을 누릴 수 있을 정도로 충분하지 않다. 그리고 오랫동안 빌릴 수도 없다. 생계를 위해 돈을 빌리는 것 자체가 우울한 경험이다. 빌린 돈은 사람의 영혼을 되살리는 데 번 돈만큼 힘을 갖지 못한다. 물론 이 중 어떤 것도 상습적으로 남에게 의지하는 무뢰한들에게는 해당하지 않는다. 이는 정상적인 야망과 자존감이 있는 사람에게만 해당한다.

## 여성들은 절망을 숨긴다

똑같이 곤란한 입장에 처해도 여성들은 대처 방식이 다르다. 우리는 빈털터리 신세로 거리에 나앉게 된 사람들을 떠올릴 때 무슨 이유에서인지 여성은 전혀 고려하지 않는다. 무료 급식소 앞에 줄을 선 사람들이나, 길에서 구걸하는 사람들을 봐도 여성은 거의 눈에 띄지 않는다. 파산한 남성들은 군중 속에서 단번에 알아볼 수 있지만 여성들은 그렇지 않다. 물론 도시에서 흔히 보이는 늙은 여성 부랑자를 말하는 것이 아니다. 충분히 젊고 품위 있고 지적인 여성들을 말하는 것이다. 그런 여성들의 수가 적지 않을 것이다. 하지만 그들의 절망은 겉으로 드러나지 않는다. 어쩌면 스스로 목숨을 끊는지도 모른다.

남자가 빈털터리가 되면, 남아도는 시간을 주체하지 못하고 혼자 속을 앓는다. 일자리가 있다는 말을 듣고 먼 길을 마다하지 않고 지인을 찾아가지만, 이미 자리가 다 찼거나 막상 가 보니 기본급도 없이 사람들의 동정심에 기대야만 팔 수 있는 쓸모없는 물건을 팔아 수수료를 받는 일자리라는 사실을 알게 된다. 그 일을 거절한 뒤에는 발길이 닿는 대로 거리를 떠돌 뿐이다. 그는 걷고 또 걷는다. 상점 진열장 너머로 자신과는 무관한 사치스러운 물건들을 바라보다가, 그것을 사려는 듯한 누군가가 다가오면 자신도 모르게 열등감에 사로잡혀 조용히 비켜선다.

그는 다리를 쉬게 하고 잠시나마 온기를 쬐기 위해 기차역 안으로 들어가거나 도서관에 자리를 잡는다. 하지만 그것은 일자리를 구하는 행동이 아니기에, 곧 다시 일어나 걷기 시작한다. 본인은 자각하지 못하더라도 그의 목적 없는 방황은 그가 처한 처지를 드러내기에 충분하다. 설령, 한때 안정적인 직장을 다니던 시절 입었던 멀쩡한 옷차림을 하고 있더라도 몸에서 풍기는 축 처진 기운까지 감출 수는 없다.

## 돈이 차이를 만든다

그는 거리 곳곳에서 경리, 사무원, 약사, 짐꾼 등 수많은 사람들이 바쁘게 일하는 모습을 본다. 그리고 그들을 진심으로 부러워한다. 그들에게는 자립심과 자존감 그리고 한 인간으로서 자부심이 있다. 아무리 머릿속으로 따지고 또 따지며 자신에게 유리한 결론을 내려 봐도, 그는 자신이 그들만큼 괜찮은 사람이라는 확신을 가질 수 없다. 그를 이렇게 만든 것은 결국 돈이다. 돈이 조금만 있으면 그도 예전의 자신을 되찾을 수 있을 것이다.

일부 고용주들은 빈털터리가 된 사람들을 충격적인 조건으로 착취한다. 직업소개소 앞에는 색색의 작은 종이 카드들이 매달려 있는데, 거기엔 주급 12달러, 주급 15달러 등 형편없는 임금을 제시하는 일자리들이 적혀 있다. 주급 18달러짜리 일자리는 그야말로 '행운'이고,

주급 25달러를 주는 일자리는 그런 카드를 붙이지도 않는다. 나는 지역 신문에서 오려낸 구인 광고를 하나 가지고 있는데, 내용은 이렇다. 샌드위치 가게에서 전화 주문을 받아 적을 점잖고 단정하고 글씨 잘 쓰는 사무원을 구하는데, 오전 11시부터 오후 2시까지 일하는 조건으로 월급 8달러를 제시하고 있다. 주급이 8달러가 아니라 월급 8달러라니. 그 광고에는 이렇게도 쓰여 있다. "종교를 명시할 것". 시간당 겨우 11센트를 주면서 글씨도 잘 쓰는 단정한 사람을 원하고, 종교까지 따지는 몰염치함을 상상할 수 있겠는가? 하지만 빈털터리에게 주어지는 일자리란 대개 그런 것이다.

## 비판에 대한 두려움

인간이 애초에 어떻게 비판에 대한 두려움을 갖게 된 것인지는 아무도 확실히 말할 수 없다. 한 가지 분명한 점은 이것이 고도로 발달한 형태의 두려움이라는 것이다. 어떤 이들은 비판에 대한 두려움이 나타난 것은 정치가 '직업'이 된 무렵부터였다고 하고, 또 어떤 사람들은 여성들이 처음으로 유행하는 옷차림에 신경 쓰기 시작한 시대부터였다고 말한다. 나는 유머 작가도 아니고 예언자도 아니지만, 비판에 대한 두려움의 근본 원인이 인간이 남의 것을 빼앗고도 자신의 행동을 정당화하기 위해 상대의 인격을 비난하는 유전적 성향에 있다고 생각한다. 도둑이 자신의 물건을 훔친 상대를 비난한다는 것은 잘 알려진 사실이다. 정치가들만 봐도 의석을 차지하기 위해 자신의 장점과 자질을 드러내는 대신 상대편의 명예를 더럽히려 하지 않는가?



15장. 결말 |

비판에 대한 두려움은 여러 가지 형태를 띠는데 그 대다수는 하찮고 사소하다. 예를 들어, 대머리들이 대머리인 이유는 그들이 비판을 두려워하기 때문이다. 머리를 꽉 조이는 모자가 모근으로부터의 순환을 차단해서 머리카락이 빠지는 것이다. 남자들이 모자를 쓰는 주된 이유는 꼭 필요해서가 아니라 다른 사람들이 '다들 쓰기 때문'이다. 사람들은 다른 사람들의 비판을 피하기 위해 남들이 하는 대로 따라 한다. 여성들은 대머리가 되는 일도, 심지어 머리카락이 가늘어지는 일도 거의 없다. 여성들은 단지 장식용으로 모자를 쓰기 때문에 모자를 헐렁하게 쓴다. 그렇다고 여성들이 비판에 대한 두려움에서 자유롭다고 생각해서는 안 된다. 만일 어떤 여성이 자신은 남성보다 그런 두려움이 덜하다고 주장한다면, 그녀에게 1890년대 스타일의 모자를 쓰고 거리 한복판을 걸으라고 해보라.

비판에 대한 두려움이라는 인류의 보편적인 약점을 영악한 의류업자들이 놓칠 리 없다. 매 시즌마다 여러 의류 품목들의 유행이 바뀐다. 누가 유행을 정할까? 옷을 사는 사람들이 아니라 만드는 사람들이다. 왜 그들은 그렇게 자주 유행을 바꿀까? 대답은 뻔하다. 옷을 더 많이 팔 수 있기 때문이다.

똑같은 이유로 자동차 회사들도 (매우 드물고 합리적인 예외를 제외하고) 매 시즌 새로운 모델의 제품을 내놓는다. 실제로는 이전 모델이 더 나을 수도 있지만, 누구도 구형 자동차를 몰고 싶어 하지는 않는다.

지금까지 일상의 사소하고 하찮은 부분에서 비판에 대한 두려움이 미치는 영향에 대해 살펴보았다. 이제 이 공포가 인간관계의 더 중요한 사건들과 연관되었을 때 인간의 행동에 대해 알아보자. '정신적으로 성숙'해지는 나이(평균 서른다섯 살에서 마흔 살)에 이른 인간을 아무나 예로 들어 보자. 여러분이 그의 비밀스러운 생각을 읽을 수 있다면, 몇십 년 전 대다수의 교조주의자들과 신학자들이 가르쳤던 대부분의 이야기에 대한 단호한 불신을 발견할 수 있을 것이다.

하지만 이 문제에 대해 자신의 신념을 공공연하게 말할 수 있는 용기를 가진 사람은 흔치 않다. 대부분의 사람들은 끝까지 추궁당하면 차라리 거짓말을 한다. 과학적 발견과 교육의 시대 이전에 사람들을 속박했던 특정 형태의 종교와 관련된 이야기를 믿는 척하는 것이다.

왜 지금과 같은 계몽의 시대에 보통 사람들이 수십 년 전 대부분의 종교를 지탱했던 우화들을 믿지 않는다고 말하지 못하는 것일까? 답은 '비판이 두려워서'다. 과거에는 유령의 존재를 믿지 않는다는 말을 감히 입 밖에 냈는 이유만으로, 수많은 남녀가 화형대에 올랐다. 비판을 두려워하게 만드는 의식을 물려받았다고 해도 이상할 것은 없다. 불과 얼마 전까지만 해도 비판은 혹독한 징벌을 수반했다. 지금도 일부 국가에서는 여전히 그렇다.

비판에 대한 두려움은 인간으로부터 주도성을 빼앗고, 상상력을 파괴하고, 개성을 제한하고, 자립심을 앗아가고, 다른 수백 가지 방식으로 해를 입힌다. 부모들은 간혹 자녀들을 비판함으로써 그들에게 회복할 수 없는 상처를 입힌다. 내 어린 시절 친구의 어머니는 거의 매일 아들을 매질하고 매번 같은 말로 끝을 맺었다. "너는 스무 살이 되기 전에 감방에 갈 거야." 그 친구는 열일곱 살에 소년원에 보내졌다.

비판은 누구에게나 넘치게 주어지는 유일한 형태의 봉사다. 모두가 비판을 쌓아두고 있다가 요청을 받았든 아니든 무료로 나눠 준다. 가장 가까운 혈육이 최악의 가해자가 되는 경우가 종종 있다. 부모가 불필요한 비판으로 아이의 마음에 열등감을 심어 주는 행위는 범죄로 인식되어야 한다(사실 가장 죄질이 나쁜 범죄다). 인간의 본성을 이해하는 고용주는 비판이 아니라 건설적인 제안으로 직원의 잠재력을 최대로 끌어낸다. 부모도 자녀에게서 같은 결과를 얻을 수 있다. 비판은 인간에게 두려움이나 적개심을 갖게 할 뿐, 사랑이나 애정을 쌓지 못한다.

비판에 대한 두려움은 가난에 대한 두려움만큼이나 보편적이면서 인간의 성취에 치명적인 영향을 미친다. 가장 큰 이유는 이 두려움이 주도성을 파괴하고 상상력의 사용을 저해하기 때문이다. 그 주요 증상은 다음과 같다.

**| 비판에 대한 두려움의 증상 |**

**– 자의식**

초조해하고, 대화할 때와 낯선 사람을 대할 때 소심하며, 손과 팔다리의 동작이 어색하고 계속해서 시선을 움직인다.

**– 침착성 결여**

목소리를 조절하지 못하고, 타인 앞에서 긴장하며, 자세가 흐트러지고, 기억력이 나쁘다.

### – 회피적 성향

결단력, 인간적 매력, 확실하게 의견을 말하는 능력이 결여되어 있다. 문제에 정면으로 대처하지 않고 회피하려는 습성이 있다. 신중하게 생각하지 않고 다른 사람의 의견에 동조한다.

### – 열등감

열등감을 감추기 위해 말과 행동으로 스스로를 과시하는 습성이 있다. (종종 단어의 진짜 의미도 모른 채) 다른 사람에게 깊은 인상을 주기 위해 '어려운 말'을 쓴다. 다른 사람의 옷차림, 말투, 행동을 따라 한다. 있지도 않은 성과를 부풀려 말한다. 이런 행동은 때때로 우월감을 가진 것처럼 보이게 만든다.

### – 낭비벽

수입보다 많이 소비해서라도 '남들에게 뒤처지지 않으려고' 애쓴다.

### – 주도성 부족

자기 발전을 위한 기회를 외면한다. 의견 표현을 두려워하며, 자신의 아이디어에 대한 자신감이 결여되어 있다. 상사의 질문에 애매하게 대답하고, 말과 행동을 머뭇거리고, 말과 행동으로 남을 속인다.

### – 야망의 결여

정신적·육체적으로 나태하며, 자기주장이 부족하다. 의사 결정이 느리고, 다른 사람들로부터 쉽게 영향을 받는다. 뒤에서는 험담하고, 면전에서는 아첨하는 습성이 있다. 저항 없이 패배를 받아들이고, 반대에 부딪히면 쉽게 포기한다. 이유 없이 남을 의심하고, 말이나 행동에 요령이 부족하다. 실수에 대한 비난을 받아들이려고 하지 않는다.


## 질병에 대한 두려움

이 두려움은 생물학적 유전과 사회적 유전 모두에서 그 원인을 찾아볼 수 있다. 이것은 그 기원과 관련해 노화에 대한 두려움 및 죽음에 대한 두려움과 뿌리를 같이한다. 왜냐하면 질병이 우리를 '무서운 세계'의 경계선까지 데려가기 때문이다. 우리는 그 세계에 대해 잘 모르면서도, 그 세계와 관련된 불편한 이야기들을 들어왔다. 또, 이른바 '건강을 파는' 직종에 종사하는 일부 비윤리적인 사람들이 질병에 대한 공포를 계속 부추기는 데 적지 않게 관여해 왔다는 것이 일반적인 견해다.

인간이 질병을 두려워하는 이유는 대체로 죽음이 찾아왔을 때 벌어질지도 모를 끔찍한 상황들이 마음속에 자리 잡고 있기 때문이다. 또, 질병이 야기할 것이 분명한 경제적 부담도 원인 중 하나다.

어느 저명한 의사는 의료 서비스를 받기 위해 병원을 방문하는 사람들 가운데 75%는 건강 염려증(실제 질병이 아닌데 병에 걸렸다고 상상하는 것)을 앓고 있다고 말했다. 질병에 대한 근거 없는 두려움이 실제로 해당 질병의 신체적 증상을 유발한다는 사실이 명백히 입증되었다.

사람을 살리기도 하고 질병을 만들어 아프게도 하니, 인간의 마음이란 얼마나 강력하면서도 위대한가!

특허 의약품의 공급자들은 인간의 공통적인 약점인 질병에 대한 두려움을 교묘히 이용해 큰돈을 벌었다. 약에 대해 잘 알지 못하는 사람들을 속여 이득을 취하는 이런 형태의 기만은 약 20년 전쯤에 크게 만연했고, 그에 〈쿨리어스 위클리 매거진〉은 특허 약품 업계의 악질적인 사례들을 겨냥해 강도 높은 비판 캠페인을 벌였다.

세계대전 중에 창궐한 '독감'이 유행하는 동안 뉴욕 시장은 사람들이 질병에 대한 본능적인 두려움으로 인해 스스로를 해치는 사태를 막기 위해 단호한 조치를 취했다. 그는 신문기자들에게 말했다.

"여러분, 독감 유행과 관련해 자극적인 제목을 기사에 쓰지 말아 주시길 부탁드립니다. 여러분이 협조하지 않는다면, 우리는 통제할 수 없는 상황에 직면하게 될 것입니다."

신문들은 '독감'에 관한 보도를 멈추었고, 이후 한 달 안에 독감 유행을 억제할 수 있었다.

수년 전 수행된 일련의 실험들을 통해 암시만으로도 병에 걸릴 수 있다는 사실이 증명되었다. 실험은 다음과 같이 진행되었다. '피험자'에게 세 사람의 지인이 방문하여 각각 "어디가 안 좋은가요? 굉장히 아파 보여요."라고 말한다. 첫 번째 방문자는 피험자에게서 대개 "아무 일도 아니에요. 난 괜찮아요."라며 태연하게 웃는 반응을 끌어냈다. 두 번째 방문자가 질문하면, 피험자는 "정확히 모르겠지만, 몸이 안 좋아요."라고 대답했다. 세 번째 방문자에게 피험자는 대개 정말로 아프다고 솔직히 인정했다. 이 실험의 효과가 의심된다면 지인에게 한

번 시도해 보라. 그가 불편함을 느끼는 것을 확인할 수 있을 것이다. 다만, 과도한 시도는 자제하라. 어떤 특정 종교 집단은 적에게 복수할 때 '주문을 거는' 방식을 취하며, 이것을 '마법을 건다'고 표현한다.

질병이 때때로 부정적인 생각 동력의 형태로 시작된다는 압도적인 증거가 있다. 그런 동력은 암시를 통해 하나의 마음에서 다른 마음으로 전달되거나 한 개인의 마음속에서 만들어진다.

이 대답만 보고 판단하면 그렇지 않지만, 나름대로 상식이 있는 어떤 남자가 이렇게 말했다.

"누가 나한테 기분이 어떠냐고 물으면, 나는 늘 그 사람을 때려눕히고 싶어진다."

의사들은 환자의 건강을 위해 그들을 새로운 기후 환경으로 보내곤 하는데, 이는 '정신적인 태도'의 변화가 필요하기 때문이다. 질병에 대한 두려움의 씨앗은 모든 인간의 마음속에 살고 있다. 걱정, 공포, 좌절, 사랑과 사업에서 겪은 실망 등은 이 씨앗을 싹트고 자라게 한다. 최근의 경기 침체로 의사들이 분주해졌다. 모든 형태의 부정적 사고가 질병을 야기할 수 있기 때문이다.

사업과 사랑에서 겪은 실망은 질병에 대한 두려움의 가장 유력한 원인 중 하나다. 어떤 젊은 사람이 사랑에 실패한 충격으로 결국 입원하게 되었다. 몇 달간 그는 사경을 헤맸다. 이에 암시 치료 전문가가 불려왔다. 전문가는 담당 간호사를 매우 매력적인 젊은 여성으로 바꾸고 (의사와의 사전 협의에 따라) 첫날부터 그에게 구애하도록 했다. 그는 3주 만에 퇴원했지만 여전히 괴로워했다. 이번에는 다른 병 때문이었다. 또다시 사랑에 빠진 것이다. 치료를 위한 일종의 연극이었지만 환자와 간호사는 뒷날 결혼했다. 이들은 이 글을 쓸 당시에도 여전히 건강하게 잘살고 있었다.

이 보편적인 두려움의 증상은 다음과 같다.

**| 질병에 대한 두려움의 증상 |**

**– 자기 암시**

온갖 질병의 증상을 찾아내려 하고, 발견하리라고 기대함으로써 자기 암시를 부정적으로 사용하는 습관이 있다. 상상의 질병을 '즐기고' 마치 진짜 병에 걸린 것처럼 이야기한다. 치료에 효과가 있다고 소문난 온갖 '유행 요법'이나 '이론'을 무작정 따라 하는 습관이 있다. 수술, 사고, 질병 등과 관련된 이야기를 다른 사람들과 자주 나누는 경향이 있다. 전문가의 지도 없이 다이어트, 운동, 체중 감량 프로그램 등을 시도한다. 민간요법이나 특허 약, 검증되지 않은 사이비 치료법 등을 시도한다.

**– 건강염려증**

질병에 관해 이야기하고, 마음을 질병에 집중하고, 질병이 나타나기를 기대하다가 결국 신경쇠약에 걸린다. 이것은 부정적인 생각에 의해 발생하므로 긍정적인 생각 이외에 그 어떤 약으로도 치유할 수 없다. 건강염려증(상상 질병을 뜻하는 의학용어)은 때때로 실제 질병만큼 건강을 손상시키는 것으로 알려져 있다. 대부분의 소위 '신경쇠약'은 상상 질병으로부터 비롯된다.

### – 운동 부족

질병에 대한 두려움은 종종 적절한 신체 활동을 저해하고, 외부 활동을 피하게 만들어 과체중을 야기한다.

### – 면역력 저하

질병에 대한 두려움은 자연스러운 신체 저항력을 무너뜨려, 접촉하는 모든 종류의 병에 걸리기 쉬운 환경을 조성한다. 질병에 대한 두려움은 종종 빈곤에 대한 두려움과 연관된다. 특히 건강염려증이 있는 사람은 끊임없이 병원비, 치료비 등을 걱정한다. 이런 유형의 사람은 질병에 대비하고, 죽음에 대해 이야기하고, 묫자리와 매장 비용 등을 위해 저축하느라 많은 시간을 보낸다.

### – 자기 연민

상상의 병을 미끼로 동정을 얻으려고 한다(사람들은 종종 일을 피하기 위해 이런 수를 쓴다). 게으름을 감추거나 야망이 부족한 데 대한 변명으로 아픈 척한다.

### – 약물 남용

두통, 신경통 등의 근본적인 원인을 제거하는 대신 술이나 약물을 사용해 고통을 없애려고 한다. 질병에 대해 읽고, 해당 질병에 걸릴까 봐 걱정한다. 특허 약품 광고를 읽는 습관이 있다.

## 실연에 대한 두려움

이 내재된 두려움의 근원에 대해서는 따로 길게 설명할 필요가 없다. 이는 분명히 다른 남성의 배우자를 빼앗으려는 남성의 일부다처적 성향과 틈만 나면 그 배우자에게 집적대려는 습관에서 비롯된 것이기 때문이다.

질투와 그 밖의 유사한 형태의 정신 질환들은 사랑하는 이를 잃을지도 모른다는 인간의 타고난 두려움에서 비롯된다. 이 두려움은 여섯 가지 기본적인 두려움 가운데 가장 고통스럽다. 이 두려움은 다른 기본적인 두려움들보다 신체와 정신에 더 큰 해를 끼치는 것 같다. 종종 영구적인 정신 이상으로 이어지기 때문이다.

실연의 두려움은 아마도 석기시대까지 거슬러 올라간다. 당시에는 남성들이 폭력으로 여성을 빼앗았다. 남성은 지금도 여전히 여성을 차지하려 하지만 방법이 달라졌다. 남성은 이제 힘을 사용하는 대신 여성을 설득한다. 예쁜 옷, 자동차 등 완력보다 훨씬 효과적인 여러 가지 '미끼'로 여성을 유혹한다. 문명의 여명기부터 남성의 습성은 늘 동일하다. 표현 방식만 달라졌을 뿐이다.

주의 깊은 분석에 따르면 여성이 남성보다 실연의 공포에 더 민감하다고 한다. 이유는 쉽게 설명된다. 여성들은 남성들이 본래 일부다처를 선호한다는 사실과 경쟁자들의 손에 남성을 맡겨서는 안 된다는 사실을 경험으로 깨달았던 것이다.

이 두려움의 특징적인 증상은 다음과 같다.

---

| 실연에 대한 두려움의 증상 |

**- 질투**

충분한 근거에 기반한 합리적 증거가 없는데도 친구들과 사랑하는 사람들을 의심한다(질투는 일종의 정신 질환이다. 질투는 아무런 이유 없이도 폭력적인 양상을 띨 수 있다). 아무 근거 없이 아내나 남편이 불성실하다고 비난한다. 전반적으로 모든 사람을 의심하고, 어느 누구도 절대적으로 신뢰하지 않는다.

**- 비난**

친구, 친척, 사업 동료, 사랑하는 사람들의 사소한 행동을 이유로, 혹은 전혀 아무 이유도 없이 트집을 잡는다.

**- 도박**

돈으로 사랑을 살 수 있다고 믿고, 사랑하는 사람에게 줄 돈을 마련하고자 도박, 절도, 사기 등 위험한 행위를 한다. 사랑하는 사람에게 선물을 주기 위해 분에 넘치게 소비하거나 빚을 지면서까지 좋은 인상을 주려고 한다. 불면증, 초조, 끈기 부족, 의지박약, 자제력 부족, 자립심 부족, 조급한 성질 등이 나타난다.

## 노화에 대한 두려움

이 공포의 근원은 크게 두 가지다. 첫 번째는 노화와 함께 가난해질 것이라는 생각이고, 두 번째는 가장 흔한 것으로 과거의 잔인하고 잘못된 가르침인데, 이것은 '지옥불과 유황'을 비롯해 공포를 통해 인간을 노예화하려는 목적으로 정교하게 만들어진 장치들과 교묘하게 결합했다.

노화에 대한 인간의 기본적인 두려움은 매우 타당한 두 가지 이유에서 비롯된다. 하나는 자신의 소유물을 동족인 다른 인간이 빼앗을지도 모른다는 불신 때문이고, 다른 하나는 어릴 적부터 주입된 사후 세상에 대한 무시무시한 이미지 때문이다. 나이가 들수록 질병의 가능성이 커진다는 것도 노화에 대한 보편적인 공포의 원인이다. 노년에 대한 두려움에는 성적인 이유도 한몫한다. 누구도 자신의 성적 매력이 줄어드는 것을 반기지 않기 때문이다. 인간이 노화를 두려워하는 가장 흔한 이유는 가난해질지도 모른다는 생각과 관계가 있다. '빈민구제소'라는 단어부터 기분이 좋지 않다. 노년을 가난한 집에서 보내야 한다는 생각만으로도 누구나 마음이 스산해진다.

늙는 것이 두려운 또 다른 이유는 자유와 독립성을 잃어버릴지도 모른다는 사실 때문이다. 노화는 육체적, 경제적 자유의 상실을 동반하기에 그렇다.

이 두려움의 증상은 다음과 같다.


**| 노화에 대한 두려움의 증상 |**

**- 능력 저하**

정신적으로 성숙해지는 40살을 전후로 나이 때문에 능력이 떨어진다고 착각하여, 자신감을 잃고 위축되는 경향이 있다(사실 인간의 정신적·영적 역량이 최고조에 달하는 나이는 40살에서 60살 사이다).

### – 자기변명

사회 통념을 깨고 지혜와 통찰의 나이에 이른 것에 감사를 표하는 대신, 나이가 마흔 또는 쉰 살이 되었다는 이유만으로 스스로에게 "나이가 많아서"라고 변명하듯 말한다.

### – 어색한 옷차림과 행동

스스로 주도적으로 행동하거나 상상력, 자립성을 발휘하기에 너무 늙었다는 착각 때문에 이런 자질들을 스스로 꺾어 버린다. 나이 마흔에 실제보다 훨씬 젊어 보이기 위해 옷차림을 꾸미고, 젊은 사람의 말투나 행동을 흉내 내는 습관으로 친구들과 낯선 이들의 웃음거리가 되기도 한다.


## 죽음에 대한 두려움

어떤 이들에게는 죽음에 대한 두려움이 인간이 느끼는 기본적인 두려움 가운데 가장 잔인하다. 이유는 분명하다. 죽음을 떠올릴 때 갑자기 엄습하는 끔찍한 공포는 대부분의 경우 종교적 광신주의에서 비롯될지도 모른다. 소위 '미개인'으로 불리는 사람들이 '문명인'들보다 죽음을 덜 두려워한다. 수억 년 동안 인간은 '어디로부터' 와서, '어디로' 가는지에 대해 여전히 풀리지 않는 의문을 품어 왔다. 우리는 어디서 왔고, 어디로 가는 것일까? 어두웠던 시대에는 영악하고 교활한 자들이 대가를 받고 서슴없이 답을 내놓곤 했다. 이것이 바로 죽음에 대한 두려움의 가장 큰 근원이다.

"나의 천막으로 들어오라. 내 신앙을 받아들이고, 내가 믿는 교리를 따르라. 그러면 죽은 뒤 곧바로 천국에 들어가리라."라고 종파주의 지도자들은 외친다. 그리고 똑같은 지도자가 "내 천막 밖에 머무르면, 악마에게 끌려가 영원토록 불타리라."라고 말한다.

영원은 긴 시간이고 불은 무서운 형벌이다. 영원히 불에 타는 형벌은 죽음에 대한 두려움을 야기할 뿐 아니라, 종종 인간으로 하여금 이성을 잃게 만든다. 인생에 대한 흥미는 사라지고 행복은 불가능한 일이 되어 버린다.

사전 조사를 하면서, 나는 《신들의 목록》이라는 제목의 책을 검토했었다. 그 책에는 인간이 숭배했던 3만 종류의 신이 나열되어 있었다. 생각해 보라! 가재부터 인간에 이르기까지 신으로 숭배한 대상이 3만 가지나 된다. 이러니 인간이 죽음을 두려워하게 된 것도 이상한 일이 아니다.

종교 지도자는 천국으로 가는 확실한 통행증을 발급해 줄 수도 없고, 불쌍한 죄인을 지옥으로 떨어뜨릴 수도 없다. 하지만 지옥 불에 떨어질지도 모른다는 생각은 너무도 생생하게 상상력을 자극하여 이성을 마비시키고, 결국 죽음에 대한 두려움을 불러일으킨다.

사실 천국이나 지옥이 어떻게 생겼는지, 천국과 지옥이 정말로 존재하는지는 아무도 모른다. 이런 지식의 부재를 틈타, 사기꾼들은 온갖 교묘한 속임수와 다양한 형태의 그럴듯한 술수를 이용해 사람들의 마음을 조종한다.

죽음에 대한 공포는 이제 대학이 없던 과거 시대처럼 보편적이지 않다. 과학자들은 진실의 빛으로 세상을 비추기 시작했고, 이 진실이 사람들을 죽음의 공포로부터 빠르게 해방하고 있다. 고등교육을 받은 젊은 사람들은 '불'과 '유황'에 쉽게 현혹되지 않는다. 생물학, 천문학, 지질학을 비롯한 연관 과학의 도움으로 암흑 시대에 사람들의 마음을 사로잡고 이성을 파괴하던 두려움은 사라졌다.

정신병원은 죽음에 대한 공포 때문에 정신질환을 앓게 된 사람들로 가득하다. 죽음에 대한 두려움은 아무런 쓸모도 없다. 죽음에 대해 어떻게 생각하든 죽음은 반드시 찾아온다. 죽음을 필연적인 것으로 받아들이고 죽음에 대한 생각을 머릿속에서 쫓아내라. 죽음이 필연이 아니라면 모두에게 찾아올 리 없지 않은가? 어쩌면 죽음은 사람들이 상상했던 것만큼 나쁘지 않을지도 모른다.

온 세계는 단 두 가지, 물질과 에너지로 이루어져 있다. 기초 물리학에서 우리는 (인간에게 알려진 단 두 가지의 실재인) 물질과 에너지를 창조할 수도, 파괴할 수도 없다고 배웠다. 물질과 에너지 모두 변형할 수는 있지만 파괴할 수는 없다. 생명을 무엇인가로 정의한다면 그것은 에너지다. 물질도, 에너지도 파괴할 수 없다면 생명도 파괴할 수 없다. 생명은 다른 형태의 에너지처럼 여러 가지 변화의 과정을 거치지만, 파괴되지는 않는다. 죽음은 단지 변화일 뿐이다.

죽음이 단지 변화가 아니라면 죽음 이후에는 아무것도 없다. 길고 영원한 잠뿐이며, 잠은 두려워할 대상이 아니다. 그러므로 죽음에 대한 공포를 영원히 씻어낼 수 있을 것이다.

이 두려움의 증상은 다음과 같다.

**| 죽음에 대한 두려움의 증상 |**

인생을 알차게 사는 대신 죽음에 대해 생각한다. 주로 목표가 없거나 적당한 직업이 없는 것이 원인이다. 죽음에 대한 공포는 노인들 사이에 더 널리 퍼져 있지만, 때때로 젊은 사람들도 두려움의 희생자가 된다. 죽음의 공포를 치유하는 최고의 치료제는 다른 사람에게 도움이 되는 일을 함으로써 성취를 이루고자 하는 불타는 열망이다. 바쁜 사람은 죽음에 대해 생각할 시간이 별로 없다. 죽음을 생각하기에는 인생이 너무 신난다. 때때로 죽음에 대한 공포는 죽음이 사랑하는 사람들을 가난에 시달리게 만들지도 모른다는, 빈곤에 대한 공포와도 밀접하게 연관되어 있다. 또 다른 경우에는 질병과 그에 따른 육체의 저항력 상실이 죽음에 대한 공포를 야기하기도 한다. 죽음을 두려워하게 만드는 가장 흔한 원인들은 질병, 빈곤, 적절한 직업의 결여, 실연, 정신 질환, 종교적 광신주의 등이다.

## 걱정이라는 늙은이

걱정은 두려움에 기반한 마음 상태다. 걱정은 천천히 쉬지 않고 작동하며 은밀하고 교묘하다. 걱정은 서서히 마음속에 '파고들어' 이성적 판단 능력을 마비시키고, 자신감과 주도성을 파괴한다. 걱정은 결정을 못 내릴 때 생기는 지속적인 두려움이다. 결국 마음 상태이므로 조절할 수 있다.

불안정한 마음은 무기력하다. 그런 마음은 결단을 내리지 못할 때 생겨난다. 대부분의 사람들은 의지력이 부족하다. 심지어 평범한 비즈니스 상황에서도 신속한 결정을 내리지 못할 뿐 아니라, 한 번 내린 결정조차 끝까지 밀고 나가지 못한다.

최근 세계가 겪은 것처럼 경기 불안이 닥치면 개인의 타고난 결단력 부족에 더해, 주변 사람들의 우유부단함으로 형성된 '집단적 우유부단'의 영향까지 겹쳐진다.

대공황 기간에 전 세계는 1929년 월가 사태 이후 퍼지기 시작한 '공포증(feaenza)'과 '걱정과민증(worryitis)'이라는 두 가지 마음 병균으로 가득 찼다. 알려진 해독제는 단 하나, 신속하고 단호한 결정이다. 더욱이 이 해독제는 각자가 직접 스스로에게 적용해야만 한다.

한 가지 확고한 행동 방침을 결정하고 나면 우리는 더는 상황에 대해 걱정하지 않는다.

나는 사형 집행을 두 시간 앞둔 남자를 인터뷰한 적이 있다. 그는 사형수 감방에 있던 여덟 명가량의 사람들 중 가장 침착해 보였다. 그의 평온한 태도가 인상 깊어서, 나는 곧 영원으로 떠나게 될 운명을 앞두고 어떤 기분이냐고 물었다. 그는 자신감 어린 미소를 지으며 이렇게 말했다.

“기분이 좋아. 한번 생각해 봐, 형제. 곧 내 모든 고생이 끝난다는 사실을. 나는 평생 고생만 했어. 먹을 것, 입을 것을 구하는 일조차 힘들었지. 이제 곧 그런 것들도 더는 필요 없게 될 거야. 내가 반드시 죽는다는 사실을 확실히 안 뒤부터는 오히려 마음이 편해졌어. 그때 마음을 다잡았지. 이 운명을 담담히 받아들이겠다고.”

질문에 대답하면서 그는 3인분은 족히 되는 저녁식사를 먹어 치웠고, 마치 곧 닥쳐올 재앙 따위는 안중에 없는 듯 한 입 한 입을 정말 맛있게 즐겼다. 그는 결단을 내림으로써 자신의 운명을 담담히 받아들였다! 결단은 원치 않는 상황을 받아들이지 않도록 막아주는 역할도 할 수 있다.

여섯 가지 기본적 두려움은 우유부단함을 통해 '걱정'이라는 마음 상태로 전환된다. 죽음을 피할 수 없는 사건으로 받아들이는 결단을 내림으로써 영원히 죽음의 두려움으로부터 벗어나라. 걱정 없이 자신이 이룰 수 있는 만큼의 부에 만족하겠다는 결단을 내림으로써, 가난에 대한 두려움을 떨쳐내라. 다른 사람들이 어떻게 생각하고 행동하며 말하든 걱정하지 않기로 결단을 내림으로써 비판에 대한 두려움을 눌러 버려라. 노화를 장애가 아니라 젊을 때는 알지 못했던 지혜, 절제, 통찰을 가져다주는 커다란 축복으로 받아들이는 결단을 내림으로써 노화에 대한 두려움을 없애라.

증상을 잊어버리기로 결단 내림으로써 질병에 대한 두려움에서 벗어나라. 필요하다면 사랑 없이 살아가겠다는 결단을 내림으로써 실연에 대한 두려움을 극복하라.

---

인생이 제공하는 그 어떤 것도 걱정할 가치가 없다는 포괄적인 결단을 내림으로 모든 형태의 걱정하는 습관을 버려라. 이 결단과 함께 평정심, 마음의 평화 그리고 생각의 차분함이 찾아오며, 이는 곧 행복을 가져올 것이다.

마음이 두려움으로 가득한 사람은 지적으로 행동할 기회를 스스로 망칠 뿐 아니라, 이 파괴적인 진동을 그와 접촉하는 모든 사람에게 전송함으로써 그들의 기회마저 부서뜨린다.

개나 말도 주인이 두려워하는 것을 알아챈다. 더욱이 개나 말은 주인이 발산하는 두려움의 진동을 포착하여 그에 따라 행동할 것이다. 지능이 낮은 동물들 역시 두려움의 진동을 감지하는 능력이 있다. 꿀벌은 사람의 마음속에 있는 공포를 즉각 감지한다. 어떤 이유에서인지는 알 수 없지만, 꿀벌은 두려움을 보이지 않는 사람보다 두려움의 진동을 내보내는 사람을 더 쉽게 공격한다. 두려움의 진동은 인간의 목소리가 방송국에서 라디오 수신기로 전달되는 것과 똑같은 매개체를 통해, 똑같이 빠르고 확실하게 한 마음에서 다른 마음으로 전달된다.

정신적 텔레파시는 실재한다. 생각은 한 마음에서 다른 마음으로 자발적으로 전달된다. 생각을 보내는 사람이나 그것을 받아들이는 사람이 그 사실을 인식하든 안 하든 상관없다.

부정적이거나 파괴적인 생각을 말로 표현하는 사람은 거의 반드시 그 말이 파괴적인 형태로 자신에게 돌아오는 경험을 하게 된다. 말의 도움 없이도, 파괴적인 생각 동력만 내보내도 한 가지 이상의 방식으로 그 결과가 자신에게 돌아온다. 첫째로, 반드시 기억해야 할 중요한 사실은 파괴적인 생각을 내보내는 사람은 창조적 상상력이 무너져 손해를 입게 된다는 점이다. 둘째로, 마음속에 파괴적인 감정이 자리 잡으면 부정적인 성격이 형성되어 사람들을 멀어지게 하고, 종종 그들을 적대자로 만들게 된다. 셋째로, 부정적인 생각을 품거나 내보내는 사람이 겪는 세 번째 피해는 다음과 같은 중요한 사실에서 비롯된다. 이 부정적인 생각 동력은 타인에게 해를 끼칠 뿐만 아니라, 그것을 내보낸 사람의 잠재의식 속에 깊이 새겨져 성격의 일부가 된다.

어떤 생각이든 한번 내보냈다고 해서 완전히 사라지는 것은 아니다. 하나의 생각이 방출되면, 그것은 에테르라는 매개체를 통해 사방으로 퍼져 나가지만, 동시에 그 생각을 내보낸 사람의 잠재의식 속에도 영구히 뿌리내린다.

삶에서 성공을 거두는 것이 여러분의 과업일 것이다. 성공하기 위해서는 마음의 평화를 얻고, 삶에 필요한 물질을 갖추며, 무엇보다도 행복을 이루어야 한다. 이 모든 성공의 증거들은 생각 동력의 형태로 자라기 시작한다.

여러분은 자신의 마음을 스스로 통제할 수 있고, 선택한 어떤 생각 동력이든 마음에 주입할 수 있는 힘이 있다. 이 특권에는 마음을 건설적으로 사용해야 한다는 책임이 따른다. 여러분은 자신의 생각을 통제할 수 있는 능력을 가진 것만큼, 지상에서 자신의 운명을 스스로 결정할 수 있는 주인이다. 여러분은 자신의 환경에 영향을 주고, 그것을 이끌며, 결국에는 통제할 수 있다. 그렇게 함으로써 삶을 원하는 모습으로 만들 수 있다. 혹은 주어진 이 특권을 행사하지 않고 방치함으로써, 삶을 스스로 설계할 기회를 놓친 채 '상황'이라는 거센 바다에 몸을 맡길 수도 있다. 그렇게 되면 여러분은 파도 위의 나뭇조각처럼 이리저리 떠밀려 다니게 될 것이다.

## 악마의 작업실: 일곱 번째 근본 악

여섯 가지 기본적인 두려움 외에 사람들을 괴롭히는 또 한 가지 악이 있다. 이 악은 실패의 씨앗이 풍성하게 자라도록 비옥한 토양 역할을 한다. 어찌나 미묘한지 존재를 감지할 수 없는 경우가 많다. 이것을 두려움으로 분류하는 것은 적절하지 않다. 이것은 여섯 가지 두려움보다 더 깊이 자리 잡은 채 종종 더욱 치명적인 결과를 초래한다. 더 알맞은 이름을 찾을 수 없으므로, 이 악을 부정적 영향에 대한 민감성이라고 부르자.

큰 부를 쌓은 사람들은 언제나 이 악으로부터 스스로를 보호한다! 가난에 시달리는 사람들은 절대로 그렇게 하지 않는다! 어떤 분야에서든 성공하는 사람은 이 악에 저항할 마음의 준비를 해야 한다. 부를 쌓을 목적으로 이 책을 읽고 있다면, 자신이 부정적인 영향들에 쉽게 휘둘리지 않는지 세심하게 스스로를 살펴야 한다. 이 자기 분석을 게을리한다면 원하는 것을 얻을 권리를 빼앗기게 된다.

분석은 철저히 하라. 자기 분석을 위해 준비된 질문들을 읽은 뒤, 답변할 때는 자신을 엄격히 평가하라. 매복한 적을 찾는 것처럼 신중하게 이 작업에 임하라. 그리고 자신의 결점들을 눈에 보이는 적을 다루듯 단호하게 다뤄라.

노상강도로부터 자신을 지키기는 쉽다. 법으로 체계적인 보호를 받을 수 있기 때문이다. 그러나 일곱 번째 근본 악은 훨씬 다루기 어렵다. 여러분이 그 존재를 인식하지 못하는 순간, 즉 잠들어 있든 깨어 있든 끊임없이 공격해 오기 때문이다. 게다가 이 악의 무기는 형태가 없다. 무기라는 것이 단지 마음 상태일 뿐이기 때문이다. 이 악이 더욱 위험한 이유는 인간의 경험만큼이나 다양한 형태로 침투하기 때문이다. 때로는 가까운 가족의 선의 어린 말 속에 숨어 들어오고, 또 때로는 자신의 정신적 태도를 통해 내면에서부터 파고든다. 비록 효과가 즉각적이지는 않지만, 이 악은 항상 독처럼 치명적이다.

## 부정적인 영향으로부터 스스로를 보호하는 방법

부정적인 영향으로부터 스스로를 지키기 위해서는 그것이 스스로 만들어낸 것이든, 주변의 부정적인 사람들의 활동의 결과든, 여러분 스스로가 의지력을 가지고 있음을 인식하고, 이를 지속적으로 사용하여 마음속에 부정적인 영향에 대한 면역의 벽을 쌓아야 한다.

여러분을 비롯한 모든 인간이 태생적으로 게으르고, 무관심하고, 자신의 약점과 맞아떨어지는 모든 암시에 쉽게 영향을 받는다는 사실을 인식하라. 여러분은 태생적으로 기본적인 여섯 가지 두려움에 영향받기 쉽다는 사실을 인식하고, 이 두려움을 극복하기 위한 습관을 길러야 한다.

부정적인 영향은 종종 잠재의식을 통해 작용하므로 알아차리기 어렵다는 사실을 인식하고, 어떤 방식으로든 여러분을 우울하게 하거나 의기소침하게 만드는 사람에게는 마음을 닫아라.

약상자를 깨끗이 정리하고 알약이 든 병들을 모두 버려라. 그리고 감기나 통증, 아픔, 상상의 병에 더는 집착하지 마라.

스스로 생각하고 행동하도록 자극을 주는 사람들과 의도적으로 함께하라.

곤란한 문제가 생길 거라고 예상하지 마라. 그런 예상은 대개 빗나가지 않는다.

모든 인간에게 가장 공통적으로 나타나는 약점은 타인의 부정적인 영향에 마음을 열어 두는 것이다. 이러한 약점이 더욱 위험한 이유는 대다수의 사람들이 그 악영향을 인식하지 못하고, 인식하더라도 그것이 일상의 통제할 수 없는 일부가 될 때까지 내버려두기 때문이다.

스스로를 있는 그대로 바라보려는 사람들을 돕기 위해 다음의 질문 목록을 만들었다. 소리 내어 문제를 읽고 답을 말하며 자신의 목소리를 들어라. 스스로에게 진실해지기가 더 쉬워질 것이다.

**| 자기 분석 테스트 |**

❖ "기분이 나쁘다."라며 자주 불평하는가? 그렇다면 원인은 무엇인츠가?

❖ 사소한 이유로 다른 사람을 비난하는가?

❖ 일하다가 실수가 잦은가? 그렇다면 이유는 무엇인가?

❖ 대화할 때 비꼬거나 불쾌감을 주는 말을 하는가?

❖ 의도적으로 누군가와의 관계를 피하는가? 그렇다면 이유는 무엇인가?

❖ 자주 소화불량을 겪는가? 그렇다면 원인은 무엇인가?

❖ 삶이 허무하게 느껴지고 미래에 대한 희망이 없는가? 그렇다면 이유는 무엇인가?

❖ 자신의 직업을 좋아하는가? 아니라면 이유는 무엇인가?

❖ 자주 자기 연민을 느끼는가? 그렇다면 이유는 무엇인가?

❖ 자신보다 뛰어난 사람들을 부러워하는가?

❖ 성공 또는 실패에 관한 생각 중 어느 쪽에 더 많은 시간을 쏟는가?

❖ 나이가 들면서 자신감을 얻는 쪽인가, 잃는 쪽인가?

❖ 모든 실수로부터 가치 있는 것을 배우는가?

❖ 친척이나 지인 때문에 스트레스를 받으면서도 참고 있는가? 그렇다면 이유는 무엇인가?

❖ 감정 기복이 심한 편인가?

❖ 가장 많은 영감을 받는 것은 누구로부터인가? 이유는 무엇인가?

❖ 피할 수 있음에도 불구하고, 부정적이거나 의욕을 꺾는 영향을 묵인하는가?

❖ 자신의 외모에 무관심하거나 소홀한 편인가? 그렇다면 언제, 왜 그런가?

❖ 골치 아픈 문제들을 잊어버릴 만큼 바쁘게 지내는 법을 터득했는가?

❖ 자신의 문제를 다른 사람이 대신 판단하도록 내버려둔다면, 스스로를 '줏대 없고 나약한 사람'이라고 부르겠는가?

❖ 몸속 정화를 소홀히 하여 독소가 쌓이고, 그로 인해 쉽게 화를 내거나 신경질적으로 변하는가?

❖ 막을 수 있었던 스트레스 요인들은 얼마나 많으며, 왜 그것들을 용인하는가?

❖ 불안을 해소하기 위해 술, 약물, 담배에 의존하는가? 만약 그렇다면 왜 의지력으로 극복하려고 시도하지 않는가?

❖ 나에게 '잔소리' 하는 사람이 있는가? 있다면 어떤 이유에서인가?

❖ 명확하게 정해진 주된 목표가 있는가? 있다면 무엇이고, 그것을 달성하기 위한 계획은 무엇인가?

❖ 여섯 가지 기본 두려움 중 어느 한 가지로 인해 어려움을 겪고 있는가? 그렇다면 어떤 두려움인가?

❖ 타인의 부정적인 영향으로부터 스스로를 지킬 방법이 있는가?

❖ 긍정적인 마음가짐을 위해 자기 암시를 의도적으로 사용하는가?

❖ 물리적인 소유물과 자신의 생각을 통제할 수 있는 능력 중 어느 것에 더 가치를 두는가?

❖ 자신의 판단에 반하여 다른 사람들로부터 쉽게 영향을 받는가?

❖ 오늘 하루가 자신의 지식이나 정신 상태를 더욱 가치 있게 만들

어 주었는가?

❖ 스스로를 불행하게 하는 상황에 정면으로 맞서는가? 아니면 책
임을 회피하는가?

❖ 모든 실수와 실패를 분석하고 그로부터 배우려고 하는가? 아니
면 그것은 자신의 의무가 아니라는 태도를 취하는가?

❖ 자신의 가장 심각한 약점 세 가지를 말할 수 있는가? 약점을 극
복하기 위해서 무엇을 하고 있는가?

❖ 다른 사람의 고민을 잘 들어주고 공감해 주는가?

❖ 일상의 경험들 가운데 나에게 교훈이 되거나, 긍정적인 영향을
줄 만한 사례를 선택하는가?

❖ 나의 존재가 다른 사람들에게 대체로 부정적인 영향을 미치는가?

❖ 타인의 어떤 습관이 가장 거슬리는가?

❖ 자신의 의견이 확고한 편인가, 아니면 다른 사람에게 영향을 받
는 편인가?

❖ 낙담하게 만드는 온갖 영향을 차단할 수 있는 마음가짐을 스스
로 만들어내는 법을 터득했는가?

❖ 현재 직업에서 믿음과 희망을 얻고 있는가?

❖ 모든 두려움으로부터 자유로울 수 있을 만큼 충분한 영적 에너
지를 가지고 있다고 스스로 인식하는가?

❖ 종교가 긍정적인 마음가짐을 유지하는 데 도움이 되는가?

❖ 다른 사람의 고민을 함께 나누는 것이 자신의 의무라고 생각하는가? 그렇다고 생각한다면 이유는 무엇인가?

❖ 만약 '유유상종'이라는 말을 믿는다면 내 주변에 모이는 친구들을 통해 자신의 어떤 점을 발견했는가?

❖ 내가 가장 가까이 지내는 사람들과 내가 겪는 불행 간에 어떤 연관성이 있는가?

❖ 내가 친구라고 생각하는 어떤 사람이 실제로는 나의 마음에 부정적인 영향을 끼치는 가장 위험한 적일 가능성은 없는가?

❖ 누가 나에게 도움이 되고 누가 나에게 해가 되는지 판단하는 기준은 무엇인가?

❖ 나와 가까이 지내는 사람들은 정신적으로 나보다 우월한가, 열등한가?

❖ 나는 하루 24시간 가운데 몇 시간을 다음의 활동에 각각 할애하는가?

    **a.** 직업

    **b.** 수면

    **c.** 유희와 휴식

    **d.** 유용한 지식 습득

    **e.** 의미 없는 시간 낭비

❖ 나의 지인 가운데 다음에 해당하는 사람은 각각 누구인가?

**a.** 내게 가장 용기를 주는 사람

**b.** 내게 가장 자주 주의를 주는 사람

**c.** 나의 의욕을 가장 많이 꺾는 사람

**d.** 그 외의 방식으로 내게 가장 많은 도움을 주는 사람

❖ 나의 가장 큰 걱정거리는 무엇인가? 왜 그것을 그대로 방치하는가?

❖ 내가 청하지도 않았는데 누군가 대가 없이 조언을 해준다면 무조건 받아들이는 편인가, 아니면 그 의도를 분석하는가?

❖ 가장 열망하는 것은 무엇인가? 그것을 손에 넣을 생각인가? 그것을 위해 다른 소망들을 뒤로 미룰 준비가 되어 있는가? 그것을 얻기 위해 하루에 시간을 얼마나 투자하는가?

❖ 마음을 자주 바꾸는 편인가? 그렇다면 이유는 무엇인가?

❖ 한번 시작한 일은 대개 끝까지 하는 편인가?

❖ 다른 사람의 직함, 학력, 재산 등에 쉽게 영향을 받는가?

❖ 나에 대한 다른 사람의 의견이나 말에 쉽게 영향을 받는가?

❖ 사회적 지위가 높거나 돈이 많은 사람에게 나를 맞추려고 하는 경향이 있는가?

❖ 현존하는 가장 위대한 인물은 누구라고 생각하는가? 이 인물이 어떤 면에서 나보다 우월하다고 생각하는가?

❖ 지금까지 질문을 분석하고 대답하는 데 시간이 얼마나 걸렸는가? (질문 전체를 분석하고 대답하는 데 최소 하루가 필요하다.)

모든 질문에 거짓 없이 대답했다면 여러분은 대다수의 사람들보다 자신에 관해 잘 아는 사람이다. 질문들을 꼼꼼하게 음미하고 몇 달 동안 매주 한 번씩 다시 꺼내 보라. 질문에 솔직하게 답하는 것만으로도 생각보다 훨씬 많은 중요한 깨달음과 지식을 얻게 될 것이며, 그 양에 아마 스스로도 놀라게 될 것이다. 확실한 답을 할 수 없는 질문이 있다면 나를 잘 아는 사람, 그중에서도 나에게 아첨해야 할 이유가 없는 사람에게 조언을 구하고 그 사람의 눈으로 스스로를 돌아보라. 굉장한 경험이 될 것이다.

세상에는 단 하나, 우리가 완벽하게 통제할 수 있는 것이 있다. 바로 우리의 생각이다. 이것은 인간에게 알려진 가장 중요하고 고무적인 사실이다! 이것은 인간의 신적인 본성을 반영한다. 이 신성한 특권이야말로 우리가 스스로 운명을 통제할 수 있는 유일한 수단이다. 자신의 마음을 통제하지 못하면, 분명 다른 어떤 것도 통제할 수 없을 것이다.

물질적인 소유물이라면 부주의해도 괜찮다. 하지만 마음은 우리의 영적 재산이다. 신성한 왕족을 대하듯, 마음을 정성스럽게 보호하고 지혜롭게 사용하라. 우리에게 의지력이 주어진 것은 바로 이 목적을 위해서다.

불행히도 고의든 무지에서 비롯되었든, 부정적인 암시로 타인의 마음을 오염시키는 사람들로부터 우리를 보호해 줄 법적 장치는 존재하지 않는다. 그러나 이러한 정신적 파괴 행위는 엄중한 법적 처벌을 받아야 마땅하다. 왜냐하면 이 행위는 종종 그리고 실제로 법적 보호의 대상인 물질적 자산을 획득할 기회를 망가뜨리기 때문이다.

부정적인 마음을 가진 사람들은 토머스 A. 에디슨을 설득하려고 했다. 그들은 인간의 목소리를 기록하고 재생하는 기계를 만드는 일은 불가능하다고 주장했다. '왜냐하면 이전에 그 누구도 그런 기계를 만든 적이 없기 때문'이라는 것이 그 주장의 근거였다. 에디슨은 그들의 말을 믿지 않았다. 그는 마음이 상상하고 믿을 수 있는 것은 무엇이든 실제로 창조해낼 수 있다는 사실을 알고 있었다. 그리고 바로 그 지식이 위대한 에디슨을 평범한 대중 위로 끌어올린 힘이었다.

부정적인 마음을 가진 사람들은 F. W. 울워스에게 5센트와 10센트짜리 물건만 팔아서 가게를 운영하다가는 곧 파산하고 말 거라고 말했다. 울워스는 그들의 말을 믿지 않았다. 그는 신념을 가지고 자신의 계획을 실행한다면, 합리적인 범위 내에서 무엇이든 할 수 있다는 사실을 알고 있었다. 다른 사람들의 부정적인 제안을 마음속에 들여놓지 않을 권리를 행사함으로써 그는 1억 달러가 넘는 재산을 모았다.

부정적인 생각을 가진 사람들은 조지 워싱턴에게 상대적으로 훨씬 우세한 영국군을 상대로 승산이 없다고 말했다. 그러나 워싱턴은 신성한 믿을 권리를 행사했고, 그 결과 그가 쓴 책은 미국 정부의 보호 아래 출판되었으며, 그가 상대했던 콘월리스 경의 이름은 거의 잊히고 말았다.

헨리 포드가 처음 만든 조잡한 자동차를 디트로이트 거리에서 시험 주행했을 때, 의심 많은 사람들은 그를 조롱하며 비웃었다. 누군가는 그런 물건이 실용화될 리 없다고 했고, 다른 이들은 그런 괴상한 기계를 돈 주고 살 사람은 없을 거라고 했다.

포드는 "믿을 수 있는 자동차를 만들어서 온 세상을 뒤덮을 것"이라고 말했고, 정말로 해냈다!

자신의 판단을 믿기로 한 그의 결정은 앞으로 다섯 세대의 자손들이 흥청망청 써도 남을 만큼 엄청난 재산을 이미 쌓아 올리게 했다. 막대한 부를 얻고자 하는 사람들이 기억해 두어야 할 말이 있다. 헨리 포드와 그를 위해 일하는 10만 명 이상의 사람들 간의 차이는 사실상 딱하나다. 포드는 자신의 마음을 통제하지만, 나머지 사람들은 마음을 가지고 있으면서도 이를 통제하려는 시도조차 하지 않는다는 점이다.

헨리 포드의 이름을 반복해서 언급하는 이유는 그가 스스로의 생각을 갖고 그것을 통제할 의지를 지닌 사람이 어떤 성취를 이룰 수 있는지를 보여 주는 놀라운 사례이기 때문이다. 그가 세운 기록은 '기회가 없어서'라는 오래된 변명을 무색하게 만들었다. 포드에게도 기회가 없었다. 하지만 그는 스스로 기회를 만들고 끝까지 밀어붙여 결국 크로이소스보다도 더 큰 부를 손에 넣었다.

마음을 통제하고 다스리는 힘은 자기 훈련과 습관의 결과다. 마음을 통제하지 못하면 마음이 우리를 통제한다. 타협이란 없다. 마음을 통제하는 가장 실용적인 방법은 명확한 목표와 이를 뒷받침하는 확실한 계획으로 마음을 항상 바쁘게 유지하는 습관을 들이는 것이다. 눈에 띄는 성공을 이룬 어느 누구의 기록이든 살펴보면 자기 자신의 마음을 통제하고 있으며, 더 나아가 그 통제력을 명확한 목표의 달성을 위해 활용하고 있다는 사실을 발견하게 될 것이다. 이러한 통제 없이는 결코 성공할 수 없다.

## 만약이라는 '57가지' 잘 알려진 변명들

성공하지 못하는 사람들에게는 공통적인 특징이 있다. 그들은 실패의 이유를 모두 알고 있으면서도, 스스로 생각하기에 완벽한 변명거리를 만들어내 실패를 정당화한다.

어떤 변명은 매우 교묘하며, 몇몇은 사실에 기반해 어느 정도 타당성이 있다. 하지만 변명이 아무리 그럴듯해도 실패를 성공으로 만들어 주지는 못한다. 세상이 관심을 가지는 것은 오직 성공 여부뿐이다.

성격 분석 전문가가 가장 흔히 사용되는 변명거리를 목록으로 만들었다. 이 목록을 읽으며 자신의 경우와 꼼꼼히 비교해 보고, 몇 개나 일치하는지 살펴보라. 또, 이 책에 담긴 성공 철학이 모든 변명을 무의미하게 만든다는 점을 기억하라.

- ❖ 아내와 가족이 없었더라면
- ❖ 충분한 '인맥'이 있었더라면
- ❖ 돈이 있었더라면
- ❖ 좋은 학교를 나왔더라면
- ❖ 좋은 직장이 있었더라면
- ❖ 건강했더라면
- ❖ 시간만 있었더라면
- ❖ 타이밍이 맞았더라면

❖ 사람들이 나를 좀 이해해 줬더라면

❖ 상황이 조금만 달랐더라면

❖ 인생을 다시 한번 살 수 있다면

❖ '사람들'이 뭐라고 생각할지 두려워하지 않았더라면

❖ 과거에 기회가 있었더라면

❖ 지금 기회가 있다면

❖ 사람들이 '나를 싫어하지' 않았더라면

❖ 아무것도 나를 방해하지 않는다면

❖ 좀 더 젊었더라면

❖ 하고 싶은 대로 할 수 있다면

❖ 부잣집에 태어났더라면

❖ '인복'이 있었더라면

❖ 남들처럼 재능이 있다면

❖ 당당하게 말할 수 있다면

❖ 그때 그 기회들을 잡았더라면

❖ 사람들이 내 신경을 긁지만 않는다면

❖ 집안일이랑 아이들 돌보는 일만 아니면

❖ 저축을 조금이라도 할 수만 있다면

❖ 상사가 나를 제대로 평가해 준다면

❖ 누가 좀 도와준다면

❖ 가족들이 나를 이해해 준다면

❖ 큰 도시에 산다면

❖ 당장 시작할 수 있다면

❖ 자유롭기만 하다면

❖ 성격이 남들과 같았더라면

❖ 뚱뚱하지 않았더라면

❖ 재능을 알아준다면

❖ '운'만 따라준다면

❖ 빚만 없다면

❖ 실패만 안 했더라면

❖ 어떻게 하는지만 안다면

❖ 모두가 반대하지 않는다면

❖ 걱정만 좀 덜한다면

❖ 결혼만 잘한다면

❖ 사람들이 그렇게 멍청하지만 않는다면

❖ 가족이 그렇게 사치스럽지만 않는다면

❖ 자신감이 있다면

❖ 운이 나쁘지만 않는다면

❖ 운만 잘 타고났다면

❖ "될 일은 어떻게 해서든 된다."라는 말이 사실이 아니라면

- ❖ 그렇게 열심히 일하지 않아도 된다면
- ❖ 돈만 안 잃어버렸더라면
- ❖ 다른 동네에 살았더라면
- ❖ '과거'가 없었더라면
- ❖ 버젓한 내 사업만 있었더라면
- ❖ 사람들이 내 말을 들어줬더라면

만약 (이것이야말로 가장 큰 변명이다) 나 자신을 있는 그대로 바라볼 용기만 있었더라면, 나는 내 안에 뭔가 잘못된 점이 있다는 것을 알기 때문에 무엇이 잘못되었는지 알고 바로잡았을 것이다. 그랬다면 나는 실수에서 교훈을 얻고, 다른 사람들의 경험으로부터 무엇인가를 배울 수 있었을 것이다. 그랬다면 나는 지금쯤 약점을 감추기 위한 핑계를 만드는 데 시간을 쓰는 대신, 그 약점을 분석하는 데 시간을 썼더라면 도달했을 그 자리에 있었을 것이다.

실패를 정당화하기 위해 변명을 만들어내는 일은 일종의 국민적 취미라고 할 수 있다.

인류의 역사만큼이나 오래된 이 습관은 성공에 치명적인 독이 된다! 그렇다면 사람들은 왜 그토록 변명에 집착하는가? 답은 뻔하다. 그 변명을 자신이 직접 만들어냈기 때문이다. 한 사람의 변명은 그 자신의 상상력이 낳은 산물이다. 그리고 인간은 본능적으로 자기 머리로 만들어낸 자식을 방어하려는 속성을 지닌다.

변명을 만들어내는 일은 깊이 뿌리내린 습관이다. 습관은 깨기 어려우며, 특히 그 습관이 자신의 행동을 정당화해 준다면 더욱 그렇다. 플라톤도 이와 같은 진리를 염두에 두고 다음과 같이 말했다.

"가장 으뜸이자 최고의 승리는 자기 자신을 정복하는 것이며, 자신에게 정복당하는 것은 그 어떤 것보다도 가장 부끄럽고 용납할 수 없는 일이다."

또 다른 철학자도 같은 맥락으로 이렇게 말했다.

"내가 다른 사람들 안에서 봤던 대부분의 추함이 사실은 나 자신의 본성을 비춘 거울이라는 것을 깨달았을 때, 나는 큰 충격을 받았다."

엘버트 허버드도 말했다.

"나는 늘 의문이었다. 왜 사람들은 자신의 약점을 감추기 위해 핑계를 만들고, 스스로를 속이느라 그토록 많은 시간을 낭비하는 것일까? 그 시간과 노력을 차라리 약점을 고치는 데 썼더라면, 애초에 핑계를 만들 필요조차 없었을 텐데."

끝으로 이 말을 남기고 싶다.

"인생은 하나의 체스 게임이고, 여러분의 게임 상대는 시간이다. 망설이거나, 움직이기를 미룬다면 시간은 여러분의 말들을 하나둘씩 치워버릴 것이다. 시간은 우유부단함을 결코 용납하지 않는 상대이기 때문이다!"

지금까지 당신이 원하는 것을 삶으로부터 끌어내지 못한 데는 그럴듯한 이유가 있었을지도 모른다. 그러나 이제 그 변명은 더는 통하지 않는다. 왜냐하면 여러분은 이제 삶의 풍요로운 보물 창고를 여는 마스터키를 손에 쥐고 있기 때문이다.

형태는 없지만 강력한 이 마스터키는 부를 향한 불타는 열망을 마음속에 확고한 형태로 만들 수 있는 특권이다. 이 키를 사용하는 데는 아무런 벌칙이 따르지 않지만, 사용하지 않을 경우에는 치러야 할 대가가 있다. 그 대가는 바로 실패다. 마스터키를 제대로 사용하면 그 보상은 어마어마하다. 그 보상이란 자기 자신을 극복하고, 삶으로부터 원하는 것을 반드시 받아낸 자들만이 누릴 수 있는 진정한 만족감이다.

보상은 노력을 들일 만한 가치가 있다. 이제 첫발을 내딛고 성공을 확신해 보지 않겠는가?

불멸의 시인 에머슨은 말했다.

"우리가 연결된 존재라면, 언젠가 만나게 될 것이다."

감히 그의 말을 빌려 이 책을 끝맺으려 한다.

"우리가 연결된 존재라면, 이 페이지들을 통해 우리는 이미 만난 것이다."

# 생각하라 그리고 부자가 되어라
*Think and Grow Rich*

---

초판 1쇄 펴낸 날  2026년 3월 10일

지은이    나폴레온 힐
옮긴이    윤승희
펴낸이    장영재
펴낸곳    (주)미르북컴퍼니
자회사    더스토리
전  화    02)3141-4421
팩  스    0505-333-4428
등  록    2012년 3월 16일(제313-2012-81호)
주  소    서울시 마포구 성미산로32길 12, 2층 (우 03983)
E-mail   sanhonjinju@naver.com
카  페    cafe.naver.com/mirbookcompany
S N S    instagram.com/mirbooks


- (주)미르북컴퍼니는 독자 여러분의 의견에 항상 귀 기울이고 있습니다.
- 파본은 책을 구입하신 서점에서 교환해 드립니다.
- 책값은 뒤표지에 있습니다.